農巖集

국립중앙도서관 출판예정도서목록(CIP)

농암집 : 조선의 학술과 문화를 평하다 / 김창협 지음 ; 송혁기 옮김.
--서울 : 한국고전번역원, 2016
p. ; cm. -- (한국고전선집)

감수: 최채기
한자를 한글로 번역
참고문헌과 연보수록
교육부로부터 인문학 진흥을 위한 저서출판지원을 받아 출간하였음
ISBN 978-89-284-0410-0 04080 : ₩12000
ISBN 978-89-284-0187-1 (세트) 04080

한문 문집[漢文文集]

810.819-KDC6
895.708-DDC23 CIP2016020218

농암집

김창협 지음
송혁기 옮김

한국고전번역원

한국고전선집을 펴내며

근대화, 산업화를 거치면서 멀어졌던 우리 고전이 근래에 들어 새롭게 독자들의 관심을 끌고 있습니다. 더 이상 우리의 것이기에 알아야 한다고, 우리 고전이기에 읽어야 한다고 강변하지 않아도 될 만큼 인식이 많이 변하였습니다.

그러나 우리 고전에 다가서기는 여전히 어렵습니다. 일단 지금은 쓰지 않는 한문이라는 장벽이 앞을 가로막습니다. 망망대해와 같은 방대한 양도 독자들의 선택을 방해하고 주눅이 들게 합니다.

선집은 그러한 장벽을 넘기 위한 사다리입니다. 광활한 바다에서 배를 인도해 줄 등대와 나침반이기도 합니다. 한 점의 고기만 먹어 보아도 그 솥 전체의 음식 맛이 어떤지를 알 수 있다는 말처럼, 잘 만들어진 번역 선집은 그 저자와 작품을 이해하는 훌륭한 길라잡이가 될 것입니다.

'한국고전선집' 시리즈는 저자의 방대한 저작 가운데 역사적, 현대적으로 의의가 있는 작품을 골라 그 인물의 삶과 사유의 흐름을 따라가거나 주제별로 분류해 엮은 고전 선집입니다. 학계의 연구 성과를 반영한 상세한 해설과 정확한 번역, 전문가의 감수를 거친 신뢰도 높은 판본으로서 청소년부터 일반 교양인에 이르기까지 누구나 쉽게 읽을 수 있습니다. 또한 사상, 철학, 문학, 과학, 역사 등 서종을 폭넓게 아우름으로써 독자들의 인성 함양과 통합적인 사고 형성에 기여하는 바가 클 것입니다.

한국고전번역원은 전신인 민족문화추진회 이래로 지난 수십 년 동안 한문으로 쓰인 수많은 우리 고전을 정리, 번역해 왔습니다. 학계는 물론이고 일반인에게도 많은 도움이 되었다는 것은 자타가 공인하고 있습니다. 한국고전번역원이 번역한 조선왕조실록이 한류의 원천이 된 드라마, 영화 등에 다양한 상상력을 제공한 것은 널리 알려진 사례입니다.

한국고전번역원이 기획하여 펴내는 '한국고전선집'에는 이런 경험과 전문성이 오롯이 담겨 있습니다. 오랜 경력을 지닌 국내 최고 수준의 전문가들이 선집 번역의 품질을 관리하여 가장 정확하고 유익한 책을 만들 것입니다.

고전은 언제나 우리 곁에 있었습니다. 먼지를 뒤집어쓰지도 않았고, 서고 속에 갇혀 있지도 않았습니다. 아무리 밝고 아름다운 달도 고개를 들어 쳐다보지 않으면 그 존재를 알 수 없듯이, 우리 곁에 있는 고전도 돌아보지 않으면 그 가치를 알 수 없습니다. 이 선집 시리즈가 여러분이 고전으로 돌린 시선을 계속 사로잡을 수 있으면 좋겠습니다.

한국고전선집 기획위원

| 차례 |

제2장

은거를 마음먹다

제3장

의리로 세상을 논하다

제4장

아버지와 스승의 죽음을 겪다

제5장

학문을 논하고 문학을 평하다

제6장

시련 속에서 학문을 꽃피우다

제7장

학문과 문장으로 일가를 이루다

김창협은 누구인가

"나는 조선의 문학을 말할 때에 농암農巖과 연암燕巖을 제일류로 추대하고자 한다." 1936년에 현상윤 선생이 『삼천리三千里』라는 잡지에 게재한 글의 일부이다. 연암이 조선 후기의 실학자이자 대문호인 박지원朴趾源 1737~1805을 가리킨다는 사실은 대개 알고 있지만, 그와 동등하게 놓고 거론한 농암이 누구인지에 대해서는 상대적으로 잘 모른다. 그러나 오늘날의 인지도와는 달리, 근대 이전에는 조선 최고의 학자나 문인을 꼽을 때 몇 손가락 안에 들었던 인물이 농암이다. 그는 오늘날 왜 이렇게 잘 알려지지 않았을까? 그리고 지금 그의 글을 읽고 그의 삶을 돌아보는 것이 무슨 의미가 있을까?

농암 김창협金昌協 1651~1708은 주자학朱子學의 명분과 의리를 강조한 송시열宋時烈 1607~1689의 뒤를 이을 학자로 인정받은 인물이다. 김창협의 부친 김수항金壽恒 1629~1689은 송시열이라는 이 영향력 있는 충청도 산림山林 직접 벼슬에 나아가지 않으면서 학문과 덕망을 바탕으로 재야에서 여론을 주도하는 인물과 보조를 맞춘 서울 지역의 실세 정치가였다. 이들이 정치사에 등장한 것은 김창협의 증조부인 김상헌金尚憲 1570~1652 때부터이다. 그는 병자호란 당시 척화파를 대표하던 인물로서, 명나라에 대한 의리를 지키고 청나라에 당한 치욕을 갚아야 한다는 '북벌론'의 상징과도 같은 인물이다. 훗날 19세기 세도정치를 주도한 안동 김씨가 바로 이 집안이다.

이러한 배경에서 알 수 있듯이, 김창협은 정치적으로나 학문적으로나 당대의 주류에 속하는 서울 명문가 자제였다. 그러나 정작 김창협 본인의 삶은, 정쟁政爭의 폐해를 자신과 친지들의 아픔으로 고스란히 떠안아야 하는 일들의 연속이었다. 김창협은 20대에 이미 문장과 학문으로 이름을 날리고 32세에 문과 전시殿試에 장원으로 급제하여 벼슬길에 진출하였다. 그 후 요직만을 거치며 엘리트 코스를 밟던 김창협은, 시련들을 겪으며 점차 현실 정치로부터 등을 돌리게 되었다. 그 결정적인 계기는 군주 숙종에 의한 스승 송시열과 아버지 김수항의 죽음이었다. 일체一體여야 마땅한 군사부君師父의 관계가 무너져 내린 것이다. 이때 나이 39세. 이후 5년 만에 다시 정국이 바뀌어 그가 속한 정파와 가문이 다시 정권을 쥐게 되었으나, 그는 수십 차례 계속된 관직 제수에 단 한 번도 응하지 않고 철저히 처사處士의 삶을 살아갔다. 그의 형 김창집이 정계에 진출해 영의정까지 오른 것과는 대조적이다.

김창협의 삶을 채운 것은 대부분 학문과 문학, 그리고 산수 유람이다. 특별한 이력이나 눈에 띄는 공적이 없으니 그의 삶이 우리의 주목을 끌지 못한 것도 자연스러운 일이다. 그런데 그의 삶과 글을 지금 다시 떠올려야 할 이유는 무엇인가?

주자학이 유일한 학문적 체계로 여겨졌던 시대에 주자학에 이견을 제기한 학자를 조명하기는 비교적 쉽다. 박지원, 박제가, 홍대용, 정약용 등은 그런 관점에서 높게 평가된 인물이다. 그러나 뚜렷한 '이설'을 내지 않고 주자학에 매진한 인물에게 오늘날의 관점에서 새로운 의미를 부여하기는 쉽지 않다.

김창협은 매우 정교한 사유와 치밀한 논리, 그리고 섬세한 언어 구사를 통해서 주자학을 한 단계 더 심화시켰다고 평가된다. 그가 선후배, 제자들과 주고받은 편지들은 대부분 매우 전문적인 학술 논변으로 이루어져 있고, 독서 단상의 형태로 저술한 4권의 「잡지雜識」는 독자적인 저술로도 손색이 없는 학술 담론이자 문학 비평이다. 그리고 송시열의 『주자대전차의朱子大全箚疑』에 대한 질문과 김창협 자신의 견해를 담은 『주자대전차의문목朱子大全箚疑問目』은 조선 주자학의 새로운 경지를 보여주는 명저다. 18세기를 넘어 19세기까지도 주자학이 거의 절대적으로 주류를 이루었던 조선에서 김창협은 당파를 넘어서는 대학자로 인정받았다.

17세기 이후의 주자학이 그저 주어진 정답을 강요하고 쓸

데없는 형이상학적 논변만 일삼았다고 보는 시각에서라면, 김창협 역시 그중의 한 사람일 뿐이다. 그러나 시각을 달리하면, 주자학이야말로 조선 학술사가 '독보적'으로 이른 지점이라고 할 수 있다. 조선에서 이루어진 주희 저술에 대한 주석서는 120여 종에 이르는데, 이는 중국에서도 찾을 수 없는 성과다. 그래 봐야 '주자朱子로 학문하기'에 불과하다고 스스로 평가절하할 일이 아니다. 동아시아 학술사는 경학經學, 즉 '경서經書로 학문하기'의 역사라고 해도 과언이 아니다. 경서 본연의 의미를 살리기 위해 끊임없이 시도된 주석과 해석들은, 각 시대의 문제들을 반영하며 더디지만 새로운 진전을 이룩해 왔다. '주자로 학문하기' 역시 그런 관점에서 다시 볼 필요가 있다.

망국의 경험과 함께 출발한 우리 근대 학문의 시야에서 조선 후기의 주자학은 늘 사각지대에 놓여 있었다. 김창협은 이 사각지대에 솟아 있는 가장 높은 봉우리 중 하나이다. 우리가 꽤 오랫동안 그를 호명하지 못했던 이유가 여기에 있다. 그리고 지금 김창협의 학문을 다시 읽어야 할 이유 역시 여기에 있다.

김창협은 당대에 이미 문장가로서의 명성이 매우 높았고 후대의 많은 비평가가 숙종대 최고 문장가의 한 사람으로 꼽아 왔다. 조선 후기 대부분의 문장 선집에 김창협의 문장이

뽑혀 실려 있다. 담박하고 정갈한 그의 한시 작품들도 많은 이에게 사랑받았지만, 문장가로서의 명성은 주로 한문 산문을 통해 얻은 것이다.

오늘날 독자의 입장에서 한문 산문을 문학 작품으로 감상하기는 쉽지 않다. 서사적 매력이 있거나 주제와 사상이 이채로운 것, 혹은 정통의 문체를 벗어난 한문 산문은 한결 쉽고 흥미롭게 접근할 수 있다. 일찍부터 주목받아 온 한문 단편이나 실학자들의 산문, 근래 활발하게 조명되고 있는 소품문 등이 그러하다. 그러나 이러한 작품들은 전체 한문 산문 가운데 극히 일부에 지나지 않는다. 아울러 당대에 뛰어난 '문장가'를 꼽을 때의 기준과도 상당히 거리가 있다.

김창협은 사상적으로 썩 이채로운 작품을 쓴 일도 없고, 정통의 문체를 벗어난 파격을 추구하지도 않았다. 학문에 있어서 주자학을 고수하고 심화한 것처럼, 한문 산문에서도 정통이라 할 수 있는 당송 고문唐宋古文을 추구했다. 당대와 후대에 그를 문장가로 칭송받게 한 것은 주로 논변論辯과 묘비문, 제문, 상소문 등이었다. 지금의 기준으로는 대체로 문학 작품이라기보다 실용문에 속하는 문체들이다. 그런 의미에서 김창협의 한문 산문을 문학 작품으로 감상하는 일은, 우리가 생각하는 문학이 무엇인지에 대해 근본적으로 되묻게 한다.

이에 대해 이론적인 답을 구하기보다는, 김창협에게 최고의 문장가라는 칭호를 부여한 작품 하나하나를 음미해 보는 것이 더 의미 있을 것이다. 장르의 규칙과 모범적 전형을 충실히 따르면서도, 그와 비슷한 수많은 작가와 작품들 사이에서 유독 탁월한 경지에 올랐다고 평가됐다면 일단 마음을 열고 그 힘이 어디에서 오는지 가만히 살펴볼 일이다.

김창협은 탁월한 비평가이기도 하다. 그는 대대로 서울에서 살아온 문인 관료 집안의 가학家學 전통 및 명·청 문예를 신속하게 받아들일 수 있는 여건 속에서 성장했다. 박학한 문예 지식을 바탕으로 분석적이고 전문적인 비평 작업을 행하였다. 김창협의 예리한 비판력과 섬세한 감식안은 이전의 논의와 다른 새로운 문학사적 흐름을 형성하는 데 일조하였다.

김창협은 문학뿐 아니라 학문과 문화 전반에 대한 비평가다. 새로운 시야 확보와 엄정하고 논리적인 언어 구사가 없이는 수준 높은 비평을 내놓을 수 없다. 당대의 지식과 문화 수용을 선도하고 정계의 주류에서 시대의 흐름을 볼 수 있었던 김창협은 학문적 엄정성과 문학적 감수성을 바탕으로 조선조 최고 수준의 비평을 제출하였다. 비단 조선뿐만 아니라 18세기 초 동아시아의 지적 수준이 가 닿을 수 있는 한 정점을 우리는 김창협의 비평에서 볼 수 있다.

김창협은 불행한 가족사를 겪었다. 앞서 말한 것처럼 정쟁으로 인해 아버지와 스승이 죽임을 당하는 것을 목도해야 했을 뿐 아니라, 같은 해에 돌을 겨우 넘긴 둘째 아들 청상이 요절했다. 50세 되던 해에는 시집간 셋째 딸을 먼저 보냈고, 뒤이어 탁월한 시적 재능을 타고나서 시 벗처럼 지내던 맏아들 숭겸을 잃었다. 53세 되던 해에는 둘째 딸이 세상을 떠났으며 같은 해에 모친상까지 당하였다. 특히 숭겸이 죽은 뒤로 김창협은 더 이상 시를 짓지 않았고, 어려서부터 병치레가 잦았던 그는 모친상을 치르면서 급격히 쇠약해져 결국 58세의 나이로 생을 마감하였다.

가족사의 불행과 관련하여 김창협이 남긴 작품들은 오늘날 읽어도 깊은 공감을 자아낸다. 정치적 소용돌이와 육신의 연약함으로 인해서 그가 당해야 했던 슬픔은 매우 각별하고 깊은 것이었다. 김창협의 글들이 이처럼 깊은 공감을 자아내는 이유는, 슬픔을 직설적으로 토로하지 않고 절제된 언어로 절절하게 형상화해 냈기 때문일 것이다. 김창협의 글들에서 우리는 시대와 문화의 차이를 넘어서 인간 존재 깊숙한 곳에 자리하고 있는 슬픔을 만날 수 있다.

김창협이 정치적 좌절과 개인적 슬픔을 이겨 낼 수 있었던 것은 산수와 학문의 즐거움 덕분이었다. 김창협 본인도 자신에게 산수벽山水癖이 있다고 고백한 바 있거니와, 그의 산수 사랑은 남다른 면이 있었다. 그의 20대는 학문에 정진하던 시기임과 동시에 가장 자유롭게 명승지를 유람하며 풍류를 즐기던 때였고, 30대 전반 중앙 관직에 있던 5년여와 기사환국 직후 3년, 숭겸이 죽은 직후 3년을 제외하고는 전 생애에 걸쳐 산수 유람을 쉬지 않았다. 그의 글들을 통해서 우리는 감각적 즐거움을 넘어서서 여유롭고 자유로운 정신으로 체험하는 아름다움이 무엇인지 엿볼 수 있다.

김창협은 50세 되던 해에, 오직 주위에 함께 학문을 토론하고 시를 지을 수 있는 인물들이 모이는 것이 유일한 즐거움이라고 하였다. 그는 의문에서 출발하는 주체적인 사색의 과정과 권위를 벗어난 허심탄회하고 치밀한 논변을 강조하였다. 이러한 학문 태도를 바탕으로 그는 많은 이들과 치열한 학문 토론을 진행하였다. 엄정한 형이상학적 사고와 논리적인 토론이 최고의 즐거움이 될 수 있다는 사실이, 김창협의 편지글과 독서 단상들에 배어 있다.

김창협 학문과 문학의 특징은 남다른 주장이나 새로운 표현을 내세우는 데 있는 것이 아니다. 당연시되는 통념의 근저를 철저하게 파고들고, 다들 알고 있는 미의식을 최고의 경지까지 끌어올리는 데에 있다. 이 작은 선집으로 그 진면목을 다 맛보기는 어렵겠지만 그가 이룬 학문과 문학의 정수가 무엇이었을까 궁금할 때 이 선집이 길잡이가 될 것이라고 생각한다. 여기에서 출발하여 송기채, 강민정 선생이 훌륭하게 옮겨 놓으신 완역본으로 나아갈 것을 추천한다. 모쪼록 좀 더 많은 분이 이 선집을 작은 통로로 삼아서 조선 시대 사대부가 지녔던 정신의 깊이와 품격을 만날 수 있기를 소망한다.

제 1 장

학문의 길 위에 서다

김창협은 10대 후반까지 외조부 나성두羅星斗와 장인 이단상李端相을 스승으로 모시고 공부하였고, 20대 초반에는 금강산을 유람하고 송시열을 찾아가 배움으로써 유람과 학문의 즐거움을 깊이 알아 갔다. 장래가 촉망되는 명문가 자제로서 문학과 예술에 남다른 재능을 타고난 김창협이었지만, 문장보다 학문을 중시하며 자신을 수양해 나갔다.

어린 날의 추억, 해주

詠懷故跡 贈別同甫之任海州

수양산 산 빛이 가득 찬 해주 땅 首陽山色滿西州
나 어릴 적 노닐던 그곳이라네 此地曾經童子游
마흔한 해 세월은 꿈처럼 지나고 四十一年如夢過
오늘 자네 보내려니 상념 끝이 없어라 送君今日意悠悠

그중 가장 그리운 건 성 동편의 광석천 最憶城東廣石川
여름날 빈 정자서 시원한 물소리 들었지 虛亭暑月濯潺湲
그물질하는 관아의 종 어찌나 날래던지 綠潭操網官僮捷
푸른 물속 은어들이 어느새 상머리에 頃刻銀唇到案邊

앞다투어 연꽃 즐기며 부용당 오를 적에 爭弄芙蓉上畫堂
이씨 집안 형제와 늘 함께하곤 했지 李家兄弟每相將
그때 그 열두 난간 지금도 그대롤까 闌干十二今何似
추위 매서운 날 백상 생각에 눈물이 흐르노라 淚落寒天憶伯祥

구름 덮인 성벽으로 옛 산성은 끝이 없고 縈雲粉堞古城長

늙은 나무 마른 덩굴에 암자가 숨어 있네　　老木寒藤隱上方
그날에 지었던 시 지금도 기억나니　　當日題詩猶記得
높은 누대서 피리 불면 망망한 바다만이　　高臺吹笛海茫茫

김창협이 1699년49세 11월 말에 해주 목사로 부임해 가는 이희조李喜朝 1655~1724 를 전송하며 지은 시이다. 이희조는 네 살 연하로 처남이면서 평생 가장 가까운 벗이었다. 김창협은 일찍이 해주 목사로 부임한 외조부 나성두羅星斗 1614~1663 의 집에서 유년기를 보냈는데, 마침 해주로 부임하는 이희조를 전송하며 어린 시절을 추억하였다. 전체가 7수로 이루어져 있는데 그중 제1, 2, 3, 5수이다.

북쪽으로 병풍처럼 둘러 있어서 해주 어디서든 바라보이는 수양산의 산세를 비롯해서 여름날의 즐거움이 깃든 광석천과 연꽃 어우러진 부용당, 구름 속에 이어진 수양 산성 등 이희조가 부임해 가면 곧 보게 될 명소들을 어린 날의 추억과 함께 하나하나 읊었다. 특히 해주 팔경의 하나로 알려진 부용당은 임진왜란 때 선조가 머물렀던 곳으로, 외조부 나성두가 효종의 명으로 새로 정비하였고 스승 송시열이 이에 대한 기문을 썼기에 김창협으로서는 더욱 의미 있는 곳이다. 높은 누대에 올라서 피리를 불며 망망대해를 바라보았다는 마지막 구절은 열 살 전후에 김창협이 지은 시구라고 한다. 그 어린 날의 기개 역시 40여 년의 시간과 함께 꿈처럼 흘러가 버렸다.

김창협의 해주 추억에는 잊지 못할 이들이 있다. 제3수에서 언급한 이징명李徵明 1648~1699 형제가 그들이다. 백상伯祥은 이징명의 자字이다. 이들의 부친 이만웅李萬雄 1620~1661이 1661년 황해도 관찰사로 부임할 당시 외조부와 함께 해주 목사 공관에 머물던 김창협은 이들 형제와 열 살 무렵의 어린 시절을 함께하였다. 그러나 이후 40년 동안 겪은 세파와 치열한 정쟁의 소용돌이는 아름다운 시절을 함께한 벗 사이마저 뒤흔들어 놓을 만큼 극심했다. 김창협의 다소 온건한 태도에 불만을 토로하곤 했던 이징명은 결국 1696년 김창협에게 절교를 선언했고, 그로부터 3년 뒤 이 시를 짓기 전 봄에 병으로 세상을 뜨고 말았다. 입가에 웃음을 머금게 하는 추억들이 하나하나 떠오를수록, 그 시절 어린 벗의 얼굴이 그 사이의 이런저런 아쉬운 일들 위로, 그리고 마지막으로 그의 죽음 위로 슬프게 겹쳐졌으리라.

매섭게 추운 어느 겨울날, 그 봄날의 추억과도 같은 땅으로 또 다른 벗을 떠나보내고 있다. 회고를 통해서이긴 하지만, 김창협의 유년기를 엿볼 수 있는 몇 안 되는 자료 가운데 하나이다.

나의 스승 정관재
靜觀齋言行述

선생의 덕행과 학업이 어떠하셨는지는 모든 이에게 잘 알려져 있지만, 특히 조정에서 용감히 물러난 그 절개야말로 당대에 따를 자가 없다. 조정의 선비가 한번 벼슬에 오르면 물러날 줄 모르는 것은 예로부터 비판받아 온 일이다. 벼슬을 사양하기란 참으로 어려워서, 공자孔子도 맨발로 시퍼런 칼날을 밟는 것과 동급으로 거론하실 정도였다. 게다가 선생은 이력과 명망이 당시에 으뜸이었으므로 멀지 않아 재상의 지위에 오를 만했고, 점잖고 우아한 기풍으로 조정에 출입하면서 국사를 넌지시 간하고 의논함으로써 당대에 이름을 내기에 충분하였다. 그런데도 선생은 그런 데에 마음을 두지 않고 물러나시더니 어느 날 훌쩍 떠나 버리셨다. 당시 선생은 38세였다. 조정의 높은 벼슬아치들로부터 벗들, 동료들까지 모두 앞다투어 선생을 만류하였으나 말릴 수 없었다. 큰 용기를 지녔다고 칭송받았던 옛사람이라 해도 어찌 이보다 더할 수 있겠는가.

그러나 선생에게는 이보다 더 뛰어난 점이 있다. 도道에 들어가기 어렵게 하는 요인 가운데 재물과 영예의 유혹보다도 더 심각한 것이 문장이 불러오는 폐단이다. 세상의 고명한 문장가들은 대체로 자신의 문학적 재능을 자부하며 성인의 학문에 종사하려 하지 않는다. 간혹 뜻을 두었다 해도 자기가 잘하는 일에 시달리느라 끝내 도에 깊이 들어가지는 못한다. 선생은 문장가 집안에서 나고 자라 문예가 남달리 뛰어나셨으며, 특히 시를 매우 잘 지어서 아름다운 성조聲調로 사람들을 감동시켰다. 그러나 만년에 시 짓기를 중단하시고서 "나는 실질 없이 시구나 엮는 일은 좋아하지 않는다."라고 말씀하셨다. 다른 글을 지을 때에도 붓 가는 대로 쓰실 뿐, 조금도 꾸미거나 옛글의 격식에 맞추려 하지 않으셨다. 조금 다듬어 보시라고 말씀드리는 이가 있으면 선생은 "나는 지금 학문에 힘을 쏟느라 그럴 겨를이 없소."라고 말씀하셨다. 이는 곧 선생이 자신의 마음을 다스리고 타고난 기질을 변화시켜 오로지 도를 추구하는 마음으로 일관하신 것이니, 그 용감함이 벼슬을 사양하는 일보다도 더 뛰어난 것이다. 명철하고 통달한 식견으로 도학과 문장 중에 무엇이 주主이고 무엇이 객客인지를 잘 살피지 않고서야 용감함만으로 그렇게 하실 수 있었겠는가. 아! 선생은 도에 대한 조예 또한 높으셨던 것이다. 덕을 향상시키고 학업을 닦는 노력이 나날이 더 나아갔더라면 선생이 뜻한 바를 다 이루고야 마셨을 것이다.

어느 날 내가 선생을 모시고 앉아 있었는데, 당신이 편집해

두신 책들을 꺼내 보여 주시면서 앞으로의 저술 계획들을 하나하나 말씀해 주셨다. 그러면서 "앞으로 나에게 수십 년만 더 수명이 주어진다면 내 뜻을 다 이룰 수 있을 텐데."라고 말씀하셨다. 아! 그것이 어찌 책만을 두고 하신 말씀이겠는가. 그러나 선생은 이 말씀을 하시고서 겨우 1, 2년 뒤에 돌아가셨으니, 평소 하고픈 일 중에 열에 두셋도 이루지 못하신 것이다. 나는 지금도 이를 생각하면 감정이 복받쳐 눈물이 흐르곤 한다.

어리석은 나는 일찍 선생의 사랑을 받아서 외람되이 댁에 머물며 5년 동안이나 배우면서도 선생의 덕을 깊이 살피지 못하고 은미한 말씀과 심오한 의론을 여쭈어 듣지도 못했다. 그나마 들은 한두 가지마저도 하루하루 잊어 가고 있다. 이제 와서 그 실마리라도 되짚어 찾아내서 배운 바대로 실천하는 자료로 삼고자 해도 그럴 방법이 없으니 내심 부끄럽고 안타까워 후회가 막심하다.

평소에 보고 기억해 둔 선생의 언행을 대략 서술하여 문인 제자로서의 책임을 조금이나마 다하려 하였는데, 행장과 묘지 등의 글에 이미 다 갖춰져 더 보탤 것이 없다. 그러나 끝내 그만두기엔 마음이 편치 않아 감히 중요한 것만 간략하게 기록하고 이와 같이 나의 생각을 덧붙인다. 행장과 묘지 등에서 언급하지 않은 내용을 밝힐 수 있다고 여겨서가 아니고, 그저 나의 구구한 마음을 표현하고자 했을 뿐이다.

숭정崇禎 경신년1680 정월에 문인 안동 김창협이 삼가 쓰다.

김창협은 1665년15세에 결혼하고서부터 장인인 이단상李端相 1628~1669의 문하에서 공부하기 시작했다. 그러나 그가 진사시에 합격한 19세 때에 스승 이단상은 별세한다. 이 글은 그로부터 11년 후인 1680년30세에 스승의 말씀과 행적을 되짚어 기록한 언행록이다. 여기서는 전반부를 생략하고 후반부만 제시하였다.

이단상은 조선 중기 한문사대가漢文四大家의 한 사람으로 꼽히는 이정귀李廷龜 1564~1635의 손자이고, 대제학을 지낸 이명한李明漢 1595~1645의 아들이다. 1649년 문과 급제 후 정랑, 집의 등을 역임하다가 1664년 현종에게 뜻을 세워 학문하도록 권하는 다섯 조목의 상소문을 올리고 스스로 관직을 떠났다. 이후 양주楊州의 영지동靈芝洞에서 제자들과 함께 강학하다가 5년 만인 1669년, 42세의 이른 나이로 세상을 떠났다. 후에 김창협의 발의로 양주 석실서원石室書院에 제향되었다.

김창협은 후대에 송시열의 학통을 계승한 것으로 추대되지만, 본인이 직접 '문인'이라는 표현을 사용한 대상은 이단상이 유일했다. 다만 이단상이 학문적 결실을 보지 못하고 별세했기 때문에 학문의 내용에 있어서 그 영향이 그리 크지는 않다. 김창협은 뒷날 이단상의 역법曆

法에 대해서 오류를 비판하기도 하는 등 학문의 영역에서 스승의 학설을 절대시하지는 않았다. 이는 송시열에 대해서도 마찬가지였다.

이 글에 묘사된 스승 이단상의 인품과 행적에서 김창협이 닮고자 했던 인간형을 간접적으로 살필 수 있다. 특히 학문과 문장의 갈림길에서 단호하게 학문의 길을 선택한 스승의 태도를 서술한 부분에는 김창협 본인의 고뇌와 지향이 강하게 중첩되어 나타난다. 이단상의 가문이 정치적으로 부상한 것은 조부 이정귀가 임진왜란과 병자호란 때 탁월한 문장 실력으로 외교에 공헌하였기 때문이다. 김창협 역시 이단상처럼 문장 실력으로 입신한 가문의 일원이었다. 타고난 문학적 재능과 욕구를 억누르고 성리학에 침잠하기 위해서는 그야말로 '자신의 마음을 다스리고 타고난 기질을 변화시키는' 용기와 노력이 필요했다. 문장가의 길을 갈 것인가, 돌이켜 학자의 길을 갈 것인가는 김창협에게 선택을 요하는 문제였다. 그리고 그 선택은 한 번으로 끝나지 않고 평생 내적인 긴장으로 이어졌다.

책선責善해 주는 벗이 있어

答李同甫 / 與李同甫

답장을 바로 받고 보니 얼마나 고마운지 모르겠네. 지난번 편지로 세세하게 보여준 자네의 뜻을 잘 읽어 보았네. 나를 얼마나 깊이 아끼는지 알겠으니 어찌 감복하지 않을 수 있겠는가.

일을 처리하는 데 주도면밀하지 못하다는 말은 참으로 따끔한 지적이었네. 바깥일에 있어서만 그러한 것이 아니라 집안 어른들을 섬기고 모시는 데 있어서도 번번이 이러한 문제가 생겨서 제대로 처리하지 못하곤 하네. 이전부터 알고 있으면서도 어떻게 고쳐야 할지를 몰랐는데, 지금 이처럼 지적을 받고 보니 더욱 깊이 반성하게 되네. 어떻게 해야 그 문제의 근원을 완전히 제거할 수 있을지 모르겠으니 부디 다시 가르쳐 주기 바라네.

자네의 경우는 워낙 흠이 적은 자질을 타고났으니 어찌 큰 문제가 있겠는가. 또 있다 한들 내가 어찌 알 수 있겠는가. 그저 모든 일에 번다함을 줄이고 내면을 충실히 하는 데에 집중하기를 바랄 따름이네. 내가 지금 일이 많아 하나하나 다 적을 여유가 없으니 한가로워질 때를 기다려야 하겠네. **1674년**

눈마저 한바탕 내려 흥을 돋우는 것이 저 옛날 산음山陰에 못지않네. 그 시절 산음에 살던 왕휘지王徽之 ?~388는 눈 내린 겨울밤에 문득 섬주剡州 사는 벗 대규戴逵 325?~395가 그리워져 흥에 겨워 밤새 거룻배 타고 그의 집 문 앞까지 찾아갔다지. 눈 오는 오늘 밤 자네에 대한 그리움이 갑절이나 더하다네. 이러한 때에도 자네는 아마 더욱 초연한 일상을 보내고 있겠지. 종이 창문 아래 화로 곁에서 자네를 만나 볼 수 있다면 좋으련만.

자익子益 김창흡金昌翕 1653~1722이 여기 와서 며칠을 묵고 있고 학생들도 8, 9명 모여 있어서 그다지 쓸쓸하지는 않다네. 자삼子三 이여李畬 1645~1718 대감도 며칠 내에 오실 걸세. 그런데 유독 자네만은 부를 수가 없으니 너무나 아쉽네. 집사람이 술을 빚었기에 보내네. 술잔을 들면 내 생각이 나지 않겠나? 이만 줄이네. **1696년**

손수 써 준 편지를 빨리 받아 보니 매우 마음이 놓이네. 지난번 못 나눈 이야기를 세 장의 편지에 담아 보내 왔더군. 차분하게 잘 읽어 보겠네. 나의 의견이 있으면 대략 써서 답장을 해야 마땅하겠네만, 세세한 논의일수록 말이 자칫 어긋나기 쉬운 법이기도 하고 지난번 자네가 해 준 경계를 마음에 새기기로 했으니, 그러다 보면 답장을 못 해 줄 수도 있겠네. 정밀한 의리를 너무 조급하게 밝혀 내려는 것에 대해서는 율곡 선생 이이李珥 1536~1584도 안천서安天瑞에게 경계한 바가 있지 않은가.

내가 한 말 중 자네가 지적한 부분은 본디 잘난 척한다는 혐의를 살 만한 말은 아니네만, 나의 다른 말들 중에 혹 겸손하지 못한 것이 있어서 이처럼 자네의 오해를 받게 된 것이 아닌가 하네. 자부심이 지나치게 높고 자신만만하다는 것은 나에게 그리 해당되는 말은 아니라고 생각하네. 그러나 내심 나의 의견을 관철시키려는 뜻이 약간이나마 있다 보니 말과 글로 표현할 때에 나도 모르게 그런 잘못을 범하고 말았을지도 모르겠네. 나로선 지나친 의심을 받은 셈이지만, 그래도 참으로 절실한 가르침을 주었네. 앞으로는 더욱더 힘써 조심하도록 하겠네. 이만 줄이네. **1705년**

『농암집』에는 김창협이 이희조에게 보낸 편지가 총 41편 실려 있다. 서로 학문 연마를 다짐하고 격려하는 내용에서부터 경학과 성리설에 대한 세세한 논변, 송시열과 윤증의 시비를 둘러싼 의견들, 지방관 임무 수행을 위한 실무 방도, 인생의 위기 앞에서 털어놓는 속내 등이 망라되어 있다.

그 가운데 유독 눈에 띄는 것은 자신의 결점을 지적하는 이희조에게 보낸 답장들이다. 이희조의 지적은 '실무 처리에 주도면밀하지 못함' 1674년에서 '자부심이 지나치게 높고 자신만만함' 1705년으로 이어진다. 그 밖에 1678년 편지에서는 '지레짐작하고 저울질하는 조급함'을 지적하기도 하였다. 함부로 말하기 어려운 주관적인 지적들이 대부분이다. 좋게 보면 애정 없이는 하기 힘든 허심탄회한 지적들이라고 하겠지만, 듣기에 따라서는 의가 상할 수도 있는 내용이다.

'책선責善은 벗 사이의 도리'라는 맹자孟子의 말은, 부모 자식 간에는 책선을 하지 말아야 한다는 맥락에서 나왔다. 책선이란 잘못을 지적하고 좋은 일을 권하는 것인데, 아무리 좋은 의도에서 하더라도 그 때문에 관계가 끊어질 위험이 있으므로 천륜으로 맺어진 부모 자식 간에는 해서는 안 되고 절교가 가능한 벗 사이에서나 해야 한다는 뜻이다. 감정에서 자유로울 수 없는 인간의 한계를 직시한 말이다. 4살 연하의 처남이 던지는 지적에 김창협이 한 번이라도 평정을 잃고 반응했다면 책선이 평생 계속되지는 못했을 것이다. 김창협은 설혹 완전히 동의하기 힘든 지적이더라도 매번 이를 절실한 가르침으로 받아들여서 철저한 자기반성의 계기로 삼았다. 그리고 그런 충고를 해 주는 벗에게 무한한 애정을 보였다.

시험에 떨어진 동생에게
贈季達序

우리 사촌 동생 계달季達이 올해 사마시司馬試의 초시에 합격했는데 얼마 뒤의 복시에서 떨어졌다. 나는 위로와 함께 축하의 말을 전한다.

옛날 노나라 장수 조말曹沫은 제나라에 세 번을 패배했다. 그런데 규구葵丘의 회맹 자리에 나아갈 때에는 만승萬乘의 군대를 낼 수 있는 강대한 제나라 군주를 칼 한 자루로 위협함으로써, 세 번의 패전에서 잃었던 땅을 마치 떨어진 물건 줍듯 손쉽게 회복하였다. 어찌 조말의 용기가 이전과 달라져서 그랬겠는가. 이전의 패배로 분발하여 그럴 수 있었던 것이다.

분발은 용기를 이끌어 내고 실패는 성공의 계기가 된다. 분발하지 않으면 용기를 북돋울 수 없고 실패해 보지 않고서는 성공하고야 말겠다는 의지를 가지지 못한다. 이제 우리 동생은 한 번의 실패를 계기로 분발하게 되었으니, 이것을 기회 삼아서 맹렬히 용기를 낸다면 틀림없이 기대한 대로 이루고야 말 것이다.

세상 사람들은 과거에 응시하여 떨어지기만 하면 으레 시험관을 원망하곤 한다. 이는 사리 분별을 못하는 것이다. 시부詩賦를 가지고 보는 과거 시험에서야 어찌 요행으로 합격한 사람들보다 우리 동생이 못하겠는가마는, 백 걸음 떨어진 곳에서 버들잎을 백발백중할 정도로 치밀하게 공부한 이들과 비교한다면 어림없는 실력이다. 이러고도 시험관을 탓할 수 있겠는가.

우리 동생은 앞으로 더욱 분발하고 스스로 독려하여 매일 경전에 힘을 쏟되, 그 안에 푹 젖어 들어 익히고 쌓은 것이 자연스럽게 문장으로 드러나게 해야 한다. 마치 천하 명검인 태아검太阿劍을 숫돌에 갈아서 세상에 자르지 못할 물건이 없게 만드는 것처럼 공부를 더욱 충실히 하고 문장을 더욱 정교하게 지을 수 있게 된 뒤에 시험을 본다면 어떤 시험이든 떨어질 리가 있겠는가.

과거 시험은 실로 작은 일이고 사마시는 그중에 더 작은 것이다. 그러니 사마시에 붙고 떨어지는 문제는 본디 우리 동생에게 굳이 말할 것도 못 된다. 그러나 활쏘기는 말단의 기예인데도 군자는 그것을 중시하여 인仁을 행하는 법도가 된다고까지 하였다. 자신을 이긴 자를 원망하지 않고 패한 원인을 자신에게서 찾는 법을 활쏘기에서 배울 수 있기 때문이다. 과거 공부를 하는 사람이 시험관 탓하는 마음 없이 자신만 반성할 수 있다면, 그것이 어찌 활쏘기보다 중요하지 않겠는가.

여기에서 시작하여 인을 행하는 데로 나아간다면 그 방법이 또한 이와 다르지 않을 것이다.

이 글은 김창협이 1674년24세 무렵에 쓴 것으로 추정된다. 계달은 김창직金昌直 1653~1702의 자字로, 김창협의 백부인 김수증金壽增 1624~1701의 셋째 아들이고 김창협보다 2살 연하이다. 조선 시대에 과거를 거쳐 문관이 되기 위해서는 대체로 생원과, 진사과의 초시와 복시, 그리고 문과의 초시·복시·전시의 여러 단계를 거쳐야 했다. 이 가운데 생원과와 진사과를 소과 혹은 사마시라고 불렀는데 당시 김창직은 2차 시험인 복시에서 낙방한 것이다.

시험에 떨어진 이에게 해 줄 수 있는 말은 예나 지금이나 별다를 것이 없다. 상심하고 있을 상대에게 깊은 위로와 앞으로의 정진을 위한 따뜻한 격려를 하는 게 보통이다. 그런데 김창협은 첫 마디에서 위로와 동시에 대뜸 축하의 말을 건넨다. 다소 예기치 못한 서두로 시작했으나, 실패로 인한 분발이 성공을 낳을 것이라는 권면으로 이어지면서 고개를 끄덕이게 한다. 그러나 김창협이 이 글에서 하고자 한 말은 축하를 통한 인상 깊은 격려에 그치는 것이 아니다. 이제 막 시험에 떨어졌고 다시 분발하여 응시해야 할 동생에게, 김창협은 과거 시험이란 지극히 작은 일에 불과하다고 했다. 별것 아니니 너무 마음 쓰지 말라고 위로한 말이 아니다. 오히려 이제까지의 위로와 격려를 뒤집는 말이다.

과거 시험을 작은 일로 평가절하하면서 김창협이 말하고자 한 진정 큰 일은 무엇인가? 인仁을 행하고 체화體化하는 일, 곧 인성 수양을 통해 성인聖人에 이르는 공부이다. 사대부로서 과거 시험을 피할 수는 없으나, 거기에 매몰되어 그것이 공부의 전부인 줄 아는 것을 경계한 것이다. 그렇다면 과거 시험을 위한 공부는 무슨 의미를 지니는가? 공자는 "활쏘기를 하는 것은 군자다운 점이 있다. 화살이 과녁에서 벗어나면 자기 자신에게 돌이켜서 잘못을 구한다."라고 하였다. 평가 기준에 좌우되지 않을 만큼 자신의 실력을 넉넉하게 키우고 결과에 대한 모든 원인을 자신에게서 찾는 것이야말로 인을 행하는 자세이며, 과거 시험 공부는 그런 자세를 기르는 과정으로서 의미를 지닌다는 것이다.

이후 김창직은 과거 시험의 여러 관문을 통과하여, 1686년숙종12 문과에 급제하여 사헌부 지평 등을 역임하였다. 그리고 김창협과 송시열, 권상하權尙夏 1641~1721 등의 사이를 오가며 학문적 교유의 매개 역할을 하였다. 50세의 나이로 김창협보다 먼저 별세하였으며, 동갑내기 사촌인 김창흡이 쓴 묘표墓表와 제문이 전한다.

성악설 비판
性惡論辨

사람의 성性은 선하다. 순경荀卿 순자荀子 B.C. 298?~B.C. 238?이 말한 "성은 악하다."라는 것은 기氣이지, 성이 아니다. 사람이 태어날 때에 기가 질質이 되고 이理가 성이 되는데, 이理에는 선만 있고 악은 없으며 기에는 선도 있고 선하지 않음도 있다. 사람에게 선하지 않은 점이 있는 것은 기의 작용에서 비롯된 것일 뿐이다. 성이라는 것은 이理 그 자체인데 어찌 선하지 않음이 있겠는가. 공자는 "사람이 살아가는 이치는 본래 바른 것이니, 바르지 않으면서도 살아 있다는 것은 요행히 죽음을 면한 것일 뿐이다."라고 하였다. 여기서 바르다는 말은 곧 선을 말하는 것이다. 순경이 "성은 악하다."라고 말한 것은 기를 두고 말한 것이지, 성을 두고 말한 것이 아니다.

태초에 사람이 만물과 함께 처음 생겨났을 때에는 사냥한 고기를 털째로 먹고 그 피를 마시며 나무 위나 굴속에서 살았으니 거의 짐승과 다를 바 없었다. 남녀 사이가 문란하여 분별이 없었고 부자 사이가 무례하여 공경이 없었으며, 군신 관계가 있어도 서로 범하지 않을 수 없었고 친구 관계가 있어도 서로 다툴 수밖에 없었다.

이에 성인聖人이 나와서 중매를 통해 혼인하고 남녀가 내외하는 예법을 만들자 남녀 사이에 분별이 있게 되었고, 아침저녁 인사 올리고 봉양하며 청소하고 어른께 순종하는 예법을 만들자 부자 사이에 공경이 있게 되었으며, 직위와 품계에 따라 수레와 복식을 정하고 조정에서 군주를 알현하는 예법을 만들자 군신 사이에 범하는 일이 없게 되었고, 왕래하고 문안하고 축하하고 조문하며 함께 술 마시고 활 쏘는 예법을 만들자 친구 사이에 다툼이 없게 되었다. 이와 같이 했는데도 남녀 사이에 음란하고 질탕하게 굴거나, 부자 사이에 태만하고 버릇없이 행하거나, 군신 사이에 위계를 어기고 난을 일으키거나, 친구 사이에 해를 입히는 자가 있으면 또 형법으로 다스렸다. 이렇게 한 뒤에 비로소 백성들이 짐승과 달라지고 천하가 안정되었다.

그런데 순경은 옛날에는 짐승과 다를 바 없었는데 지금 이렇게 달라진 것을 보고서 "사람의 성은 악하니, 선한 것은 인위의 산물이다."라고 주장하고는, "성인이 사람의 성이 악한 것을 보고 예의와 법도를 제정하여 사람의 성정을 바로잡았다."라고 하였다. 이는 너무도 이치에 어긋나는 말이다. 생각을 깊이 하지 않은 탓이다.

남녀가 문란하여 음탕하게 굴고, 부자가 무례하여 태만하고 버릇없이 행동하며, 군신이 서로 범하여 위계를 어기고 난을 일으키고, 친구가 서로 다투어 해를 입히는 것이 어찌 사람의 성이 본디 그러해서이겠는가. 판단력을 흐리게 하고 유혹하는 것이 곳곳에 존재하기 때문이다. 선하지 않은 기의 폐해가 이처럼 심하다.

오직 성인만은 태어날 때에 선하지 않은 기가 없어서 성을 온전히 할 수 있다. 그래서 남녀의 관계에서는 분별이 지극하여 문란하게 어울리는 일이 없고, 부자의 관계에서는 공경이 지극하여 무례하게 행동하는 일이 없으며, 군신과 친구 사이에서는 예법과 겸양이 지극하여 서로 범하거나 다투는 일이 없다. 성인은 선을 의식해서 그렇게 하는 것이 아니라, 타고난 성이 본디 그러하여 자연스럽게 따르는 것일 뿐이다. 성인이 사람들을 가르치는 것 역시, 굳이 세상 사람들을 억지로 바꿔서 자신을 따르게 하려는 것이 아니라, 사람들이 각기 타고난 성을 따르고 기의 해로움을 제거하도록 하는 것일 뿐이다. 진정 사람의 성이 악하지만 성인이 바로잡아 선하게 된 것이라면, 만물 중에 가장 뛰어난 고대의 성인이라 해도 역시 그 성이 본디 악했을 것이다. 그렇다면 누가 그를 가르치고 억지로 바꿨기에 타고난 악한 성을 따르지 않고 바로잡아서 성인의 경지에 이르렀단 말인가.

사람의 성이 분명 선한 것은 물이 반드시 아래로 흐르는 것과 같다. 요堯 임금 때에 홍수로 강물이 역류하여 중국을 덮쳤는데 온 천하 사람들을 다 동원해도 물살을 막을 수가 없었다. 그러나 역류하는 것이 어찌 물의 본성이겠는가. 이 역시 물의 본성을 해치는 무엇인가가 있어서 그러했던 것일 뿐이다. 우禹 임금은 그러한 사실을 알았기에 땅을 파서 낮은 쪽으로 물을 인도하여 바다로 흘러갈 수 있도록 길을 터 준 것이다. 그런 뒤에 장강長江, 회수淮水, 황하黃河, 한수漢水가 각기 고유한 길을 따라 흐르게 되어 홍수의 피해가 사라졌다. 우 임금이 물을 잘 다스렸다는 것은 바로 이런 점 때문이다. 성인이 사람을 다스리는 것 역시 어찌 이와 다르겠는가. 본성을 해치는 것을 제거할 뿐이다. 이를 두고 '타고난 성은 그렇지 않은데 억지로 바꾸는 것'이라고 할 수 있겠는가.

순경은 "굽은 나무는 반드시 도지개가 있어야 반듯해지고 무딘 쇠는 반드시 숫돌이 있어야 날카로워지듯이, 사람의 악한 성은 반드시 스승의 교화가 있어야 바르게 되고 예의를 갖추어야 다스려진다."라고 하였다. 굽은 나무에는 반듯해질 이치가 없는데 도지개가 반듯하게 펴 주고, 무딘 쇠에는 날카로워질 이치가 없는데 숫돌이 날카롭게 갈아 준다고 순경은 생각한 것이리라. 그러나 어떤 일이 가능한 것은 그럴 수 있는 이치가 있어서이다. 굽은 나무를 반듯하게 펼 수 있는 것은 나무의 본성이 부드럽기 때문이고, 무딘 쇠를 날카롭게 갈 수 있는 것은 쇠의 본성이 단단하기 때문이다. 만약 나무가 쇠와 같이 단단하다면 도지개로 그것을 펼 수 없을 것이고, 쇠가 나무와 같이 부드럽다면 숫돌로 그것을 갈 수 없을 것이다. 이런 점으로 볼 때, 나무에 반듯해질 이치가 있기에 도지개가 반듯하게 펴 줄 수 있고, 쇠에 날카로워질 이치가 있기에 숫돌이 날카롭게 갈아 줄 수 있으며, 사람에게 지극히 선한 성이 있기에 성인이 선하게 해 줄 수 있는 것이다. 이를 두고 "타고난 성은 그렇지 않은데 억지로 바꾸는 것"이라고 할 수 있겠는가. 중략

순경은 박학하고 독실하지만, 성性과 기氣의 구분에는 밝지 못하여 선악의 근본을 제대로 밝히지 못했다. 그래서 성은 악하며 선은 인위라고 생각하고 맹자가 이치를 깨닫지 못했다고 생각하여, 내뱉은 말들이 종횡으로 뒤섞이고 장황하게 늘어져서 자기도 모르게 모순에 빠진 부분이 많다. 그는 시대를 거슬러 올라가 맹자를 직접 만나 토론할 기회도 없었고, 또 시대를 내려와 정자程子 정이程頤 1033~1107, 장자張子 장재張載 1020~1077와 동시대를 살면서 기질氣質에 관한 설을 듣고 자신의 오류를 철회할 기회도 가지지 못했다. 참으로 애석한 점이다.

김창협이 20세1670년에 쓴 논변문이다. 19세에 진사시에 합격한 뒤 다양한 분야의 공부에 힘쓰던 때의 글로, 남아 있는 김창협의 학문적 논설 가운데 가장 이른 시기의 것이다. 부친 김수항이 정계에서 각광받던 시절, 젊고 영민한 명문가 자제 김창협의 자신감 있고 명쾌한 논리가 살아 있는 글이다.

『맹자』를 사서四書의 반열에 올리며 인성론의 근간으로 삼은 것이 송대 성리학이었고, 이를 신봉하던 것이 조선의 학자들이었다. 따라서 성선과 성악 가운데 어느 것이 옳은가의 문제는, 이미 정답이 주어진 것이었다. 다시 무슨 논변이 필요할까 싶은 이 케케묵은 주제를, 스무 살의 김창협은 의욕적으로 파고든다. 그 이유는 무엇일까?

이 글은 순자의 문체와 논지를 사용해서 순자를 비판하는 방식을 의도적으로 사용하였다. 같은 패턴 구문의 반복적 배치와 연쇄 장치, 풍부하게 구사되는 비유, 만연체의 본문 첫머리와 마지막에 간결한 문장으로 요지를 제시하는 구성, 새로운 개념 규정을 통한 논지 전개 방식 등이 그러하다. 둘째, 셋째 단락은 문체만 순자를 본뜬 것이 아니라 내용 역시 순자의 주장을 뒷받침하는 논거로 제시해도 손색이 없을 정도이다. 따라서 그런 만큼 더 강력한 반론의 근거를 필요로 한다.

김창협이 이 문제를 돌파하기 위해 사용한 주된 방법은 '성인'과 '보통 사람'의 성性이 같다는 점을 강조함으로써 순자 논리의 정합성을 공격하는 것과, '성'과 '인위'의 대립 구도를 '성'과 '기'의 대립 구도로 옮겨 오는 것이다. 특히 후자의 경우 송대 성리학의 산물인 이기론理氣

論을 접할 수 없었던 순자로서는 억울한 지적이 아닐 수 없다. 김창협 역시 이러한 학술사적인 한계를 잘 알고 있었으나, 그럼에도 불구하고 '성'과 '기'의 구분이 성악설 비판의 핵심 논점이 되어야 한다고 생각한 것이다.

순자의 성악설을 비판하는 글을 쓴 것은, 김창협 사상의 주된 문제의식들이 여기에 닿아 있었기 때문이다. "이미 기에 속한 것을 성이라고 할 수 있는가?"라는 질문은 당시 전개되던 이기논변의 중심 논제 가운데 하나이기도 하다. 이 글에서 성악설 비판의 근거로서 성인과 보통 사람의 성에 차별이 없으며 기질로부터 구분되는 본연의 성이 순전히 선하다는 사실을 다시 강조하는 것은, 여러 성리 논변에서 김창협이 일관되게 견지한 주장의 핵심이기도 하다. 그 단초가 스무 살에 쓴 글에 이미 보이는 것이다.

금강산 유람기
東游記

「서울을 출발하며」

어릴 적부터 나는 금강산의 명성을 듣고 꼭 한번 유람해 보고 싶은 소망이 있었다. 그러나 평소 저 하늘 어딘가에 있는 듯이 우러러보기만 했을 뿐, 누구나 갈 수 있는 곳이라고 생각하지는 못했다. 그런데 신해년 1671 4월에 아우 자익 김창흡이 말 한 필로 혼자 가서 겨우 한 달 남짓 만에 내금강과 외금강을 두루 구경하고 돌아왔다. 이에 나는 금강산이 반드시 유람해 보아야 할 만큼 아름다울 뿐 아니라, 그 유람이 그리 어려운 것도 아님을 확신하게 되었다.

그리하여 그해 8월에 형님 김창집 金昌集 1648~1722 과 함께 가기로 약속하고 출발할 날짜도 잡아 두었다. 그런데 출발하기 하루 전에 형님이 갑자기 병이 나 버렸다. 혼자 가면 매우 무료하리라는 생각이 들었지만 이미 시작한 일이라 멈출 수는 없었다. 결국 기축일 8.11 에 부모님께 하직 인사를 올리고 출발하였다. 따르는 이는 김성률 金聲律 과 이유굴 李有屈 두 사람이었고, 가지고 가는 물건이라고는 그저 당시 唐詩 선집 몇 권과 『와유록臥游錄』 한 권뿐이었다. 동쪽으로 흥인문興仁門 동대문을 나서는데 가을 하늘은 높고 맑으며 들판이 드넓게 펼쳐져 있으니, 이내 마음은 이미 훌쩍 떠올라 산과 바다에 가 있었다. 후략

「금강산에 도착하다」

정유일8.19에 아침밥을 먹고 회양淮陽을 출발하여 추촌楸村에서 묵었다. 무술일8.20에 새벽밥을 먹고 50리를 가서 묵희령墨喜嶺에 도착하였다. 묵희령은 그다지 높거나 험하지는 않지만 굴곡이 많았다. 위로 15리쯤 올라가자, 우거진 숲과 큰 나무에 가려서 하늘이 보이지 않았는데, 그 아래로는 시냇물이 길을 따라가며 콸콸 흘렀다. 물소리를 들으며 반나절을 가다가 고개를 넘어서니 눈처럼 새하얀 봉우리들이 빽빽이 서 있는 모습이 보였다. 이것이 금강산임을 알고는 나도 모르게 정신이 날아오르는 듯했다. 중략

밤에 계수료溪水寮에서 묵었다. 새벽에 끊임없이 내리는 빗소리에 잠이 깨었다. 일어나서 문을 열고 올려다보니 봉우리들이 모두 구름 가운데 있었다. 구름이 삼키고 토하는 데 따라 봉우리들이 나타났다 사라지는 모습이 또 하나의 기이한 장관을 이루었다.

「극락암極樂菴, 백천동百川洞을 지나 백화암白華菴으로」

기해일8.21 이른 아침에 밥을 먹고 극락암에 올랐다. 극락암은 장안사長安寺에서 서북쪽으로 100보쯤 되는 곳에 있는데, 지대가 매우 높아서 눈앞에 펼쳐진 산봉우리들이 장안사에서 본 것보다 더 대단했다. 한 식경쯤 앉아 있다가 가마를 타고 내려왔다. 시내를 건너 동쪽으로 가서 지장암地藏菴을 거쳐 백천동으로 들어섰는데, 길이 온통 울퉁불퉁한 돌과 대나무로 뒤덮여 있고 넝쿨들이 엉켜 있어서 거의 사람이 통행할 수 없을 정도였다.

가마에서 내려 지팡이를 짚고 몸을 숙여 들어가는데, 비가 온 뒤라 이끼가 축축하고 돌이 미끄러워 걷기가 더욱 힘들었다. 넘어졌다 일어났다 하며 힘겹게 나아가다 보니 기이한 봉우리가 연달아 코앞에 나타나는데, 칼처럼 땅에서 솟아올라 높다랗게 우뚝한 그 모습에 두려움이 느껴졌다. 처음에는 길이 막혔나 했더니 갑자기 다시 열리고, 이윽고 좀 전에 보았던 것과 같은 봉우리가 나타나더니 또다시 길이 열렸다. 봉우리는 끝도 없이 연달아 나타나고 골짜기는 끝도 없이 닫혔다 열렸다 하는데, 시냇물은 감돌고 꺾이고 비스듬히 흐르다 기이하게 솟구치며 끝도 없이 변화하였다. 중략

백화암에 도착하니 그곳엔 중이 없었다. 암자 뒤에 휴정休靜을 비롯한 명승들의 사리탑과 비석이 있는데, 비문은 월

사月沙 이정귀 이하 여러 공의 문장이었다. 정관재靜觀齋 이단상 선생이 비문을 찬술한 승려 의심義諶의 비석도 그곳에 있었다. 일찍이 양주의 동강東岡에서 공이 이 글을 짓던 모습이 어제 일인 듯 눈에 선한데, 공의 묘소에 난 풀이 벌써 2년을 묵었다. 지팡이를 짚고 비문을 읽으려니 슬픈 마음을 가눌 길이 없었다. 후략

「천일대天一臺에 올라」

경자일8.22 해가 뜬 뒤에 가마를 타고 천일대에 올랐는데, 바로 정양사正陽寺의 앞산이다. 때마침 흰 구름이 온 골짜기에서 피어나서 하나로 모이는데 그 모습이 마치 가벼운 비단처럼 하늘하늘 오락가락하고 펼쳐졌다 말렸다 하며 한순간도 멈추지 않았다. 여러 봉우리는 모두 구름에 덮여서 얼굴 반쪽만 드러나기도 하고 머리카락 하나만 보이기도 하였다. 그 끝없이 펼쳐지는 아름다운 자태가 하도 황홀하여 마음을 빼앗겼다. 전체를 한꺼번에 보는 것보다 이것이 한층 더 좋았다. 중략

한참 동안 앉아 있으니 흰 구름이 깨끗이 걷혀 세상에서 일만 이천 봉이라고 말하는 것이 마치 손바닥 안에 있는 것처럼 하나하나 모습을 드러내었는데, 그 빼어나고 기이한 모습은 이루 다 표현할 길이 없다. 모두 옥처럼 깨끗하고 조각해 놓은

것처럼 세련되어서, 속된 기운이나 어설픈 느낌이 전혀 없었다. 옛날 명明나라 오정간吳廷簡은 황산黃山을 보고서야 반평생 보아 온 산들이 모두 흙무더기와 돌덩이에 지나지 않음을 알았다고 했는데, 지금 이 산을 보니 정말 그러했다. 앞서 회양에서 뵈었던 임장任丈 임규任奎 1620~1687 께서 이곳 천일대에 이르러 붉은 비단 병풍을 펼친 듯한 광경을 보고서야 비로소 금강산의 진가를 알았다고 하셨는데, 아직 단풍이 들지 않음이 아쉬울 뿐이었다. 저녁에 다시 천일대에 나가서 주위를 둘러싼 중향성衆香城 봉우리를 보니, 햇빛이 찬란하여 그 기이한 모습을 더욱 말로 표현하기 어려웠다.

밤에 누각 안에 누우니 몹시 피곤해서 바로 잠이 들려던 차였다. 그런데 문득 창문에 빛이 드는 것이 보이기에 일어나 보니 달이 동쪽에 떠올라 있었다. 부랴부랴 누각 앞쪽의 기둥으로 나가서 술잔에 스스로 술을 따르고 중들을 둘러보니 모두 깊이 잠들어 있었고 여러 봉우리가 난간 밖에서 손 모아 읍하고 술잔을 주고받으려는 듯 의젓하게 서 있는 모습만 보였다. 이러한 경치, 이러한 밤은 이제껏 경험해 보지 못한 것이었다. 후략

「내금강을 떠나 영동嶺東으로」

정미일8.29에 아침 일찍 일어나 밥을 재촉해 먹었다. 사흘 동

안 외금강 유람에 동행했던 임군任君 임진원任鎭元 1644~1706과 아무개 두 사람은 내금강으로 돌아가고 나는 영동嶺東을 향하여 절을 나섰다. 중략

15리를 가다가 한 고개에 올라서 돌아보니, 하늘 높이까지 쌓여 있는 금강산의 만 겹 봉우리들이 날쌔게 뛰어 솟아오를 것만 같았다. 이 산을 안에서 볼 때에는 빼어나고 깎아지른 것이 다른 산들보다 뛰어나다고 생각했을 뿐, 그 웅대한 전체 모습은 온전히 알지 못했었다. 그런데 이곳에 이르러 층층으로 이어진 산과 첩첩의 산봉우리가 마치 만 길의 높은 성곽처럼 빙 둘러 에워싸고 있어 사방 어디에도 필적할 만한 것이 없음을 보게 되었다. 그제야 소장공蘇長公 소식蘇軾 1037~1101이 "여산廬山의 진면목을 알 수 없는 건 이내 몸이 이 산 안에 있어서라네."라고 한 것이 빈말이 아님을 알게 되었다. 후략

「고성高城에서 본 동해 일출」

무신일8.30 새벽에 일어나 일출을 기다렸다. 하늘 동쪽에 붉은 기운이 미미하게 어리는 것이 보이더니 이윽고 점차 진홍색으로 변하였다. 구름이 그 빛을 받아 오색을 이루어 짙고 옅음에 따라 자태를 달리하며 순식간에 천변만화하였다. 얼마 뒤에 해가 차츰차츰 바닷속에서 나오는데 그 크기가 붉은 구리 쟁반만 해지더니 도로 줄어들면서 파도에 빠져 버렸

다. 이렇게 한참 동안 나왔다 들어갔다 하던 해가 마침내 공중으로 쑥 솟아올랐다. 처음에는 금빛으로 반짝이던 바다 물결이 이때에 이르자 만 리가 온통 수은처럼 넘실댔다. 함께 간 사람들이 모두 크게 환호하며 그 기이한 모습에 감탄하였다. 내가 이제껏 보아 온 것을 다 떠올려도 이런 장관은 처음이었다. 후략

「총석叢石을 구경하고 서울로 돌아오다」

경술일9.2에 비가 내리다가 오후에 개었다. 즉시 말을 타고 동북쪽으로 15리를 가서 바닷가에 이르러 총석을 구경하였다. 길게 이어진 산마루가 국자 자루처럼 꺾여 바다로 들어갔다가 높이 솟구쳐 둥근 언덕을 이루었다. 옛날 그 위에 정자가 있었으나 지금은 터만 남아 있다. 그 앞에 큰 돌기둥 네 개가 나란히 물 위에 서 있는데, 높이가 모두 열 길 이상이며 이름은 사선봉四仙峯이라 하였다. 각각의 봉우리는 모두 수십 개의 작은 돌기둥이 한 몸을 이룬 것인데, 각각의 돌들은 모두 반듯하고 곧은 6면 기둥이었다. 그 돌 묶음들은 모두 빗살처럼 가지런하여 마치 먹줄과 자, 칼과 톱으로 만들어 놓은 것 같았다. 네 봉우리만 그런 것이 아니라, 정자 주위 몇 리에 걸쳐 이런저런 모양으로 흩어져 있는 것이 모두 그러하였다. 땅속에 묻혀 있는 것까지 헤아려 보면 겹겹이 다 이러할 것이

니, 해안의 흙을 파도로 씻고 또 씻어 다 드러낼 수만 있다면 그 속에 총석이 몇백 개, 몇천 개가 될지 모를 일이다. 조물주의 솜씨가 어쩌면 이리도 뛰어날 수 있을까. 참으로 기이하도다. 중략

이날은 하늘이 매우 맑았다. 정자에 앉아 동쪽을 바라보니 시력이 닿는 모든 곳이 오직 바다뿐이어서 내 가슴속도 잡념 하나 없이 깨끗해졌다. 거침없이 배 띄워서 신선이 산다는 봉래도蓬萊島를 찾아가고픈 장쾌한 생각이 일어났다. 해가 지고 바람이 매우 강해지자 눈처럼 새하얀 파도가 돌기둥의 거의 절반 높이까지 솟구쳐 올랐다. 거세게 부딪치며 성난 듯 포효하는 기세가 어찌나 대단한지 오싹해지는 두려움에 오래 머무르기 어려울 정도였다.

얼마 전 금강산을 보고서 반평생 보아 온 산은 모두 흙무더기나 돌덩이에 불과했다고 생각했는데, 이제 또 반평생 보아 온 물은 모두 작은 개울이나 마소의 발자국에 고인 물에 불과했음을 깨닫게 되었다. 지난번 마하연을 끝으로 집에 돌아가려 할 때 동해를 꼭 구경하고 가라고 한 권사군權使君 권세경權世經 1626~1704의 권유가 아니었으면 이러한 장관을 놓치고 말았을 것이다. 통천군 관저로 돌아와 밤에 사행士行 이상휴李相休 1650~?과 이별의 술자리를 가졌다.

신해일9.3에 아침 일찍 출발하여 추지령楸池嶺을 넘었는는

데, 구절양장九折羊腸처럼 구불구불한 돌길이 오르막으로 10리에 이어졌다. 고개 위는 곧 회양淮陽 땅으로, 이곳에서 회양 관저까지 30리는 내리막 없이 평평한 길이었다. 회양이 산마루에 있다고들 하더니 정말 그렇다. 임장이 또 한사코 만류하며 떠나지 못하게 하여 사흘 동안 관저에 머물다가 을묘일9.7에 비로소 출발하여 기미일9.11에 서울로 돌아왔다. 다녀오는 데에 꼬박 31일이 걸렸다.

김창협이 21세 때인 1671년 8월 11일부터 9월 11일까지 금강산과 동해를 유람하고 쓴 기행문이다. 김창협은 이후 35세 때인 1685년 함경북도 병마평사咸鏡北道兵馬評事에 제수되어 부임하는 길에 다시 한 번 금강산을 유람한 일이 있는데, 그때는 기문 없이 시만을 남겼다. 이 작품은 총 6,379자에 달하는 장편으로, 12개의 소제목으로 나뉘어 있으며, 여정에 따라 일기체 형식으로 기술되었다. 여기서는 몇 대목만을 인용하고 소제목도 그에 맞춰 다시 달았다. 김창협은 동대문을 나서서 포천, 철원, 김화를 거쳐 금강산의 초입인 회양에 이르렀다. 이어 장안사를 시작으로 표훈사, 정양사, 천일대, 원통암, 만폭동, 보덕굴, 마하연 등의 내금강을 보고 난 후, 유점사를 거점으로 삼아 외금강의 구연동, 만경대, 은선대 등을 다녔다. 그리고 영동으로 넘어가서 고성과 통천에 걸쳐 있는 삼일포, 사선정, 해산정, 총석정 등 이른

바 해금강을 둘러보았다. 서울에서 출발하는 이들이 택하는 일반적인 경로였는데, 다만 명소 가운데 비로봉, 망고대, 구룡연 등이 빠져 있다. 뒷날의 술회에 의하면 이곳들은 너무 위험하니 들어가지 말라는 부모님의 경계를 따른 것이었다.

금강산을 그린 문학은 매우 많고 다양한데, 이 작품은 유람 자체가 목적인, 그야말로 아름다운 풍경을 찾아 나서는 '여행'이었다는 점에서 주목할 만하다. 오늘의 관점에서 보면 독특할 것도 없는 일이지만 이전의 기행문들은 대체로 지방관 부임 등 공무로 인한 여정을 기회로 삼아 금강산을 둘러보는 형식을 띠는 경우가 많았다. 어릴 적부터의 바람을 이루고자 별도의 시간과 비용을 마련해서 길을 떠나는 방식의 여행은 17세기 후반 몇몇 가문들을 중심으로 증가해서 18세기 이후 널리 유행한 풍조였다. 이 작품은 그 초기의 모습을 잘 보여준다.

사대부들이 산수 유람을 즐기면서 내세우는 명분은 대개 세속을 떠나 심성을 수양하고 호연한 기상을 기르기 위해서, 혹은 견문을 넓히고 문장력을 높이기 위해서 등의 몇 가지로 수렴된다. 그러나 이 작품에는 산수를 의리의 표상으로 삼아 의론을 전개하거나 지명의 유래와 전설을 장황하게 늘어놓은 부분이 전혀 없다. 기존의 관련 작품들을 인용하거나 화려하게 수식을 가한 부분도 별로 보이지 않고 그저 진솔하고 담백하게 여정과 감상을 적어 나갔다. 그 가운데 풍경의 아름다움을 세세하게 묘사하고 개인적 흥취를 마음껏 토로한 것이 인상적이다.

도봉서원에서 우암의 시에 차운하다
敬次尤齋宋先生 題道峯韻

적막하고 텅 빈 산에 사당 문은 열려 있고	空山肅肅廟門開
푸른 바위 맑은 시내 좌우로 감아 도네	碧石淸泉左右廻
이 산수에 귀의함이 당시의 뜻이었건만	可惜當年丘壑志
임금님이 붙드셔서 못 오신 일 애석하네	君王不放此間來

청년기 김창협의 시들은 남아 있는 것이 없는데, 23세1673에 지은 이 작품이 문집 처음에 실려 있다. 현전하는 김창협의 첫 번째 시가 송시열의 시에 차운한 작품이며, 그 시의 제재를 이루는 배경이 조광조趙光祖 1482~1519의 위패를 모신 도봉서원이라는 점은 의미심장하다. 송시열의 원시는 다음과 같다.

깎아지른 푸른 절벽 골짜기 문 열려 있고	蒼崖削立洞門開
시냇물은 졸졸 흘러 굽이굽이 돌아왔네	澗水潺湲幾曲廻
요순시대 이루는 일 당세의 뜻이었건만	堯舜君民當世志
사당 앞엔 부질없이 후인들 발걸음만	廟前空有後人來

조광조는 중종 때 이상적인 도학 정치를 실현하려다가 기묘사화로 희생된 인물이다. 송시열은 1668년 도봉서원에 방문하여 이 시를 지어 남겼고, 이후 권상하 등과 함께 이곳에서 강학 활동을 하기도 했다. 송시열은 김창협의 증조부 김상헌의 문인으로 자처하였고 당시 부친 김수항과 정치적 행보를 함께하고 있었다. 도봉서원에 들러서 송시열의 시가 걸려 있는 것을 본 김창협은 그 시의 운에 맞추어 새로운 시를 지었다. 송시열의 시는 조광조의 이상이 실현되지 못했음을 안타까워하는 내용이고, 김창협의 시는 조광조가 도봉산에 은퇴하고자 했던 뜻을 이루지 못하고 화를 당하고 만 것을 애석해하는 내용이다.

이 작품을 짓던 23세의 김창협은 예견하지 못했을 일이지만, 송시열의 행보와 그 최후 역시 조광조와 유사한 점이 있었다. 훗날 김창협은 송시열을 애도하는 제문에서 "자기 멋대로 하려는 소인배들이 초야에서는 선생님을, 조정에서는 선친을 꺼렸습니다. 그 때문에 갑인·을묘년의 화에 두 분이 차례로 영남과 호남의 먼 변방으로 쫓겨나셨고 결국 기사년의 변고 때에 사사賜死의 명이 또 차례로 내려졌습니다. 이는 후한後漢의 이응李膺과 두밀杜密, 우리나라의 정암靜菴 조광조와 충암冲庵 김정金淨 1486~1521의 일과 시간적으로 큰 거리가 있음에도 불구하고 그 사례가 일치합니다."라고 하였다.

'지치주의至治主義'로 불리는 조광조의 정치 이념과 강직한 자세를 흠모하던 송시열은, 사사된 지 7년만인 1696년 복권이 이루어지자마자 이곳 도봉서원에 조광조와 나란히 배향되었다.

제2장

은거를 마음먹다

남인과의 정쟁으로 김창협이 25세 되던 해에 부친 김수항이 유배되었다. 이후 5년 동안 김창협은 첫 번째 실의失意의 기간을 맞는다. 이때 그는 평생 은거할 결심으로 과거 시험 준비를 전면 중단하고 『논어』를 비롯한 경서 읽기에 매진하였다. 훗날 이 시기에 평생 공부할 힘을 얻었다고 술회하기도 하였다.

월출산 구정봉에 오르다
登月出山九井峯記

월출산에서 가장 높은 곳이 구정봉이다. 구정봉은 사방이 모두 깎아지른 듯한 벼랑인데 서쪽 벼랑 아래에 직경 한 자 남짓한 작은 굴이 위로 뚫려 정상까지 통해 있다. 그러니 정상에 오르려면 이 굴을 통과하는 수밖에 없다. 이 굴속으로 들어갈 때는 뱀처럼 배를 대고 기어서 들어가야 하는데, 그렇게 하더라도 갓과 두건을 벗지 않고는 들어갈 수가 없다. 마치 쥐가 너무 큰 똬리를 입에 물고는 쥐구멍에 들어가지 못하는 것과 같다. 굴속에 들어서고 나면 일어나 걸을 수가 있으나 계속 가다 보면 점차 굴이 타원형으로 좁아져서 양쪽 벼랑 사이에 몸이 낀 상태로 가야 했다. 귀가 벽에 붙은 것처럼 해서 몇 걸음을 더 가자 굴이 끝났다.

굴이 끝나자 위쪽으로 나갔는데 마치 우물에서 바깥으로 나가는 것 같았다. 굴에서 나가자 또 바로 가파른 벼랑으로 길이 이어졌고, 벼랑 아래는 허공이었다. 사람이 디딜 만한 곳이 한쪽 발밖에 딛지 못할 정도로 좁아서, 반드시 앞뒤로 발을 번갈아 가며 디뎌야 걸을 수 있었다. 앞발이 벼랑 위에 있고 뒷발이 아직 굴속에 있을 때까지만 해도 위태롭지 않았으나, 뒷발을 앞발 대신 벼랑 위로 내딛자 맨몸으로 벼랑에 붙어 있는 꼴이라 매우 위태로웠다. 그러나 이곳을 지나자 바로 정상이었다. 굽어보니 큰 바다가 마치 발밑에 있는 것만 같아 매우 상쾌하였다.

뛰어난 문학적 재능과 학문적 역량을 바탕으로 나라에 쓰이기를 꿈꾸던 김창협에게 갑작스럽게 집안의 우환이 닥쳤다. 1675년 7월, 부친 김수항이 유배에 처해진 것이다. 김창협은 부친을 따라서 유배지인 전라도 영암靈巖으로 내려갔다. 이 작품은 8월에 그곳의 월출산 구정봉에 오른 일을 기록한 기문記文이다. 구정봉은 월출산의 최고봉으로서 그 정상에 3~4m 높이의 바위가 솟아 있는데, 그 윗면에 평평하고 오목하게 파인 아홉 개의 구멍이 있어서 구정봉이라고 부른다.

이 작품은 기문치고는 매우 짧은 분량이다. 아무런 의론議論도 곁들이지 않고 글재주를 과시함도 없이 담담하고 사실적인 묘사로 일관한 작품이다. 구정봉을 주제로 삼은 작품들이 전후로 적지 않은데, 정상에 올라서 느끼는 천지의 광대함과 조화의 무궁함, 구정봉에 산다는 아홉 마리 용의 전설과 신비한 운무로 인해 맛보는 태고의 기운 등을 언급하면서 세속에 물든 마음을 씻어내고 장쾌한 기상을 얻을 수 있음을 강조하는 내용이 대부분이다. 그러나 김창협은 구정봉에 오르는 과정만을 눈앞에 보이듯 세세하게 묘사해 내었다. 그리고 막상 정상에 오르고 난 뒤는 단 하나의 간결한 문장으로 낙차 큰 마무리를 함으로써 이 짧은 글이 긴 여운으로 남게 하였다.

똬리는 머리에 짐을 얹기 위한 받침으로 짚이나 헝겊을 둥글게 틀어 만든 것인데 음식의 기운이 남아 있어서 쥐가 물고 간다고 하는 물건이다. 갓과 망건도 쓰지 못한 채 쥐구멍처럼 좁은 굴을 통과해야 겨우 오를 수 있고, 한 발 겨우 디딜 만한 틈밖에 없는 벼랑에 가까스로 몸을 붙이고 위태로운 걸음을 옮겨야 비로소 정상을 밟을 수 있는 곳. 정상에 서서 발밑에 펼쳐지는 풍경을 바라보는 25세 김창협의 심회는 어떠했을까?

애틋한 마음 나눌 형제들이 있어
將赴京夜與子益大有呼韻同賦

오랜 이별 아닌 줄 알고 있지만　亦知無幾別
그래도 이 밤만은 길고 또 길었으면　聊復永今宵
대열 끊겨 고개 넘는 외기러기 슬피 보며　斷行悲嶺鴈
이별의 한스러움 강물 위에 부치노라　離恨寄江潮
여구곡 짧은 노래 목청 돋워 부르나니　歌唱驪駒短
멀리서도 잉어 편에 소식을 전하시게　書傳赤鯉遙
고향 동산 꽃나무는 그대로 있겠지만　故園花樹在
찬란한 봄날 와도 적막하고 적막하리　春色久寥寥

1675년25세 부친 김수항을 모시고 영암으로 내려간 김창협은 그 해 10월에 서울로 다시 돌아왔다. 이 작품은 그 직전에 쓴 것으로, 부친과 형제들을 두고 떠나는 마음을 담았다.

날아가는 기러기의 대열을 안항鴈行이라고 하는데, 그 가지런한 모양으로 형제간의 우애를 상징하곤 한다. 김창협은 형제들과 헤어져 길을 떠나는 자신을 안항에서 떨어져 나와 힘겹게 고개를 넘는 외기러기에 비유하였다. 강물은 그 이별의 슬픔을 더해 준다. 이별의 채비가 끝났음을 알리는 「여구곡驪駒曲」을 노래하며, 잉어 배 속에 서신을 넣어 전하듯 멀리서도 소식을 주고받자고 다짐한다. 길게 이어지기를 바라는 마음이 강할수록 밤은 금세 지나가는 법이다. 당나라 시인 잠삼岑參이 위씨韋氏 집안의 친족들이 늘 꽃나무 밑에서 단란한 모임을 갖는 것을 보고 「위원외가화수가韋員外家花樹歌」를 지어 찬양한 데서 유래하여, 꽃나무는 가족의 화목한 모임을 상징한다. 그러나 이제 날이 새면 떠나야 한다는 생각에, 가족이 흩어진 채 맞이할 내년 봄에는 꽃이 아무리 화사하게 피어도 그저 쓸쓸할 뿐이리라는 상상이 이어진다.

실각하여 유배된 아버지와 그를 따라 먼 타지에 내려온 아들들이 시를 통해 애틋한 마음을 주고받는, 지금은 보기 어려운 아름다운 풍경이다. 이 풍경에 담긴 것은 아직 작은 시련과 길지 않을 이별로 인한 안타까움 정도이다. 그러나 이후 정치적 소용돌이로 인한 고통이 극심해졌을 때, 형제들은 위로와 애정을 나누며 김창협을 버틸 수 있게 해 준 든든한 존재였다.

얼음 뜨는 노래

鑿氷行

섣달 추위에 한강 물이 꽁꽁 얼어붙자	季冬江漢氷始壯
많고 많은 사람이 강가로 나와서는	千人萬人出江上
쩡쩡 텅텅 도끼 자귀로 이리저리 깎아 내니	丁丁斧斤亂相斲
우르릉 꽝 그 소리가 물속 나라까지 울려 댄다	隱隱下侵馮夷國
두껍게 깎아낸 얼음은 눈 덮인 산과 같고	斲出層氷似雪山
으슬으슬 음기 쌓여 추위가 살을 엔다	積陰凜凜逼人寒
아침마다 얼음 지고 지하 빙고 들어가고	朝朝背負入凌陰
밤만 되면 연장 들고 강 복판에 모이느라	夜夜椎鑿集江心
낮은 짧고 밤은 긴데 밤새도록 쉬지 못해	晝短夜長夜未休
주고받는 노동요만 모래톱에 울리누나	勞歌相應在中洲
정강이 드러난 짧은 옷에 짚신조차 못 신고서	短衣至骭足無扉
매서운 강가 바람에 손가락이 떨어질 듯	江上嚴風欲墮指
한여름 찌는 더위에 높은 누대 올라앉아	高堂六月盛炎蒸
미인의 흰 손으로 맑은 얼음 전할 적에	美人素手傳淸氷
자리마다 나눠 주려 귀한 칼로 깨부수니	鸞刀擊碎四座徧
백주 대낮 맑은 허공에 싸라기눈 흩날리네	空裏白日流素霰

누대 가득 채워 앉아 더위 잊고 즐기는 이　　滿堂歡樂不知暑
얼음 깨는 이 고달픔 그 누가 말하리오　　誰言鑿氷此勞苦
그대 보지 못했는가?　　君不見
길가에 널브러진 더위 먹어 죽은 백성들　　道傍暍死民
대부분이 이 강에서 얼음 깨던 이들임을　　多是江中鑿氷人

백성의 힘겨운 삶을 노래하는 것은 한문학의 오랜 전통 가운데 하나이다. 관습적인 모티프로 존재해 온 것이기 때문에, 이런 작품이 몇 편 있다는 사실 자체로 그 작가의 현실 인식을 가늠할 수는 없다. 아무리 핍진하고 신랄하게 그들의 현실을 그려냈다 하더라도 관찰자의 입장을 완전히 벗어나기는 어렵기 때문이다. 물론 얼음 뜨는 노동을 하는 백성들의 비참한 삶을 묘사한 이 작품에서도 김창협은 관찰자에 불과하다. 그러나 관습의 틀을 넘어서서 읽는 이의 마음에 던지는 울림의 크기가 범상치 않은 이유가 무엇일까?

이 작품은 1675년25세 음력 6월 무더위 속에 지은 것으로 보이는데, 한겨울에 얼음 채취하는 모습을 마치 지금 눈앞에 보이듯이 생생하게 그려내는 것으로 시작한다. 모습만이 아니라 현장의 소리와 극심한 추위까지 전한다. 그리고 문득 시간과 장소를 달리하여 한여름 홍겨운 잔치 자리로 시선을 옮긴다. 시원한 누대에서 편하게 쉬면서 빙고氷庫에 저장해 둔 얼음으로 더위를 씻으며 즐거워하는 이들과, 이

무더위에도 쉬지 못하고 힘겹게 일하다가 쓰러져 죽어 가는 백성들이 극명한 대조를 이룬다. 한여름 더위로 죽은 백성들에 대한 안타까운 연민에서 출발한 김창협은, 그들과 한겨울 얼음 채취 노동을 연결시키는 발상을 통해서 사회의 부조리함에 대한 비판으로 나아갔다. 절절한 연민의 심정을 참신한 발상과 생생한 묘사에 담음으로써 깊은 울림을 만들어 내었다.

환경을 탓할 것인가 환경을 바꿀 것인가

贈玄生若昊序

현군 흠보玄君欽甫가 나와 교유하며 글공부하는 일을 말할 때마다 자신이 사는 곳이 외지고 풍속이 경박하여 학교를 진흥시킬 수 없다고 한탄하곤 한다. 혼자 공부하기 어려움을 걱정해서 그렇게 말하는 것 같기에 내가 다음과 같이 말해 준다.

이 두 가지는 근심할 것이 못 되고 근심은 그대가 뜻을 어떻게 갖는지에 달려 있을 뿐이네. 사는 곳이 외지면 견문이 적어서 비루해지고 풍속이 경박하면 경망스러운 벗들의 유혹이 따르네. 그러나 뜻이 확립되면 이 두 가지는 근심거리가 될 수 없다네. 그래서 『예기』에서 "선비는 뜻을 우선시한다."라고 한 것이네. 뜻은 무엇보다 원대하면서도 독실한 것이 가장 중요하니, 독실하지 못하면 중단하기 쉽고 원대하지 못하면 현 상태에 안주하기 쉬운 법이네. 중단하기 쉽고 현 상태에 안주하기 쉬우면 빈둥빈둥 지내며 그만두게 되고 말지.

이는 배우는 사람이라면 누구나 가질 수 있는 병폐이긴 하네만, 먼 지방에 사는 선비의 경우 이러한 문제가 더욱 심각하네. 자신이 사는 곳이 멀고 외지다고 해서 늘 자신을 왜소하게 폄하하여 학문으로 나아갈 여건이 못 된다고 생각하네. 힘 한번 써 보지도 않고 지레 그 어려움을 걱정하고 조금 성취하면 바로 안주해 버리고는 더 이상 나아가려 하지를 않네. 이것이 곧 쉽게 중단하고 쉽게 안주하여 다 배우고도 금방 잊어버리고 마는 까닭이네. 그러나 이 또한 그 뜻을 질책해야 할 일이지, 사는 곳이 외지고 풍속이 경박한 것을 탓할 일은 아니네.

옛날 위대한 학자로 칭송되는 분들이 모두 하은주夏殷周 삼대의 수도인 삼하三河와 풍호豐鎬에서 나왔는가? 그 풍속이 모두 공자와 맹자의 고장인 추로鄒魯와 같았는가? 먼 변방이나 이민족의 지역에서 떨쳐 일어나 걸출하게 자립하여 후세에 명성이 전해진 이들도 종종 있으니, 이는 뜻이 원대하고 독실했기 때문이네. 저 물을 보시게. 바다에 뜻을 둔 까닭에 밤낮으로 흘러 백 번을 꺾이더라도 막히지 않고 천 리를 가고도 그 자리에 안주하는 법이 없지 않은가. 그리하여 끝내는 반드시 바다에 도달하고야 마는 것일세. 선비가 뜻을 품는 것이 어찌 이와 다르겠는가.

이제 그대는 무엇보다 먼저 뜻을 독실하게 하고 오래도록 견지하여, 성급하게 중단하거나 안주하지 말아서 학문을 성취하시게. 그리하면 경박하던 풍속이 그대로 인해 교화되어서 뜻이 맞아 학업을 함께할 선비들이 일어나 서로 도울 것이니, 어찌 사는 곳이 외져서 혼자 공부하기 어렵다고 걱정할 것이 있겠는가.

『시경』에 "들 가운데 콩이 열리니 사람마다 가서 따 가도다."라고 하지 않았는가. 『주역』에 "그윽한 곳의 학 우는 소리에 그 새끼가 알아듣고 화답을 한다."라고 하였네. 선善은 본디 누구나 함께 취하는 것이니, 선창하는 사람이 있으면 반드시 화답하는 사람이 있는 것이 당연한 이치일세. 그대가 이 말을 마음에 두고 부지런히 노력한다면, 훗날 남쪽 지방에서 학문하는 선비가 나왔다는 말을 들었을 때 나는 반드시 그가 바로 그대라고 말할 것이네.

이제 개천에서 용 나기 힘들어졌다는 말이 많이 들린다. 더 나은 환경을 위해서 거주지를 옮기고 특정 학교에 진학하는 데에 상당한 비용을 들여야 하며, 그러지 못하면 사회생활에서 낙오될 수밖에 없다는 인식이 팽배하다. 김창협이 만난 시골 서생의 한탄을 보면 예나 지금이나 주어진 환경을 뛰어넘어 뜻을 펼치기가 참으로 어렵다는 것을 알 수 있다. 이 서생의 이름은 현약호玄若昊 1659~1709이고 전라도 영암 구림리鳩林里에 살았다. 김창협의 부친 김수항이 1675년부터 3년간 이곳에서 귀양살이할 때 머물던 집의 아들이었다.

부친의 유배지에 왕래하며 알게 된, 자신보다 8살 연하의 이 서생에게 준 김창협의 조언은 뜻을 원대하게 가지고 독실하게 지켜 나간다면 학문의 성취를 이룰 수 있다는 것이다. 그렇게 되면 공부에 방해되던 주변 사람들이 오히려 함께 공부하는 동지가 될 것이고, 장애로 여겨지던 환경이 자신으로 인해 훌륭하게 바뀌게 될 것이라고 하였다. 환경을 탓하고 포기할 것인가, 뜻을 세워 자신을 바꾸고 마침내 환경을 바꿀 것인가? 원대한 뜻을 품고 독실하게 나아가기! 참으로 쉽진 않지만 스스로 마음먹기에 달린 일임은 분명하다.

험한 산골에 사는 이유

山民

말에서 내려 누구 없소 하고 물으니	下馬問人居
한 아낙네 문을 열고 나와 보고는	婦女出門看
나그네 맞아 초가 안에 앉혀 놓고서	坐客茅屋下
나그네 위해 밥상 차려 내오는구나	爲客具飯餐
바깥양반은 어디 갔나 물었더니만	丈夫亦何在
아침부터 쟁기 메고 산에 갔다네	扶犁朝上山
산의 밭은 너무나도 갈기 어려워	山田苦難耕
날이 다 저물도록 못 온다 하네	日晚猶未還
사방을 둘러봐도 이웃은 없고	四顧絶無鄰
산골에 사는 거라곤 닭과 개들뿐	雞犬依層巒
숲속에는 사나운 범 득실거리고	中林多猛虎
콩잎 따도 한 광주리 채우질 못해	采藿不盈盤
불쌍하다 이런 곳이 뭐가 좋아서	哀此獨何好
험한 산골 사느냐고 물었더니만	崎嶇山谷間
저 안락한 평지로 가고 싶어도	樂哉彼平土
고을 관리 무서워서 못 간다 하네	欲往畏縣官

김창협이 1678년28세에 지은 시이다. 종일 힘들게 일해도 입에 풀칠하기조차 어려운 두메산골, 이웃조차 없이 사는 황량한 곳이다. 언제 사나운 범의 밥이 될지 모르는 이곳에 사는 이유는 지방관의 가혹한 정치가 두려워서다. 『예기』에 나오는 '가정맹어호苛政猛於虎'의 고사가 그대로 현실이 되었다.

김창협의 시 가운데 가장 많이 회자된 작품이다. 워낙 잘 알려진 고사를 모티프로 삼은 이유도 있겠지만, 이렇게 쉬운 표현의 오언시로 현실의 정황을 효과적으로 표현하는 일이 의외로 쉽지 않기 때문일 것이다. 논평 한마디 덧붙이지 않고 그저 밥 한 그릇 얻어먹는 나그네 입장에서 주고받은 이야기를 옮기는 것만으로, 화전민들의 기구한 삶이 옛날이야기가 아니라 지금 눈앞의 일이라는 사실을 생생하게 보여주었다.

고을살이는 거문고 연주와 같으니

送最良兄宰歙谷序

나의 족형 최량最良 김성최 金盛最 1645~1713 씨가 태복랑 太僕郎 으로 있다가 흡곡 歙谷 현령으로 나가게 되었다. 떠날 즈음에 나에게 들러서 이렇게 자랑하였다.

"나는 다행히도 대관령 너머 동해 가에 있는 고을에 부임하게 되었네. 그 고을은 매우 작아 일도 없을 테니 아무리 외지고 먼 곳이라 해도 나는 아주 즐겁네. 게다가 나는 거문고를 좋아하니 이제 가서는 매일 문 닫고 누워 거문고나 타면서 고을을 다스리려네."

내가 말씀드렸다.

"고을 다스리러 가는 길이 정말 즐겁겠습니다. 옛말에 이를 두고 벼슬하면서 은거한다고 하더니만, 형이 이제 그것을 얻으셨군요. 그렇긴 하지만 고을을 하찮게 여길 수는 없는 노릇이니, 거기에 백성이 있고 사직이 있기 때문입니다. 아무리 작은 고을이라 해도 천하의 일이 모두 그 안에 갖추어져 있으니, 마음을 다하지 않아서는 안 될 것입니다."

"그렇다면 내가 어떻게 고을을 다스려야 하겠는가?"

"고을을 다스리는 것은 어렵지 않습니다. 형은 거문고를 정말 좋아하시니, 거기에서 다스림의 도를 취하면 충분하겠습니다. 거문고는 일개 악기에 불과하지만 만물의 이치가 거기에 다 갖추어져 있습니다. 현으로 음정을 내되 굵은 현과 가는 현이 각기 맡은 음을 서로 침범하지 않으니, 이는 관원을 재능에 맞추어 합당하게 운용하는 것과 같습니다. 음역을 표시하는 휘徽로 음률을 맞추되 그 간격이 법도를 잃지 않으니, 이는 고을의 법제에 정해진 원칙이 있는 것과 같습니다. 현을 받쳐 주는 기러기발이 빡빡하면 현이 끊어지고 헐거우면 현이 늘어지는데, 이는 너그럽게 할지 매섭게 할지의 기준에 해당합니다. 몸통 속의 공간인 월越이 넓으면 소리가 크고 좁으면 소리가 작은데, 이는 관대하게 하고 엄격하게 하는 효과에 해당합니다. 이 네 가지를 잘 살피면 정사를 잘하실 수 있습니다.

그렇긴 하지만 이는 악기를 연주하는 방법일 뿐이지 거문고의 진면목은 아닙니다. 기쁜 마음으로 연주하면 소리가 경쾌하고, 살기등등한 마음으로 연주하면 소리가 사나우며, 슬픈 마음으로 연주하면 소리가 애처롭고, 음탕한 마음으로 타면 소리가 방탕합니다. 듣는 이의 마음을 움직임에 있어서도 기쁨과 비참함, 즐거움과 슬픔이 또한 각기 그 소리에 따라 일어나는 것입니다.

군자의 마음만이 점잖고 올바르며 너그럽고 솔직하기 때문에 그 소리가 참으로 온화하고 티 없이 맑아서, 침울하되 원망하지 않고 엄숙하되 성내지 않으며, 여유롭고 한적하며 예스럽고 담박합니다. 따라서 그 소리를 들으면 부정한 사심을 씻어 낼 수 있고 사로잡힌 욕심에서 벗어날 수 있으니, 이를 통해 바른 뜻을 얻게 됩니다.

마음의 감동은 형체가 없지만 그것이 소리로 표현되면 지극히 분명하고, 소리의 운동은 일정한 방향이 없지만 그것이 사람에게 주는 감동은 지극히 심대합니다. 이는 천기天機의 지극히 오묘한 작용이어서 인위적으로는 만들어 낼 수 없는 것입니다. 그러므로 거문고를 잘 연주하는 사람은 먼저 자신의 뜻을 지키고, 정사를 잘하는 사람은 먼저 자신의 마음을 다스려야 하는 법입니다.

군자의 정사가 은혜를 베풀려 하지 않아도 은혜로운 것은 그 마음속에 보존된 것이 인仁이기 때문이고, 이치를 따르려 하지 않아도 이치에 맞는 것은 그 마음속에 보존된 것이 의義이기 때문이며, 엄숙하게 보이려 하지 않아도 엄숙한 것은 그 마음속에 보존된 것이 경敬이기 때문이고, 신뢰를 구하려 하지 않아도 신뢰받는 것은 마음속에 보존된 것이 충忠이기 때문입니다. 인의 마음으로 감동시키니 백성이 배반하지 않고, 의의 마음으로 감동시키니 백성이 교활하게 굴지 않고, 경의 마음으로 감동시키니 백성이 함부로 대하지 않고, 충의 마음으로 감동시키니 백성이 기만하지 않습니다. 백성을 관찰하면 그들에게 베풀어진 정사를 알 수 있고, 정사를 살펴보면 그 다스리는 이의 마음을 알 수 있습니다.

그러므로 정사를 잘하는 사람은 집무실 계단을 내려가지 않아도 백성들이 그 마음을 알아주고, 관아 문 바깥으로 명령을 내리지 않아도 온 고을에 교화가 행해지는 것입니다. 법을 분명히 하고 절차를 익히며 힘을 다해 부지런히 일함으로써 잡다한 업무들을 처결하고 주어진 직분을 관장하며 장부를 정리하고 일정을 관리하는 일 등을 좇아가며 챙긴다면 이는 그저 관료의 유능함에 불과하지 정사를 잘하는 것이라고는 할 수 없습니다. 군자는 그렇게 일컬어지는 것을 수치로 여깁니다.

우리 형의 재능을 한 고을에 펼치는 것은 정말이지 소 잡는 칼로 닭을 잡는 격입니다. 그러나 저는 형이 세상에서 유능한 관료가 되기보다는 군자의 도로 나아가기를 소망합니다. 형이 그곳에 가셔서 거문고를 통해 이를 추구하신다면 반드시 얻으실 수 있을 것입니다."

1678년28세에 쓴 작품이다. 김창협의 10촌 형인 김성최는 호가 간재簡齋이며, 형조 참판을 지낸 김상준金尙寯의 증손이다. 김성최는

1675년에 벼슬길에 나가 사복시 주부司僕寺主簿, 형조 좌랑刑曹佐郎 등을 역임하다가 이때 첫 외직인 흡곡 현령歙谷縣令으로 부임하게 되었다. 흡곡은 강원도 최북단의 옛 지명이다. 지금은 통천에 합쳐졌으며, 북한에 속한 지역이다.

대관령을 넘어 동북쪽으로 치우친 오지로 발령되어 가는 길에 써 준 전송의 글이다. 떠나는 이는 이 외지고 험한 길을 떠나면서 마냥 즐겁다고 말하고, 보내는 이 역시 위로하기는커녕 그 즐거움에 적극 동의한다. 실무에 관여하지 않고 거문고만 타면서 고을을 다스리겠다는 김성최의 말은, 공자의 제자로 선보單父 고을의 원님을 지낸 복자천宓子賤의 고사에 기댄 것이다. 복자천은 어질고 자비로워 항상 거문고만 타고 앉아서 당堂에서 내려오지 않았는데도 고을이 잘 다스려졌다고 한다. 김창협은 이를 받아서 고을 다스리는 방법을 거문고 연주에 빗대어 제시하였고, 한 걸음 더 나아가 군자의 마음가짐을 논함으로써 복자천 고사의 진면목을 드러내었다. 보잘것없는 외직으로 나가면서 마냥 즐겁기만 했을 리 없는 상대를 향한 따뜻한 권면과 진정한 위로가 담긴 글이다.

고관 자제의 곤궁한 은거

洞陰對

영가자永嘉子가 동음洞陰의 산에 거처를 정하자, 한 손님이 들러서 위로의 말을 하였다.

"그대 고생이 참 많습니다. 그대는 어릴 적 서울에서 자랐고 집안은 대대로 고관대작을 지냈지요. 직접 벼슬길에 올라 관복을 입는 영광을 누린 적은 없지만 실로 고량진미를 배불리 먹고 비단옷을 겹겹이 입으며, 안락하게 거처하고 한적하게 왕래하여 부귀에 푹 젖어 산 것이 하루 이틀이 아닙니다. 그런데 하루아침에 곤궁해져서 초가집에서 푸성귀만 먹으며 처자식은 초췌하고 종은 굶주린 기색이 있으니, 얼마나 고생이 많으십니까? 게다가 이곳은 인적 없는 깊은 산속이라 호랑이와 표범이 울부짖고 곰들이 출몰하는 곳인데 그대가 이곳에 거처하다니, 참 걱정스럽습니다. 그대인들 어찌 이런 생활에 불만이 없겠습니까. 아무래도 그대가 이곳에 오래 안주하지는 못하실 것 같군요."

영가자가 한참을 가만히 있다가 대답하였다.

"손님께서 진심으로 염려해 주시니 감사드립니다. 그러나 부족한 저도 군자의 도를 들어본 적은 있어서 천명天命에 대해서 알고 있습니다. 만물을 생성하는 일은 하늘이 가장 잘하고, 만물을 길러 주는 일은 땅이 가장 잘합니다. 그러나 하늘도 언제나 생성할 수만은 없어 살리기도 하고 죽이기도 하며, 땅도 똑같이 길러 줄 수만은 없어 왕성하게 하기도 하고 쇠락하게 하기도 합니다. 살리느냐 죽이느냐, 왕성하게 하느냐 쇠락하게 하느냐는 천명에 달려 있으니 그 어떤 대상도 예외일 수가 없습니다. 사람 역시 천지로부터 명命을 받고 만물 속에 형체를 갖추게 되는 존재인데 어찌 유독 이것을 면할 수 있겠습니까.

사람에게 주어지는 영화나 곤궁이 어찌 영원할 수 있겠습니까. 세상에는 평민 출신이 왕위에 오른 경우도 있고 고관대작 출신이 평민으로 전락한 경우도 있으며, 나면서부터 어마어마한 녹봉을 받아먹는 사람이 있는가 하면 죽을 때까지 지게미나 쌀겨조차 제대로 먹지 못하는 사람도 있습니다. 이런 사례들은 셈을 아무리 잘하는 사람이라도 이루 헤아릴 수 없을 정도로 많습니다.

그러나 이것이 인력으로 어찌할 수 있는 것이겠습니까? 하늘과 땅도 주고 뺏는 것을 자기 마음대로 하지 못하거늘, 세상 사람들은 타고난 본연의 마음을 무너뜨려 부귀의 이로움을 탐합니다. 그래서 부귀를 구할 때에는 얻지 못할까 봐 노심초사 근심하고, 얻고 나서는 혹시라도 잃게 될까 봐 전전긍긍 걱정하며, 잃고 나서는 또 처량하게 슬퍼하거나 울근불근 분노를 가누지 못합니다. 이는 모두 천명을 모르는 것입니다.

그러나 군자만은 그렇지 않습니다. 빈부와 귀천의 왕래와 득실을 마치 눈앞에서 밤과 낮이 번갈아 이어지는 것처럼 여겨서 그런 데에 기쁨과 슬픔을 두지 않습니다. 그래서 안연顔淵은 누추한 집에 살면서도 도를 추구하는 즐거움을 바꾸지 않았고 증자曾子는 초라한 도포를 입고 해진 신을 끌고 다니면서도 노랫소리가 마치 악기를 울리는 듯 청량했던 것입니다. 이처럼 호연浩然한 뜻을 지닌 이들이 어찌 빈천한 처지에 굴할 수 있겠습니까.

이들은 본래부터 주어진 처지가 그러했던 것이지만, 백이숙제伯夷叔齊가 주왕紂王을 피해 북해北海 가에서 지내고 주周나라에서 달아나 서산西山에서 지내며 고사리를 캐 먹었던 일의 경우는 다릅니다. 그들은 본디 고죽국孤竹國 임금의 두 아들로서 임금의 존귀한 지위와 부귀의 즐거움이 본디 자신의 것이었는데도 이를 마치 헌신짝처럼 버리고 종신토록 곤궁하게 지내면서도 후회가 없었습니다. 만일 이 두 사람이 전날의 부귀를 잊지 못하고 미련을 가졌다면 하루인들 그런 생활을 편안히 여길 수 있었겠습니까.

그러나 인인仁人과 군자가 이처럼 곤궁함에 처하는 것이

어찌 어쩔 수 없는 상황에서 마지못해 하는 것이겠습니까. 천명을 알고 즐겁게 받아들여 때에 따라 순리대로 처신하기를 마치 여름에는 삼베옷을 입고 겨울에는 가죽옷을 입는 것처럼 각기 적합하게 하는 것입니다. 삼베로 만든 옷을 여우나 담비 가죽으로 만든 따뜻한 옷과 비교하면 가치의 차이가 크겠지요. 하지만 한여름에 두꺼운 가죽옷을 좋아하는 사람이 있다면 다들 정신이 나갔다고 여길 것입니다.

부귀와 빈천이 사람에게 실로 중대한 것이긴 합니다. 그러나 그 또한 철 따라 추위와 더위가 변하는 것과 다름이 없으니, 그에 대처하는 데에 어찌 각기 적합한 방법이 없겠습니까. 가장 좋은 것은 의리를 기준으로 삼아 천명에 대처하는 것이고, 그다음 좋은 것은 천명에 순응하여 의리를 편안히 받아들이는 것이며, 가장 나쁜 것은 바로 천명을 알지 못하는 것입니다. 제가 비록 가장 좋은 길을 바라기에는 부족하다 해도 그다음 좋은 길을 가기 위해 감히 노력하지 않을 수 없습니다. 그런데 지금 그대는 가장 나쁜 길을 저에게 기대하시니, 저에 대한 이해가 어찌 이다지도 얕단 말입니까.

제가 벼슬 높고 복록 많은 집안에서 나고 자란 것은 사실입니다. 하지만 담박한 성격을 타고나서, 부귀한 티를 내며 행동하거나 권세의 영화를 뽐내며 행세해 본 적이 없습니다. 이제 세상과 뜻이 맞지 않아 벼슬길에 나갈 마음을 접고 세상일을 끊은 채 깊은 산 험한 바위 속에 자신을 숨기고 있으니, 곤궁하여 굶주리는 일이며 초췌하게 살아가는 모양은 바로 저 자신이 선택한 것입니다. 자신이 선택하고 나서 또 그것 때문에 후회한다면, 목욕하는 자가 젖기를 꺼리고 불 쬐는 자가 뜨거움을 꺼리는 것과 무엇이 다르겠습니까. 제가 아무리 우둔하다고는 하나 그렇게는 하지 않습니다.

그리고 저는 어려서부터 한가로이 지내며 도를 구하려는 뜻이 있어, 소요부邵堯夫 소옹邵雍 1011~1077 가 백원百源에 은거하며 학문에 집중했던 일을 흠모하여 이를 배우고 싶어 한 지 오래되었습니다. 그런데 이곳에 와서 보니 그윽하고 맑아서 학문에 뜻을 품고 학문을 연마하며 학문에서 노닐고 학문으로 쉴 만하여 참 좋았습니다. 그래서 여기에 자그마한 집을 짓고 육경六經의 서적을 채워 두고 밤낮으로 읽어서 성인이 남기신 뜻을 구하며, 여가에는 거문고 뜯고 시 읊으며 성정을 노래하고 있습니다. 그마저 싫증이 날 때면 또 높은 산에 올라 깊은 계곡을 굽어보며 끊임없이 흐르는 물과 수시로 변화하는 구름, 오가는 물고기나 새와 짐승이 각기 유유자적하는 모습을 둘러봅니다. 이런 생활이 즐거워서 죽음조차도 잊기에 충분한데 어찌 편안하지 않겠습니까. 호랑이와 표범 같은 맹수로 인한 두려움이 혹 있기는 합니다. 그러나 세상에는 이보다 더 두려운 것들이 많으니, 이런 것들을 근심거리로 삼는 것은 너무 지엽적인 일 아니겠습니까."

객이 "그렇군요, 그렇군요." 하며 떠나갔다.

김창협이 1679년 29세 에 쓴 작품이다. 1675년 전라도 영암에 유배된 김수항은 1678년 9월 강원도 철원으로 이배되었다. 당시 서울 삼각산 중흥사에서 독서에 매진하던 김창협은 용인에서 부친을 맞이하여 모시고 철원으로 갔고, 이후 수시로 철원을 오갔다. 서울에서 철원을 왕래하는 길에 있던 경기도 영평永平 지금의 포천 에 응암鷹巖 마을이 있는데, 김수항은 이곳에서 노년을 보낼 마음을 먹고 김창협에게 먼저 들어가서 집을 짓도록 명하였다. 이에 따라 김창협은 1679년 8월, 응암 마을에 터를 잡아 동음洞陰이라는 별칭을 붙이고 집을 지으며 머물렀다.

이 작품은 문답으로 자신의 생각을 밝히는 형식으로 이루어져 있다. 영가永嘉는 김창협의 본관인 안동의 별칭으로, 여기서 영가자는 김창협 자신을 투영한 가상의 인물이다. 가상으로 설정한 손님의 입을 빌려서 말한 자신에 대한 세간의 시선은, 고생 모르고 자란 서울내기 고관 자제가 이런 궁벽한 산골 생활을 견딜 수 있겠느냐는 우려이다. 이에 대해서 김창협은 천명을 알고 받아들이는 자세를 바탕으로 자신의 입장을 밝혔다. 그에 의하면 천명은 포기하고 억지로 감내해야 하는 숙명과는 다르다. 낮과 밤, 여름과 겨울 같은 자연의 무상한 변화와 마찬가지로, 부귀와 빈천 역시 그저 거기에 맞춰 적절하게 대처하면 되는 일이다. 문제는 이를 편안히 여길 수 있는 마음가짐이다. "학문에 뜻을 품고 학문을 연마하며 학문에서 노닐고 학문으로 쉬다."라는 『예기』에 나오는 학문의 자세를 이제야 실천할 수 있게 되었다는 말로 김창협은 자신이 누리는 편안함을 표현하였다.

부친이 실각하기는 하였으나 서울에 번듯한 집이 있고 당장 생계가 어려운 상황은 아니었다. 그럼에도 인적 없는 산골에 들어가 곤궁한 은거의 삶을 사는 것은 자신의 의지로 구한 것이라고 하였다. 예나 지금이나 환경의 작은 변화에도 민감해지기 쉬운 것이 사실이다. 그러기에 고관 자제가 마음으로 추구한 안빈낙도安貧樂道의 의미를 다시 생각해 볼 일이다.

나귀 빌려주어 고맙네

仲尼曰吾猶及史之闕文也……

공자가 "예전엔 그래도 사관史官이 확인되지 않은 사실은 자의로 기록하지 않고 비워 두는 것을 보았고, 말을 가진 사람이 남에게 빌려주어 타게 하는 것을 보았다. 그런데 이제는 그런 미풍마저도 사라져 버렸다."라고 한탄하셨다. 공자로부터 지금까지 수천 년이 흘렀으니, 이런 도리가 더욱 사라진 것은 당연하다.

우리 집은 가난해서 마소유馬少游의 말처럼 지척거리며 걷는 말조차 없어 평소 외출하는 일이 드물었다. 동음에 왔을 때 이웃에 사는 이계우李季愚 이제안李齊顔 군이 작은 나귀 한 마리를 기르고 있었는데 매우 아끼고 사랑하였다. 그런데도 내가 어쩌다 빌려 달라고 하면 그는 한 번도 난처한 얼굴을 보인 적이 없었다. 그래서 외출할 일이 있을 때마다 우리 외양간에서 끌고 가듯 그의 나귀를 끌고 나갔다. 얼마 전 동주東州에 다녀올 때에도 그의 나귀를 빌려 타고 가서 사나흘을 묵고서 돌아왔다.

나는 이 군의 높은 의리에 감동하였고, 공자가 세상에서 사라졌다고 한탄하신 것을 오늘날 다시 볼 수 있다는 사실에 더욱 기뻐했다. 그래서 나귀를 돌려주면서 율시 한 수를 지어 사례한다.

어젯밤 눈길에 동주 다녀옴은　昨夜東州雪
부모님 문안 위한 마음이라네　歸寧父母情
그대의 작고 여윈 나귀 한 마리　憐君一驢瘦
먼 길 나선 나에게 빌려주었지　借我遠途行
값비싼 보검 풀어 무엇하리오　寶劍何須脫
건네준 솜옷만도 따스한 것을　綈袍尙覺輕
천 년 전 성인은 탄식했지만　千秋將聖歎
후세에 태어난 것 여한 없다네　不恨後時生

이 작품은 1679년29세 경기도 영평의 동음에 집을 지으며 거처하던 때 그곳에서 사귄 벗 이제안과의 우의를 담은 글이다. 동주東州는 당시 김수항이 유배되어 있던 철원의 옛 이름이다. 이제안은 알려진 것이 거의 없는 인물이다. 김창협이 당시 그에게 써 준 시편들과 41세 때의 「청청각기淸淸閣記」에 의하면 왕실의 후손으로 부귀한 집안에서 태어났으나 세상과 연을 끊고 고고하게 은거하는 선비였다. 이 시기 은거를 꿈꾸던 김창협은 그와 시를 주고받고 산사山寺를 찾으며 마음을 나누었다. 자칫 무례하게 비칠 수도 있는 부탁을 흔쾌하게 들어준 상대에 대한 고마움을 재치 있게 표한 글이다. 모든 것이 변변치 않던 시기였기에 작은 우의가 더욱 빛을 발하는 것이다.

'마소유의 지척거리며 걷는 말'은 소박하고 초라하게 은거하는 삶을 상징하는 것인데, 여기서는 이마저도 없다는 뜻으로 사용되었다. 마소유는 중국 후한 때 마원馬援의 사촌 동생으로, 마원이 세상에 진출해 동분서주하는 것을 비판하여, "선비가 한세상을 살아가는 데는 그저 입고 먹는 데 부족함 없고 달구지 타고서 지척거리며 걷는 말을 몰며, 시골 관리가 되어 선산이나 지키는 정도면 됩니다."라고 하였다.

시에서 '보검을 푼다'는 것은 신의를 보이기 위한 행동을 말하는데, 중국 춘추 시대 오吳나라 계찰季札이 마음으로 한 다짐에 대한 신의를 지키기 위해 이미 죽은 서徐나라 왕의 무덤가 나뭇가지에 보검을 걸어 놓고 떠났다는 고사에서 유래한다. 여기서는 말을 빌리고 빌려주는 이들 사이의 신의가 두터워서 그런 행동을 할 필요가 없다는 뜻이다. '건네준 솜옷만도 따스하다'라는 것은 중국 전국 시대 위魏나라의 범저范雎와 수가須賈 사이의 고사를 배경으로 한다. 범저는 수가의 참소로 거의 죽을 지경에 이르렀다가 진秦나라로 도망가서 이름을 바꾸고 정승이 되었다. 훗날 수가가 진나라에 사신으로 왔을 때 범저가 일부러 해진 옷차림으로 그를 찾아가자 수가는 가련한 마음에 솜옷 한 벌을 주었다. 이 일로 인해서 범저는 그래도 솜옷을 준 온정이 있다 하여 수가를 살려 주었다. 아무리 투박하고 보잘것없는 솜옷이라도 주는 이의 온정이 담기면 비단처럼 가볍고 따뜻하게 느껴지는 것처럼, 비록 작고 여윈 나귀이지만 자신에게는 훌륭한 말과 진배없다는 뜻으로 한 말이다.

자신의 깨달음이 없으면

雜識 內篇 1

[1]

사람의 마음은 잠시도 놓아서는 안 되니, 욕심이 일어날 때를 만나면 반드시 철저하게 이겨 내야 한다. 이는 뱃사공이 배를 젓다가 험한 여울을 만나면 반드시 온 힘을 다해 저어 올라가야지 조금도 밀려서는 안 되는 경우와 같다. 조금이라도 밀리면 바로 수백 수천 보를 떠내려가 다시는 위로 올라갈 수 없게 될 것이다. 온 힘을 다해 이곳을 지나야 한다. 그래야 앞으로 나아갈 수가 있다.

[2]

세간의 유자들은 "주자 이후에 의리가 크게 밝혀져서 배우는 자들이 절반만 노력해도 두 배의 효과를 볼 수 있다."라고 늘 말하곤 한다. 이 말은 그럴듯하지만 실은 그렇지 않다.

주자가 정리하여 저술한 경전 해설은 명백하고 적절하니 백세가 지나도 바뀔 수 없을 것이다. 또한 그 『주자대전朱子大全』에 실린 제자들과의 문답에 학문을 위한 공부 순서와 도리의 정밀함과 거침, 근본과 말단이 다 상세하고 빠짐없이 갖추어져 있어서 다시 더할 것이 없다. 그러니 배우는 자가 단지 주자의 글에 의거해서 익히고 외우며 본받아 힘써 실천하여 선비로서 갈 길을 잃지 않기만 하면 그것도 괜찮다.

그러나 그 이면의 미세한 부분과 수많은 곡절에 있어서는 주자가 당시에 공부하듯이 하지 않고서 어떻게 깊은 경지에 나아가 스스로 깨달을 수 있겠는가? 주자가 『대학장구大學章句』를 논하면서 "내가 했던 만큼의 공부를 하지 않으면 내가 말하고자 하는 뜻을 알 수 없다."라고 말하였는데, 그 뜻이 바로 이와 같은 것이다. 지금 이러한 뜻을 모르고 단지 이미 말해 놓은 것에 근거하여 10분의 2, 3 정도 공부하고서 주자의 경지에 오를 수 있다고 말한다면 어찌 크게 잘못된 것이 아니겠는가?

내편 3권과 외편 1권으로 이루어진 「잡지雜識」는 특별한 체제 없이 짤막한 단상과 비평들을 모아 놓은 잡록이지만 각 절의 내용은 상당히 전문적이고 깊이 있는 학술 논문이다. 내편에는 경서와 성리서에 대한 학술적 견해를, 외편에는 문학 및 문물, 고사에 대한 논평을 모았다. 대체로 28~29세, 40~42세, 51~57세의 세 시기에 집중적으로 집필되었는데, 두 번째 시기는 부친 김수항의 상을 치르고 『논어』

를 깊이 읽던 때이고, 세 번째 시기는 아들 김숭겸金崇謙 1682~1700 이 죽은 뒤로부터 몰년까지이다. 여기 인용한 부분은 첫 번째 시기인 28~29세에 쓴 것인데, 이때는 아우 김창흡과 함께 삼각산 중흥사에 들어가서 집중적으로 독서하던 시기이다. 김창협은 훗날 자신의 학문 편력을 술회하면서 20대 중후반에 해당하는 1674년부터 1680년까지의 기간 동안 과거 시험 준비를 중지하고 전심을 다해 독서한 것에서 평생 학문의 힘을 얻었다고 하였다. 그 공부의 정수가 담긴 「잡지·내편 1」 1~74조 가운데에서 공부의 자세를 밝힌 두 조목을 뽑았다.

당시는 진정한 공부란 자신의 마음을 다스리고 본성을 회복하여 성인聖人에 이르기를 추구하는 것이라는 유가 성리학의 가르침이 보편적으로 인정되던 시기였다. 그러나 주어진 책을 익히고 요구하는 답을 써내서 과거 시험에 합격하는 것을 공부라고 여기는 세태 또한 여전했다. 20대 후반의 김창협은 과거 공부를 전폐하고 맹자가 말한 구방심求放心, 즉 잃어버린 마음을 찾는 공부에 전념하였다. 그 과정에서 마음을 놓아 버리지 않는 일이 얼마나 중요하고 어려운가를 여울을 거슬러 오르는 뱃사공에 비유하여 강조하였다.

주자학을 최고의 잣대로 삼는 학문이라면 더 이상 주체적인 사색이나 상호 간의 토론은 필요가 없을 것처럼 보인다. 경서에 대한 해석은 주희의 견해를 따르면 되고, 공부의 순서와 내용도 주희의 글에 빠짐없이 들어 있기 때문이다. 그러나 김창협은 이미 완성된 주자학을 따르기만 하고 자신의 깨달음으로 만드는 과정이 없다면 결코 학문이 진보할 수 없다고 하였다. 김창협은 스스로 깨닫는 것, 즉 자득自得을 말로만 주장하지 않고 실제의 공부 자세이자 목표로 실천해 갔다. 예컨대 당시 지각知覺에 대한 논의가 김창협에 의해 촉발되고 심화되었는데, 그는 스스로 깊이 침잠하여 여러모로 사색한 끝에 잠정적 결론에 이르렀고 뒤에 주희의 글에서 그 근거를 찾아서 확신할 수 있었다고 하였다. 주체적 사색의 자세야말로 김창협 학문이 주자학 내에서 남다른 성취를 이룬 기반이었음을 알 수 있다.

은거의 자세

隱求菴記

군자君子의 일 가운데 출처出處 즉 벼슬자리에 나갈 것인가 초야에 머물러 있을 것인가를 결정하는 것보다 중대한 일은 없다. 출처는 때에 맞게 하는 것이 중요하다. 나갈 만할 때인데 나가지 않는 것을 속이 좁다고 하고, 나가서는 안 될 때인데 나가는 것을 조급하다고 한다. 조급하면 지조를 잃고 속이 좁으면 인륜을 저버린다. 인륜을 저버리거나 지조를 잃는 것은 군자가 가지 않는 길이다. 그러므로 나갈 만한 때를 얻었으면 관복冠服과 패옥珮玉을 갖추고 천 종鍾의 녹봉을 누린다 해도 사치스럽다 할 것 없고, 나갈 만한 때를 얻지 못했으면 산골짜기에 살며 소쿠리 밥에 표주박 물을 마신다 해도 궁핍하다 할 것 없다. 둘 다 각기 마땅한 점이 있을 뿐이다.

그러나 군자의 출처가 어찌 자신을 감추고 드러내는 것 자체에 그치겠는가. 반드시 그를 통해 하려는 일이 있어야 한다. 그렇지 않다면 나가고 머묾이 설령 때에 맞는다 하더라도 부귀에 눈이 멀거나 자연에서 제멋대로 사는 것과 다르지 않을 것이니, 어찌 숭상할 가치가 있겠는가. 나가서는 하는 일이 있고 물러나서는 지키는 것이 있어야 올바른 출처라 할 수 있는데, 나가서 하는 일과 머물러 지키는 것이 무엇인지에 대해서는 더욱 알지 못한다. 세상에서는 지나친 결벽이나 몸을 사리는 것을 두고 '머물러 지키는 것'이라 여기고, 사사로운 지혜나 얄팍한 술수를 두고 '나가서 하는 일'이라 여기는데, 이는 군자의 일이 아니다.

그렇다면 군자가 하는 일은 무엇인가? 사물의 이치를 연구하여 온전한 앎을 이루고 뜻을 참되게 하여 마음을 바르게 하며, 그럼으로써 나라를 다스리고 천하를 태평하게 하는 데에 이르는 것이다. 이치로는 음양陰陽과 성명性命, 덕으로는 인仁·의義·예禮·지智·신信, 인륜으로는 부자父子·군신君臣·장유長幼·부부夫婦·붕우朋友, 학문으로는 예禮·악樂·사射·어御·서書·수數, 인물로는 요堯·순舜·우禹·탕湯·문왕文王·무왕武王·주공周公·공자孔子이다. 이것이 군자가 추구하는 일이다.

이러한 도는 본디 공자께서 말씀하신 것이다. "은거하여 뜻을 추구하고 의義를 행하여 도道를 실현한다."라고 하신 말씀에서 '뜻'이란 이것을 보존하는 것이고 '도'란 이것을 실행하는 것이다. 이것을 추구하여 스스로 체득하고 실현하여 남들에게 확장해 가면 군자의 일이 완전히 갖추어지는 것이다. 따라서 곤궁하게 거하면서 스스로 지킬 바를 지키면 도와 의가 몸에 충만하여 집안에 교화가 시행되고, 벼슬하여 세상을 다스리면 그 혜택이 온 세상에 베풀어져 모두가 제자리를 얻게 된다. 이 얼마나 위대한 일인가.

그러나 군자의 도는 근본과 말단, 체體와 용用의 구분이 있어, 근본이 서면 말단도 따라서 서게 되고 체가 완전하면 용도 두루 통하게 된다. 만일 홀로 은거하는 날과 한가로이 거처하는 때에 자기를 수양하여 도를 체득하지 않고 있다가 갑자기 종묘와 조정에 나가서 천하를 다스리려 한다면 장차 무슨 도를 행할 수 있겠는가. 옛 군자들은 시골에 은거할 때에 천하에 나갈 마음이 전혀 없는 듯이 느긋하게 즐기며 부귀를 잊고서 날마다 심신과 성정을 독실하게 하여 뜻한 바를 추구할 뿐인데, 천하와 국가를 다스리는 근본이 바로 이 속에 다 들어 있다. 그러므로 어느 날 단번에 도를 실행할 기회를 얻게 되면 마치 큰 강물을 터서 바다로 방류하는 것처럼 거침없이 사방에 퍼져 나가 막을 수가 없게 된다.

세상에 실현하려는 것이 바로 자신이 평소 추구하던 것이니 이 둘은 별개의 것이 아니다. 비록 불행하여 천하와 국가에 쓰이지 못한다 하더라도 그것이 실행할 만한 것이라는 점에는 문제가 없다. 군자가 뜻을 추구하는 데에만 전념하여 세상을 피해 살면서도 근심하지 않고 임금에게 버림받고서도 원망하지 않는 것은 이 때문이다.

나는 동음에 와서 몇 칸 집을 짓고 살면서 공자의 '은구隱求 은거하여 뜻을 추구한다.隱居以求其志'라는 말씀을 가져다가 이 집의 이름으로 삼았다. 공자께서는 이 말씀을 하실 적에 "나는 그러한 사람을 보지 못하였다."라고 하셨다. 당시 공자의 제자들은 모두 천하에서 뽑히고 뽑힌 이들이었는데도 이 말씀에 해당하는 사람이 없었으니, 이 도가 지극한 것이라 하겠다. 그런데 나 같은 사람이 어찌 감히 여기에 이를 수 있겠는가.

그러나 선비가 뜻을 추구하는 것은 농부가 수확을 바라는 것과 같으니, 어찌 분수에 넘치는 일이라 하겠는가. 세상에 쓰이게 되었다 해도 천하와 국가에 도를 실현하는 것은 어려운 일이긴 하다. 그러나 이 또한 죽을 때까지 노력할 뿐이다. 『시경』에 "높은 산을 우러러보고 큰길을 걸어가노라."라고 하지 않았던가. 이에 대해 공자께서는 "도를 향해 가다가 중도에 쓰러지더라도 몸이 늙는 것도 잊고 살 날이 부족한 것도 따지지 않으며, 부지런히 날마다 노력하여 죽은 뒤에야 그만두는 것이다."라고 해석하셨다. 이것이 나의 뜻이다.

이곳에 오는 사람이 혹시 내가 분수를 모르고 이름을 취해 왔다고 하지 않을까 두려워 이 글을 써서 벽에 걸어 두어 그 뜻을 보이고, 또 이것으로 자신을 독려하고자 한다.

경신년1680 2월, 동음거사洞陰居士 쓰다.

김창협이 1680년30세에 쓴 작품이다. 김창협은 동음에 터를 잡고 짓던 집이 완성되자 집의 이름을 '은구암隱求菴'이라 붙이고 그 의미를 이 기문記文에 담았다.

세상에 쓰이면 벼슬자리에 나아가 도를 실현하고 쓰이지 못하면 초야에 머물러 자기 수양의 공부에 전념한다는 이른바 '출처出處의 의리'는 공자 이래 유가 지식인이면 누구나 동의하고 언급해 온 것이다. 김창협의 이 글 역시 이러한 유가 일반의 상식에서 벗어나지 않는다. 다만 김창협의 강조점은 이러한 출처의 의리가 본의를 상실하고 그저 자신을 감추거나 드러내는 처세의 외양만을 지칭하는 데 그치게 된 세태에 대한 반성에 있다. 출出과 처處가 궁극적으로 무엇을 위한 것인가를 분명히 알고 각각의 상황에서 해야 할 일과 지켜야 할 것을 온전히 다하는지가 중요하다는 것이다. 머물러 처할 때에 심신을 수양하여 뜻을 추구하는 일과 벼슬자리에 나갔을 때 실무에 적용하여 도를 실현하는 일은 애초에 다른 것이 아니라 체와 용, 본과 말로 연결된 하나이다. 그러므로 은구隱求, 즉 은거하여 뜻을 추구하는 것은 결국 의를 행하여 도를 실현하는 일과 하나인 것이다.

누구나 아는 출처의 의리에 동의하고 따라 말하는 것이 능사가 아니다. 오늘의 상황이 어떠한지, 내가 과연 도에 이를 수 있을지를 따지지 않고, 그저 도를 향해 쉬지 않고 나아가는 하루하루가 무엇보다 소중하다. '은거의 자세'를 논한 이 글이 은거에만 국한되어 읽히지 않는 이유가 여기에 있다.

제3장

의리로 세상을 논하다

부친 김수항이 정계에 복귀하면서 김창협의 행로도 바뀌었다. 30대 초반의 김창협은 과거 시험에 장원 급제하여 관직에 진출한 후 송시열을 중심으로 한 정국 논의에서 주도적인 역할을 한다. 이 시기 그는 경연에서 왕에게 학문의 도를 설파하기도 했고, 암행어사와 지방 관직을 거쳐 요직에 오르기도 했다. 그러나 세상을 향한 경륜을 펴 보기도 전에, 37세 이후 급변하는 정국 속에서 외직을 자청하게 된다.

나의 수명 덜어서라도 꽃다운 너의 생을 이어 줄 수 있다면

祭亡妹文

유세차維歲次 신유년1681 2월 2일 둘째 오빠 창협은 슬픔을 머금고 눈물을 참으며 죽은 누이동생의 영령에게 다음과 같이 영결을 고한다.

아아! 슬프도다. 네가 죽은 지 벌써 석 달이 되었구나. 처음에는 정말 멍하게 정신이 나가서 네가 죽어 이 세상 사람이 아니라는 사실을 실감할 수 없었다. 그러다 염을 하고 관 뚜껑을 덮고 나서는, 달이 가고 철이 바뀌면 다 지나간 일이 될 테니 그러면 이 마음도 잦아들겠지 싶었다. 하지만 자나 깨나 늘 네가 살아 있는 것만 같고 문을 드나들 때에는 늘 너와 마주칠 것만 같더구나. 찾아봐도 만날 수 없고 다가서도 볼 수 없음에도 네가 다시 살아오리라는 생각에 여전히 두리번거리며 우두커니 기다리곤 했다. 어리석고 헛된 마음에 마치 외출한 사람이 돌아오기를 기다리는 것처럼, 잠든 사람이 깨어나기를 기다리는 것처럼 했던 것이다. 그런데 이제, 술과 음식을 차려 놓고서 너에게 술을 따르고 너를 곡함으로써 너와 영결하려 한다. 이로써 네가 죽어 이 세상 사람이 아니어서 다시는 너를 볼 수 없게 되었다는 사실을 마음 모질게 먹고 받아들이려 한다. 아아! 이 무슨 일이란 말이냐?

형제간의 정이란 한 몸의 손과 발 같은 것이다. 그러니 현명하든 어리석든 재주가 있든 없든 간에 형제 사이의 사랑에는 차이가 없다. 형제가 오래 살고 복을 누리는 것을 그 누가 바라지 않겠으며 형제가 죽음을 당하거나 화를 입는 것을 또 그 누가 슬퍼하지 않겠느냐. 그렇지만 너에 대한 나의 정은 보통 사람보다 갑절이나 깊다. 네가 청명하고 온화한 자질이 훌륭하고, 복스럽고 어여쁜 용모가 빼어나며, 효성과 우애가 남달리 지극했고, 얌전하고 상냥하여 더없이 여성스러웠기 때문이다. 이처럼 여러모로 아름다운 데다가 한 형제로 태어나기까지 하였기에, 네가 오래 살고 복을 누리리라는 것을 마치 어음 가지고 가서 꿔 준 돈 받는 것처럼, 좋은 곡식 심어 두고 가을걷이 기다리는 것처럼 너무도 당연하게만 생각했다.

그랬건만 모든 것이 반대로만 되었구나. 부모를 끝까지 봉양하지 못하고 남편을 3년도 채 섬기지 못하였으며, 살아서는 시부모 댁에 가서 뵙지 못하고 죽어서는 어린 자식을 보전하지 못하게 되었다. 사람으로 태어나 지극한 슬픔을 다 당하여 천하에서 지극히 딱한 처지가 되었으니, 너처럼 훌륭한 사람이 이다지도 박복한 운명을 타고났을 줄 그 누가 생각이나 했겠느냐? 하늘인가? 인간인가? 신령인가? 귀신인가? 너를 이

지경으로 만든 자가 누구란 말이냐? 슬프고 슬프도다! 아프고 아프도다!

우리 남매 일곱 중에 여섯째인 너는 나와 14살 터울로 태어났지. 지금 네 나이를 나와 비교해 보면 겨우 절반밖에 되지 않는다. 주 문왕周文王이 자기 수명 3년을 덜어서 아들 무왕武王의 수명에 보태 주었다고 전한다. 황당무계한 말이긴 하지만 자신의 죽음으로 값을 치러 살릴 수만 있다면 백번이라도 죽겠다는 것이 또한 옛사람의 바람이었다. 만약 우리 여섯 사람이 각기 수명을 덜어서 그 값으로 너의 수명을 이어줄 수만 있다면 어찌 털끝만치라도 아까워하겠느냐. 그런데도 하늘이 네 수명만 짧게 하여 우리 형제들을 한없이 슬프게 하였으니, 이는 어째서란 말이냐? 사람을 살리고 죽이며 수명을 덜고 더하는 것은 하늘도 어찌할 수 없는 것이란 말이냐? 슬프고 슬프도다! 아프고 아프도다!

네가 죽을 때에 나는 산사에 있었다. 네가 해산하고 나서 아팠다는 것도 모르다가 뒤늦게 급보를 듣고서 급히 말을 달려 가 보니 이미 때가 늦어 버렸다. 문을 들어서며 절규하니 온몸이 무너져 내렸고 집안으로 올라가 울부짖으며 통곡하니 오장육부가 다 찢어졌다. 겨우 수십 리 거리에서 7, 8일 못 보는 동안에 영원한 이별을 하게 되리라고 그 누가 생각이나 했겠느냐.

너는 아픈 와중에도 우리 형제들 생각이 난다고 여러 번 말했다지? 그런데 형님은 금기를 깰까 봐 들어가 보지 못하였고, 셋째는 또 멀리 동협東峽 강원도 화천군 곡운에 있어서 모두 만나 보지 못했구나. 아, 이 어찌 살아 있는 사람만 애통할 일이겠느냐. 영영 떠나는 너의 혼령도 끝없는 한을 품었겠구나. 슬프고 슬프도다! 아프고 아프도다!

우리 형제들이 부모님 슬하에 다 함께 모인 지도 오래되었구나. 아버지께서 남쪽 바닷가에 귀양 가신 뒤로 온 가족이 남북 천 리에 흩어지게 되었지. 너와 막내는 늘 부모님 곁에 있었지만 다른 형제들은 각자 왕래하며 뵈러 가곤 했는데, 서로 모이고 흩어지는 시간이 맞지 않아서 끝내 하루도 다 함께 모이지 못했다. 그러다 이제 다행히 두 분을 모시고 서울 집으로 돌아와 영원토록 오순도순 모여 지내며 이전의 기구한 운수를 만회할 수 있게 되었는데 네가 하루아침에 숨을 거두었구나. 우리 가족이 한데 모이려는 순간 갑자기 어그러지고 영영 못 채울 빈자리가 생겨 다시는 완전할 수 없게 될 줄을 그 누가 생각이나 했겠느냐. 슬프고 슬프도다! 아프고 아프도다!

이제 나는 아무런 낙이 없게 되었다. 새벽과 밤에 부모님께 문안드릴 적에 형제들은 다 함께 가는데 너만 곁에 없고, 아침저녁으로 부모님을 모시고 밥을 먹을 때에 형제들은 죽 앉아 있는데 너만 자리에 없겠지. 외출하고 귀가할 적에도 너는 함께하지 못하고, 웃으며 이야기 나눌 적에도 너는 함께하지 못하겠지. 세월이 아무리 가도 다시는 너를 보지 못하겠구나. 하늘이여, 하늘이여, 어찌하여 내 몸의 반쪽을 잘라 낸단 말인가? 어떻게 나 사는 동안 너를 빼앗아 갈 수 있단 말인가? 슬프고 슬프도다! 아프고 아프도다!

지난 기미년1679 겨울 내가 형님과 함께 영평의 백운산 기슭에 오두막을 짓고 있을 적에 네가 동쪽 고을강원도 철원에서 험한 길을 무릅쓰고 찾아와서 10여 일을 머무른 뒤에 돌아간 일이 있었지. 그때 너는 산나물과 거친 밥도 마다하지 않고 깊은 숲과 산골짜기를 오르내리면서도 지칠 줄을 몰랐다. 너는 나의 새집이 얼추 완성되어 가고 생활도 자리 잡혀 가는 것을 기뻐하였고, 나도 너의 성격이 활달하고 걸음걸이가 날렵한 것을 예뻐하였다. 이제 내가 조만간 동쪽으로 돌아가 그때 살던 집을 다시 찾는다면 텅 빈 산에 흐르는 물과 오두막만 예전 그대로일 뿐, 전에 노닐던 곳들은 모두 빛바랜 흔적으로만 남아 있겠지. 그것을 보는 내 마음이 어떻겠느냐? 슬프고 슬프도다! 아프고 아프도다!

나의 심정은 이루 다 말로 할 수 없지만 막상 붓을 잡고 종이를 마주하니 생각이 꽉 막혀 글이 제대로 지어지질 않는구나. 따로 애사哀辭를 지어 너의 행적을 대략 말해 두긴 했으나 그 또한 상세하게는 쓰지 못했다. 너는 평소 시서詩書를 익히지는 않았지만 남이 글을 낭송하고 풀이해 주면 듣기를 좋아했다. 그래서 나는 늘 너를 위해 글을 낭송하여 들려 주곤 했었지. 그런데 지금 이 글로 너를 곡하고 있구나. 아아! 이 무슨 일이란 말이냐? 이 무슨 일이란 말이냐? 슬프고 슬프도다! 아프고 아프도다!

이섭李涉 1664~1692에게 시집간 지 3년 만에 출산 후유증으로 16세에 요절한 여동생에 대한 제문이다. 죽은 때는 1680년 12월 4일이고, 이 제문을 지은 것은 그 이듬해로 김창협이 31세 되던 해이다. 6남 1녀의 외동딸로 태어난 여동생은 편찮으신 어머니를 대신하여 8, 9세 때부터 집안 살림을 맡아서 챙겼다. 여섯 올케 하나하나와 다 우애가 돈독해서 올케들이 그녀의 죽음에 친정 부모상보다도 더 슬프게 곡하였다고 한다. 좋은 집안의 고명딸로 태어나 풍요롭고 안락하게 생활했으리라는 주변의 예상과 달리, 그녀는 11세 때 부친 김수항이 유배되면서부터 전라도 영암으로, 강원도 철원으로 늘 부모님 곁을 지키며 객지에서 고생스런 시간을 보내야 했다. 그러느라 시집간 뒤에도 3년 동안 시댁에 미처 들어가지 못했다. 이제 부친의 유배가 풀려서 막 모여 살 만하고 출산한 아기와 함께 시댁으로 들어갈 시점에 돌연 젖앓이로 숨을 거둔 것이다. 결국 시집갈 때 입은 옷과 시부모 뵐 때 가져가려던 폐백으로 염습을 하게 되고 말았다.

너무나 사랑하는 이의 갑작스러운 죽음으로 인한 어찌할 수 없는 당혹감과 뼛속 깊이 저리는 슬픔이 문장마다 배어 있는 글이다. 머리로는 알지만 가슴으로는 받아들여지지 않는 죽음, 생생하게 떠오르는 추억과 때늦은 아쉬움, 앞으로도 오랫동안 일상의 빈자리에서 감내해야 하는 남은 자의 아픔. 그 앞에서 김창협은 『예기』의 구절을 떠올린다. 주 무왕周武王이 상제上帝에게서 구령九齡, 즉 아홉 개의 치아를 받는 꿈을 꾸었다고 하자 그 아버지인 문왕文王이 구령이란 90세를 뜻하는 것이라고 풀이하였다. 그리고 "나는 수명이 100세인데 너는 90세로구나. 내가 3년을 덜어서 너에게 보태 주겠다."라고 하였는데, 과연 문왕은 97세, 무왕은 93세까지 살았다고 한다. 이처럼 여섯 형제의 수명을 덜어서 누이동생의 수명에 보태줄 수 있다면 얼마나 좋을까? 그 헛헛한 바람에서 동생을 향한 깊은 사랑과 슬픔을 느낄 수 있다. 이 작품 외에도 아버지와 다른 형제들이 그녀를 기리며 지은 제문이 문집에 12편이나 남아 있다.

그녀는 어려서부터 기억력이 매우 출중하여 형제들이 글을 가르쳐 주려 했지만 사양하고 그저 여성으로서의 일에만 힘을 쏟았다고 한다. 그러나 글을 읽어 주면 매우 좋아하여 열심히 듣곤 했다. 그 글 읽어 주던 목소리로 이제는 제문을 읽어 주는 일 말고는 해 줄 수 있는 것이 없게 되었다.

솜씨 좋은 대장장이의 자식이 가죽옷도 잘 만든다
送洪施叔宰洪川序

군자가 가통을 이을 때에 지위가 선대와 대등해야 하는 것은 아니지만 그 행실은 본받아야 하며, 공적이 선대와 비슷해야 하는 것은 아니지만 그 도道는 본받아야 한다. 『예기』에 "활 잘 만드는 장인의 자식은 반드시 키箕를 잘 만들고, 솜씨 좋은 대장장이의 자식은 반드시 가죽옷을 잘 만든다." 하였다. 키와 활, 가죽옷과 쇠붙이는 얼마나 동떨어진 물건인가? 그런데도 그 기술과 솜씨를 이어받아서 선대의 도가 이어진 것이다. 군자가 가통을 잇는 것도 이와 다르지 않다.

홍군 시숙洪君施叔 홍택보洪澤普 1653~1696은 어린 나이에 음서蔭敍로 벼슬한 지 얼마 안 돼 홍천의 수령이 되었다. 사람들은 시숙이 나이가 젊고 경험이 없어 고을을 다스리는 데에 문제가 많을 것이라고 한다. 그러나 내가 보건대 근래의 이름난 정승 가운데 충심과 성의, 청렴과 공정으로써 바르게 보필하고 두루 다스려 그 덕업이 온 세상에 미친 사람으로는 기천공沂川公 홍명하洪命夏 1607~1667이 제일인데, 시숙은 바로 그분의 친아들이다. "활 잘 만드는 장인의 자식이 키를 잘 만들고,

솜씨 좋은 대장장이의 자식이 가죽옷을 잘 만든다."라는 말을 못 믿겠다면 그만이지만, 그렇지 않다면 시숙의 아버지가 누구인데 시숙의 고을 다스리는 솜씨가 부족하겠는가.

사방 백 리밖에 안 되는 고을을 다스리는 수령과 수레 천 대를 낼 만한 나라의 재상은 크기가 현격히 다르다. 그러나 충심으로 윗사람을 섬기고 성의로 모든 이를 다스리며 청렴으로 자신을 단속하고 공정함으로 일을 처리하는 데 있어서는 애초에 다를 것이 없다. 이 네 가지를 기천공이 이미 나라에 베풀어서 훌륭한 정승이 되었으니, 시숙이 어찌 고을 다스리는 데에 이를 행하지 못하겠는가.

내가 보기에 시숙은 훌륭한 자질을 갖추었고 나이도 젊어 앞으로 그가 어떤 경지까지 이를지를 예측하기란 어려운 일이다. 그러나 선대의 업적을 계승하여 가통을 이어나갈 수 있을지의 여부는 한 고을을 어떻게 다스리는가를 가지고 점칠 수 있을 것이다. "훌륭한 정승의 아들이 역시 고을을 잘 다스리는구나."라고 다들 칭송하게끔 시숙은 그곳에 가서 노력하기 바란다.

홍천 현감에 제수되어 떠나는 이에게 지어 준 글이다. 홍택보는 영의정을 지낸 홍명하의 셋째 아들이며, 김창협의 중부仲父인 김수홍金壽興의 사위이다. 지방 수령이 되어 떠나는 이를 전송하는 글은 대개 축하의 말과 다스리게 될 고을 및 부임하는 여정에 대한 언급, 그리고 수령으로서 책무를 잘 감당하도록 당부하는 내용으로 이루어진다. 이 글 역시 이러한 상례를 벗어나지 않으나, 익숙한 경전 구절을 재치 있게 인용하여 선대의 가통을 잇는다는 것에 초점을 두고 썼다.

지방 수령이 되어 부임하는 이에게 주는 전송의 글에서 김창협은 왜 선대의 가통을 잇는 것에 초점을 두었을까? 축하하고 격려하는 자리에서 선천적인 자질을 굳이 강조할 필요가 있을까? 홍택보는 1681년숙종 7 음서로 별검別檢이 되었다가 이듬해 생원시에 합격하고 바로 홍천 현감에 제수되었다. 당시 홍택보의 나이가 30세였는데, 그의 부임을 두고 말들이 다소 있었던 것으로 보인다. 생원시에 100명 중 98위로 합격한 그가 조상의 공덕에 힘입어 벼슬에 오른 지 얼마 안 되어 바로 지방 수령이 되었기 때문이다. 이런 구설수가 본인에게도 부담이 되었을 것이다. 워낙 이름난 아버지를 두다 보니, 그로 인해 위축되는 점도 있었을 것이다.

김창협은 이런 홍택보에게 남의 눈을 신경 쓸 것 없이, 경험과 나이에 구애될 것 없이, 그리고 일의 규모와 지위에도 연연할 것 없이, 그 일이 요구하는 본질에 충실하면 된다는 말로 권면한다. 그 본질이란 바로 자신을 온전히 다 바치는 충심, 사소한 일이나 아랫사람을 대할 때에도 허투루 대하지 않는 성의, 사적인 욕심에 흔들리지 않는 청렴함, 어느 한쪽에 치우치지 않는 공정함이다. 이는 남을 다스리는 자리에 있는 사람에게 줄 수 있는 지극히 상식적인 내용이지만 실은 참으로 갖추기 어려운 덕목들이기도 하다. 상대의 심정을 헤아려 쓸데없는 부담감을 떨치도록 자신감을 불어넣되, 한편으로 진정한 두려움을 가지고 임하도록 독려하는 글이다.

어른이 된다는 것
贈李樂甫序

이생 하조李生賀朝 1664~1700의 관례冠禮에 내가 주례자인 빈賓을 돕는 찬자贊者로 참여하였는데, 정해진 의식을 다 마치고 난 뒤에 이렇게 감탄하였다.

"참으로 훌륭하고 위대하도다. 성인聖人이 관례를 제정하심이여! 하나하나 절차가 있고 두루두루 기물을 갖추었구나. 어느 날에든 행할 수 있는데 반드시 점을 쳐서 길일을 택하고, 누구든 빈賓이 될 수 있는데 반드시 점을 쳐서 빈을 택하며, 머리에 씌우는 것은 총각머리를 바꿀 수 있는 것이면 그만인데 반드시 먼저 치포관緇布冠을 씌운 다음 피변皮弁을 씌우고 그 위에 작변爵弁을 씌우는 삼가三加를 거행한다. 축사를 하고 당부하는 것은 그 뜻을 깨우칠 수만 있으면 되는데 삼가례三加禮부터 빈이 관례를 받는 자에게 술을 따라 주는 초례醮禮와 자字를 지어 주는 가자加字에 이르기까지 절차마다 일일이 축사가 정해져 있다. 위대하도다. 성인이 관례를 중시하심이여!"

그러나 성인이 관례를 중시하신 것은 관례 자체를 중시한 것이 아니라 어른이 되는 것을 중시한 것이다. 어른이 되는 것을 중시하신 것은 어른 되는 것 자체를 중시한 것이 아니라 어른으로서 지녀야 할 덕을 이루도록 책임 지우는 것을 중시한 것이다. 어른으로서 지녀야 할 덕은 중대한 것이니, 부자父子, 군신君臣, 장유長幼 간의 도리가 모두 여기에 포함된다. 그런데 지금 한꺼번에 이 모두를 갖춘 사람이 되기를 요구한다는 것은 너무 갑작스럽고 어려운 일이 아닐까?

옛날에는 어른으로서의 덕을 이루도록 책임 지움에 있어서도 도道가 있었다. 어린이, 청소년기에 이어서 관례를 치를 때까지 가르치는 데에 순서가 있고 양성하는 데에 법도가 있어서 시서詩書와 육예六藝를 가르치고 효제孝悌와 인의仁義를 연마시켜 온 것이지, 관례를 치르는 날에 갑자기 책임을 지운 것이 아니다. 그러니 관례를 통해 어른으로서의 덕을 이루는 데로 나아가는 것은 성급한 것이 아니었다. 그런데 후대에는 평소에 제대로 가르치고 양성하지도 않으면서 나이가 차기도 전에 관례를 올리고서는 관례만 끝나면 바로 어른으로서의 덕이 완성되기를 바라니 이렇게 되기란 어려운 일이다. 그러니 의례가 잘 갖추어지고 축사를 많이 한들 무슨 보탬이 있겠는가.

그렇긴 하지만 군자는 복장으로 용모를 꾸미고 용모로 덕을 드러낸다. 이 때문에 어떤 복장이 있으면 반드시 그에 따르는 용모가 있고, 어떤 용모가 있으면 반드시 그에 따르는 덕이 있는 법이다. 『시경』에 "저기 저 사람이여, 복장에 걸맞지 않도다."라고 하였는데, 복장에 걸맞지 않은 것은 덕이 없기 때문이다. 이런 사람을 군자는 수치로 여긴다. 사람이 이러한 의미를 알면 관례를 중시할 줄 알 것이고, 관례를 중시할 줄 알면 자신의 언행을 신중하게 할 줄도 알 것이며, 자기 언행을 신중하게 할 줄 알면 어른으로서 지녀야 할 덕을 이루는 단계로 나아갈 수 있을 것이다. 그러니 이는 그 사람 자신에게 달려 있는 것이 아니겠는가.

옛날 조문자趙文子가 관례를 행한 뒤에 대부大夫들을 두루 뵙고 가르침을 받았는데, 지무자智武子만이 조문자의 증조부인 성계成季 조최趙衰의 문덕과 조부인 선맹宣孟 조돈趙盾의 충정을 들어 권면하자 군자들이 이를 훌륭한 경계라고 여겼다. 지금 내가 남에게 줄 가르침은 없지만, 그래도 우리 정관재 이단상 선생을 섬겨서 그 덕행을 깊이 관찰한 바는 있다. 이제 선생은 돌아가셨지만 그 유지는 서책에 담겨 있고 그 언행은 가정에 남아 있으니, 이생이 밤낮으로 그것을 외고 본받아 실천하기를 게을리하지 않음으로써 아버님의 업적을 빛내고 이어 나가 더욱 독실하게 한다면 선조를 계승하는 효성이 더없이 클 것이다. 이생은 부디 노력하기 바란다.

『시경』에 "아침 일찍 일어나고 밤늦게 잠자리에 들어, 너낳아 주신 부모님을 욕되게 하지 말라." 하였고, 또 "돌아가신 아버님의 아름다운 덕으로써 그 몸을 보호하고 드러낼지어다." 하였다. 이생을 위해 이 시를 읊어 주는 것으로 축사의 뒤를 잇는다.

스승 이단상의 아들이자 처남인 이하조의 관례 때 써 준 글이다. 1684년, 당시 김창협은 34세였고 이하조는 21세였다. 총각머리 대신 관을 씌워 주고 어릴 때부터 불려 온 이름 대신 자字를 지어 주는 것이 관례의 중요한 절차다. 관례를 받는 자의 종조부 혹은 부친이 주인主人이 되고 그 친구 중에서 관례를 주도할 빈賓을 초청하며, 빈은 다시 자제 친척 가운데 예를 익힌 자를 택하여 찬자贊者로 삼는다. 관을 씀으로써 외관상 더 이상 아이가 아님을 누구나 알 수 있게 했을 뿐 아니라, 어릴 때 불리던 이름은 함부로 부르지 않음으로써 이제 어른으로서 대접해 주기 시작하는 것이다.

예나 지금이나 어른이 된다는 것은 근본적인 위치 전환을 뜻하는 사건이다. 누군가에게 의존하지 않고 독립적으로 자유와 책임을 누릴 수 있는 의지와 덕성을 갖추는 변화라는 점에서 그러하다. 그러나 관례라는 정해진 의식을 치른다고 어느 날 갑자기 명실상부한 어른이 되는 것은 물론 아니다. 주변의 도움과 자신의 노력이 지속적으로 뒷받침되어야 한다. 김창협은 이하조가 세 살 무렵일 때부터 한집에 살며 그 성장을 누구보다도 가까이에서 지켜본 사이이다. 그러기에 관례를 돕는 찬자가 될 수 있었다. 이후로도 이하조가 불행히도 먼저 세상을 뜰 때까지 교유를 이어 가며 선배로서의 역할을 담당했다.

관례는 당사자는 물론이고 거기에 참여한 사람들에게도 어른으로서 다시금 책임을 느끼고 '어른다움'의 의미를 되새기게 하는 의식이었다. 어른이 사라지고 '어른다움'의 의미도 퇴색해 가는 오늘, 새로운 의미로 다가와 우리를 돌아보게 하는 글이다.

의문 없이는 학문도 없음을 왕에게 가르치다
經筵講義

삼가 살펴보건대 전하께서는 경연 자리에서 강독하실 때에 질문하고 토론하시는 일이 전혀 없습니다. 근래에 경연에 참여했던 신하들이 이 점을 여러 번 말씀드렸는데도 받아들이지 않고 줄곧 침묵하고 계시니, 신은 근심이 됩니다. 옛 성현이 학문에 관해 논하기를, 『중용』에서 "상세히 따져 묻는다.審問之" 하였고, 또 『논어』에서는 "의문점이 있으면 질문할 것을 생각한다.疑思問" 하였습니다. 학문에는 의문이 없을 수 없고 의문이 생기면 반드시 질문해야 하는 것은 이치상 당연한 것입니다.

전하의 학문이 높아 남에게 물어볼 필요가 없다고 여기셔서입니까? 『중용』에서 순舜의 큰 지혜를 일컬어 "질문하기 좋아하고 하찮은 말도 살피기 좋아하였다." 하였습니다. 큰 지혜라고 말했으면 혼자서 알고 스스로 깨달았다고 말해야 마땅한데도 반드시 질문하기를 좋아하였다고 말한 것입니다. 또 『논어』에서 증자曾子는 안연顏淵에 대해 "유능하면서도 무능한 이에게 질문하고, 많이 알면서도 조금밖에 모르는 이에게 질문하였다." 하였습니다. 순처럼 큰 지혜를 갖춘 분과 안자처럼 성인에 버금가는 분도 이러했으니, 그렇다면 전하의 학문의 경지가 높다 하더라도 이를 믿고 남에게 질문하지 않아서야 되겠습니까.

신들의 학문이 천박하고 보잘것없어서 질문을 내릴 가치가 없다고 여기셔서입니까? 이는 진실로 그러합니다. 그러나 의리는 무궁하고 사람의 마음이란 통하기도 하고 가려지기도 하는 법입니다. 어리석은 신들이라 해도 전하의 총명이 미치지 못하는 부분에 대해 만에 하나라도 보탬이 되는 점이 있을 수 있지 않겠습니까. 혹시 내리신 질문에 저희가 대답하지 못한다 할지라도 종을 두드리면 두드리는 대로 소리가 나듯이 질문을 자꾸 던지다 보면 그래도 그것이 촉발하여 깨닫게 되는 실마리가 있을 수도 있지 않겠습니까.

문장과 의리에 대해 애초부터 의문점을 보지 못해서입니까? 그렇다면 이는 더욱 큰 문제입니다. 정자는 "학문을 하는 자는 먼저 의문을 가질 줄 알아야 한다." 하였고, 주자는 "글을 읽으면서 의문이 없는 것이야말로 초학자의 공통된 문제다." 하였으며, "글을 처음 읽을 때에는 의문이 생기지 않다가 다음에는 점차 의문이 생기고, 또 그다음에는 구구절절 의문이 생기게 된다. 이러한 과정을 한번 거치고 난 뒤에 의문이 점차 풀려서 모든 것이 종합적으로 이해되고 명쾌하게 뚫리게 되면 전혀 의문을 가질 것이 없게 된다. 이렇게 하여야 학문이라 할 수 있다." 하였습니다. 그러니 진정으로 절실하게 사색하고 하나하나 빠짐없이 이해해 나가다 보면 의문이 생기는 부분이 없을 수 없습니다. 만약 의문이 없다고 한다면 이는 참으로 의문이 없는 것이 아니라, 의문점을 아는 단계에 이르지 못한 것일 뿐입니다. 만약 이와 같으시다면 매일 경연에 납신다 해도 끝내 학문의 진보가 없을 것입니다. 삼가 바라건대 전하께서는 깊이 유념하소서.

1683년 7월 17일, 33세의 김창협이 홍문관 부교리로서 참석한 경연에서 『심경心經』을 진강하며 숙종에게 올린 말을 기록한 글이다. 이 말을 마치자 숙종은 비로소 전날 강독한 부분을 펼치고 연달아 질문을 던지기 시작했고, 김창협은 차근차근 명료하게 답변하였다. 경연 자리에서 김창협은 늘 의미가 분명히 드러나도록 말하였고 잘못을 깨우치도록 넌지시 간하는 노력이 지극해서 숙종도 귀담아 들었다고 한다. 그러므로 함께 참여했던 신하들이 근래에 드문 경연관이라고 칭송하였다고 전한다.

왕에게 진언한 내용은 그대로 김창협 자신의 학문 태도이기도 하다. 김창협은 작은 것도 그냥 넘어가는 법 없이 의문을 던지고, 그 의문에서 출발하여 샅샅이 살피고 깊이 사색하며 적극적인 질문과 논변을 거쳐 자기 자신의 깨달음으로 만들어 가는 방법을 늘 견지하고 강조하였다. 제자들에게 "독서할 때는 의문을 품는 것이 가장 중요하다. 의문이 없다는 것은 빈틈을 보지 못한 것이니 어느 지점에서 사색에 이를 수 있겠는가?"라고 하여 사색으로 들어가는 출발점으로서 의문을 강조하였으며, 선배 학자들의 권위에서 벗어나 허심탄회하게 논변해야 한다고 역설하였다. 무엇보다 성리설의 세세한 주제에 대해 치밀하고 격렬한 공방을 펼친 그의 편지글들을 보면 의문과 논변을 중시한 면모를 여실히 볼 수 있다. 주체적인 사색과 허심탄회한 논변을 중시하고 실천함으로써 남다른 성취가 가능했던 것이다.

역졸 아이 녀석의 풍류

郵卒採野菊挿頭

가련하다 저 들국화 따는 사람 하나 없어 可憐野菊無人採
이슬 내린 풀숲 속에 붉은 꽃잎 쓸쓸하네 丹蘂蕭蕭露草中
오늘에야 알아보고 머리 위에 꽂았나니 今日得歸頭上揷
말고삐 잡은 아이 녀석 네가 풍류를 아는구나 風流却在馬前僮

1684년34세 8월 암행어사로 영남 지역을 잠행하던 길에 얻은 소품 같은 시이다. 길가에 흔하게 피어 아무도 눈길 주지 않는 들국화. 그 버려진 아름다움이 역졸 아이 녀석의 머리에 꽂혀 풍류가 되었다. 순간을 포착하여 담아낸 시선과 발상이 미소를 머금게 한다.

시다운 시란 무엇인가

與趙成卿

그저께 날도 어둑한데 몸이 아파서 정신이 혼미한 상태에서 급히 답장을 써 내려가느라 무슨 말을 썼는지 살펴보지도 못했습니다. 고명高明 상대를 높여 부르는 말께서 그 글을 읽고 분명 잠꼬대라고 여기셨으리라 생각합니다. 부끄럽고 송구스럽습니다.

고명께서 제 아우의 시를 논평하여 "비유가 자연스럽지 못하고 은미한 것을 드러내려는 데에 생각이 치우쳐 있다."라고 하셨는데, 이 몇 마디 말씀은 대체로 적절합니다. 그러나 '의미 없고 한가로운虛閒' 뜻이 너무 많은 것이 결함이라고 하신 말씀은 제가 이해하지 못하겠습니다.

제가 본 바로는, 제 아우는 시에 어떤 뜻을 담을지 너무 깊이 천착하고, 선택한 어구가 너무 생경합니다. 시상 전환이 너무 많아서 리듬이 촉급해지기도 하고, 정서 표출에 여백이 너무 없어서 말이 번다해지기도 합니다. 그러니 오히려 옛 시인들의 넉넉하고 평담하며 온화하고 한가로운 뜻이 적은 것이 흠입니다. 그래서 평소 시문에 관해 이야기할 때마다 이런 말을 해 주곤 하였고, 그 자신도 그러함을 잘 알고 있었습니다. 그저께 보내신 편지를 언뜻 보고는, 의미 없고 한가로운 뜻이 '너무 많다'고 하신 부분을 '너무 적다'고 하신 것으로 잘못 알고 제 생각과 딱 들어맞는다고 생각했습니다. 그런데 뒤에 다시 보니 그렇지 않았습니다.

혹시 고명께서는 제 아우의 시에 '의미 없는 경치와 한가로운 일虛景閒事'을 말한 것이 많고 도리에 관해 말한 것이 적은 것을 결함으로 지적하신 것입니까? 그렇다면 저로서는 받아들이기 어렵습니다. 시가詩歌의 도가 산문의 도와 다른 점이 바로 의미 없는 경치와 한가로운 일을 많이 말한다는 것이니, 옛 시의 묘리妙理는 오히려 바로 이 점에 있는 것입니다. 비록 '의미 없는 경치와 한가로운 일'이라고 말하기는 하지만, 실은 자연 천기天機의 활발한 오묘함과 사람 성정性情의 참된 실상이 그 속에 담겨 있어서, 독자가 노래하고 읊다 보면 감흥이 일어 언어의 표면적인 의미를 넘어서는 무언가를 얻을 수 있게 합니다. 사리를 늘어놓고 고사를 안배하는 것이 시詩인 줄 아는 자들이 어찌 이러한 묘리에 이를 수 있겠습니까. 그러하니 오늘날 시를 논하는 데 있어서 옛사람의 의미 없고 한가로움의 묘리를 터득하지 못했음을 결함으로 여겨야지, 의미 없고 한가로움을 두고 일괄적으로 결함이라고 여겨서는 안 됩니다.

더구나 한자韓子 한유韓愈 768~824의 말을 들어 지적하신 것은 제 아우를 위해 우려할 만한 것이 아니라고 말씀드리고 싶습니다. 고명께서는 제 아우가 영예와 이익을 도외시하고 외간 사물에 얽매이지 않는 뜻을 지니고 있음을 보시고서 그저 편안하고 담박하여 마음에 맺힌 일이 없다 보니 시의 표현이 나약하고 감상적인 데에 빠졌다고 생각하신 듯합니다. 그러나 잘 모르셔서 그렇지 사실 제 아우는 기질에 단단히 맺힌 구석이 있어서 오히려 혼자 고고하여 평탄하지 못하고, 생각이 깊고 세세하여 털끝만큼도 그냥 넘어가는 법이 없습니다. 욕심에 불타거나 득실을 다투는 일은 없지만 가슴속에 발끈하는 기운이 여전히 해소되지 않았습니다. 그러다 보니 시를 지을 때에도 이런 면이 나타나서 앞에 말씀드린 것처럼 천착하고 생경한 어구를 선택하며 촉급해지고 번다해지는 결함이 있는 것입니다. 고명께서는 그의 시가 답답하게 막히고 침체되어 부드럽게 이루어지지 못함을 우려하셔야지, 나약하고 감상적이어서 수습할 수 없는 지경까지 무너질까 우려하실 것은 없습니다. 어떻게 생각하십니까?

앞서 보낸 편지에서 뜻을 다 밝히지 못하여 서둘러 이렇게 다시 씁니다만, 여전히 아파서 정신이 혼미하여 끝내 하고 싶은 말을 다 하지 못하겠습니다. 헤아려 살펴 주시기 바랍니다.

1685년35세 졸수재拙修齋 조성기趙聖期 1638~1689의 편지에 답한 글이다. 조성기는 김창협보다 13살 연상이다. 본관이 임천林川으로 이름난 재야 학자였다. 당시 조성기는 김창협의 동생인 김창흡과 수차례의 왕복 서신을 통해 학문과 시에 관한 논변을 주고받은 뒤였다. 서로에 대한 신랄한 비판과 장황한 논설을 주고받던 김창협 형제와 조성기는 훗날 직접 대면하여 오랜 시간 대화를 나눈 뒤 서로를 높이 인정하게 되었다. 특히 김창흡은 이후로 조성기를 마음속 스승으로 여겼다.

이 글에서 말한 '의미 없는 경치와 한가로운 일'은 "문학은 도리를 싣는 수단이다.載道之文"라는 관점에서 문학의 소재 및 지향이 되어야 마땅한 '도리'에서는 비켜서 있다. 그러나 그렇다고 해서 곧바로 문학을 도리와 무관한 것으로 보거나 자유로운 감정을 그대로 표출해야 한다고 주장하는 것은 아니다. 이는 시가 그저 한가롭고 허황한 것 같지만 시적 형상화와 함축적 표현에 의해 오히려 대상 세계의 천기天機와 창작 주체의 성정性情의 참모습을 현실보다 더 진실하게 담고 있음을 강조하는 말이다. 김창협은 정서를 표현하거나 경물을 묘사하는 데 있어서 그것이 시적인 진실함을 추구할 때는 단순한 진솔함이나 사실성을 넘어서는 독특한 국면이 있다고 보았다. 바로 그러한 시가 지니는 문예미적 특성을 인식하고 그것을 구체적 비평으로 드러냄으로써 이후 문학론 논의의 수준을 끌어올린 데에 김창협 시론詩論의 의의가 있다 하겠다.

변방에서
鍾城客館

수주성 밖 저 들판은 아스라이 펼쳐져 있고　　愁州城外野茫茫
하늘 맞닿은 거친 초원에 지는 해 누렇도다　　磧草連天落日黃
나그넷길 어느샌가 오랑캐 땅 닿고 보니　　客路已臨胡地盡
저물녘 구름 따라 고향 생각 끝없어라　　鄕心直共暮雲長
멀리서 전한 봉화만이 외론 수자리 밝혀 주고　　烽傳遠火明孤戍
차디차게 솟는 강물 황무지로 흘러가네　　江湧寒波下大荒
새벽부터 잠 깨우는 망루 피리 무슨 죄랴　　不恨樓笳侵曉夢
꿈속의 혼이라 해도 관문 막혀 못 가나니　　歸魂元自阻關梁

1685년35세 3월 함경북도 병마평사에 제수되어서 6월에 경성鏡城에 도착하였다. 이후 7월부터 8월까지 관내의 여러 진을 일일이 다니며 순찰하였는데, 이 시는 지금의 함경북도 회령시 근방으로 조선의 최북단 지역인 종성鍾城에 들러서 지은 작품이다. 이곳을 이전에는 수주愁州라고도 불렀다.

이 시기에 지은 시들은 대체로 변방의 기세와 풍광, 그리고 역사적 사실들을 제재로 삼아 호기로운 충정을 표현하여 김창협의 다른 시들과는 상당히 다른 면모를 보인다. 글만 읽던 서울내기였던 자신을 반성하며 응시하는 시선이 등장하기도 하지만 무엇보다 고향과 가족에 대한 그리움이 주조를 이루는 시가 적지 않다. 이 작품은 꿈속에서까지도 돌아갈 길이 막혔다는 말로 그리움을 절절하게 표현하였다.

약소국의 살 길

贈南左相赴燕序

제가 어릴 적 『춘추전春秋傳』을 읽으며, 강한 이웃 나라에 괴롭힘을 당하여 자립하지 못하는 약소국의 신하로서 지혜와 책략으로 국가적인 난관을 헤치고 치욕을 씻어 냄으로써 공적이 찬란하게 빛나 후세에 칭송되는 사람을 찾아보았습니다. 그런 사람으로 정鄭나라의 국교國僑 자산子產 공손교公孫僑와 월越나라의 범려范蠡만 한 이가 없었습니다.

국교가 살던 시기에 정나라는 정사가 이미 피폐해진 데다가 국토가 진晉, 초楚 두 강대국 사이에 끼어 있어, 희생犧牲과 폐백을 가지고 국경에서 대기하지 않는 날이 없었고 사신의 왕래가 도로에 계속 이어졌는데도 고전을 면치 못했습니다. 아침에 진나라와의 맹약을 받아들이면 초나라 군대가 저녁에 쳐들어오고, 저녁에 초나라와의 맹약을 받아들이면 다음날 아침 진나라 군대가 쳐들어왔습니다. 그런데 국교는 의리에 입각하고 예의를 지키면서 외교 업무를 잘 수행하여 갈등을 부드럽게 조절하고 상대를 두려워하지도 자극하지도 않았습니다. 그리하여 마침내 진나라와 초나라의 군주와 신하들이 마음을 풀고 감히 화살 한 대라도 쏘거나 모멸하는 언사를 내지 않았으니, 이 얼마나 어려운 일입니까.

월나라 왕 구천句踐이 패배했을 때에 병사는 5천, 영토는 사방 백 리에 불과했습니다. 임금과 신하들은 끌려가서 천한 마부 노릇을 하며 오吳나라를 섬기고 국고를 다 털어 공물로 바쳤으니, 나라가 얼마 못 갈 것 같았습니다. 그런데 구천의 신하 범려는 그 상황에서 사려 깊고 치밀하게 일을 도모하여 안으로는 백성을 보듬어 격려하고 밖으로는 강한 적을 구슬려 길들이면서, 온갖 모욕을 꿋꿋이 참으며 때를 기다렸습니다. 그러다가 순식간에 일어나 상대의 허점을 공략하여 한 번의 전쟁으로 오나라를 멸망시키고 장강長江과 회하淮河 지역을 제패하였으니, 그 또한 위대하다 하겠습니다.

저는 두 사람에 대해서 "국교는 상황 대처에 기민하였고 범려는 지혜롭고 사려 깊었다."라고 나름대로 평해 본 적이 있습니다. 두 사람의 재주 중에 어느 쪽이 더 훌륭한지는 모르겠지만, 요컨대 모두 난관을 극복해 내는 올곧음과 약한 처지에서 떨쳐 일어나는 매서움, 그리고 군주를 높이고 백성을 감싸려는 노력이 있었으니, 춘추 시대 이래로 보기 드문 인물들입니다.

우리나라가 북방 오랑캐에게 제압당하고 이제까지 50년 동안, 그들에게 굴종과 강압적인 수탈을 당한 것은 실로 정나라와 월나라보다 더 심했습니다. 얼마 전 변방 백성이 저지른 일로 인해 보내온 오랑캐의 글이 몹시 패악하여 우리 임금님께서 치욕스러운 질책을 받으시고 온 조정이 더러운 멸시를 당했습니다. 우리나라 사람이라면 삼척동자까지도 누구나 주먹을 불끈 쥐고 눈을 부릅뜨며 통분과 답답함에 죽느니만 못한 심정이었습니다.

이러한 때에 충심과 지혜, 기민함과 식견을 갖추신 우리 상공相公께서 임금을 보필하는 자리에 계시니, 자산과 범려에게 주어졌던 책임이 있다고 하겠습니다. 이제 삼정승의 높은 자리에서 내려와 일개 사신의 역할을 맡게 되었으며 조정에서의 권세를 내려놓고 폐백 바치는 노역에 종사하게 되셨습니다. 감히 여쭙건대 상공께서는 이 일에 어떻게 대처하시려는지요?

제가 참으로 아는 것은 없습니다만, 사람들이 이렇게들 말하는 것을 들었습니다.

"주상께서 모욕을 당하셨으니 이보다 통탄스러운 일이 없고, 나라가 능멸을 받았으니 이보다 수치스러운 일이 없다. 신하된 자로서 변론하지 않을 수 없으니, 오랑캐 조정에서 피눈물을 쏟으며 무슨 말을 해서라도 끝까지 항변하여 정성과 의리로 감동시켜야 한다. 이는 상공의 이번 사행에 달려 있다."

그리고 또 이렇게 말하는 이들도 있었습니다.

"이번 사안에서 결점을 보여 빌미를 제공한 것은 우리 쪽이고 결정권을 장악한 것은 저쪽이다. 게다가 이미 머리를 굽혀 신하의 위치가 되었는데 하루아침에 모욕당한 일로 팔을 걷어붙이고 맞서 싸우려는 것은 옳은 계책이 아니다. 은인자중隱忍自重하여 잠자코 다녀와서 우선 나라를 안정시키는 편이 더 낫지 않겠는가."

이 두 가지 설이 모두 그럴듯하긴 하지만, 요컨대 모두 일면만을 고집하는 얕은 소견이지 근본을 헤아린 최상의 주장은 아닙니다. 약소국이 강한 이웃 나라에게 모욕당한 원한을 풀고 능멸당한 수치를 씻어 내고자 한다면, 본디 외교적 담판에 의지하지 않을 수 없습니다. 다만 우리 자신의 국정 운영이 믿음직하여 거리낄 것이 없다면 저들도 우리를 볼 때 업신여길 만한 구석을 찾지 못할 것이고, 따라서 사신의 말이 쉽게 받아들여지고 변론을 통해 입증하는 일도 명료해질 것입니다. 만약 그렇지 못한 상황에서 그저 구구한 언변으로 장황하게 주장하며 눈을 부릅뜨고 호기를 부려 반드시 모욕을 씻고자 한다면, 저들의 노여움을 끌어내어 거듭 치욕을 초래하고 말 것이니 나라에 무슨 이로움이 있겠습니까.

자신의 역량을 계산하고 사태의 추이를 헤아려서 은인자중하는 자세로 존속을 도모하는 것은 옛사람도 그러지 않을 수 없었던 일입니다. 다만 반드시 뼈를 깎는 아픔으로 노력을 다하고 남모르게 실력을 키워 나가되, 의지를 상실하여 침체되거나 안일함에 빠져 태만해지는 일이 없어야 합니다. 그리하여 극도로 굽히고 있다가 때가 무르익어 기회가 오면 일거에 일어나 몸을 활짝 펴야 할 것입니다. 이렇게 하지 않고 그저 머리를 조아리고 벌벌 떨며 늘 남의 기세와 눈치만 살피고, 그로 인해 일희일비하면서 지금 당장 무사한 것만을 다행으로 여겨 안일을 꾀한다면, 갈수록 더 나약해져 마침내 자격지심으로 위축되고 피폐해져 원한을 풀 날이 없게 될 것입니다. 이러고서야 어찌 나라라고 할 수 있겠습니까.

이 때문에 국교는 외교적 담판으로 진나라와 초나라를 온순하게 만들었고, 범려는 참고 견디면서 오나라를 구슬렸던 것입니다. 그렇다고 이 두 가지 길만 믿고 있을 일은 아닙니다. 안으로 힘을 길러서 훗날 나라를 부흥시킬 수 있는 통치의 방법과 계책을 좌씨 左氏 의 『춘추전』에서 다 살펴볼 수 있습니다.

상공께서 수행하실 오늘의 계책도 다른 데 있지 않습니다. 오직 때를 놓치지 말고 부지런히 진언하여 임금님의 뜻을 넓혀야 합니다. 수치스러운 모욕을 잊어서도 안 되고, 타성에 젖어 안락함을 꾀해서도 안 되며, 무력하고 나약한 채로 오래가서도 안 된다는 점을 비분강개한 심정으로 인식하여, 밤낮으로 분발하고 담금질하여야 합니다. 그렇게 함으로써 정사를 안정시키고 기강을 바로잡아 현명하고 유능한 인재를 기용하고 백성의 생계를 소중히 지켜 주어, 우리 자신의 국정 운영 실상이 은연중에 이웃 나라에 맞서 담판하기에 충분하도록 만들어 가야 합니다. 그리하면 강포한 저들로부터 모욕을 당하지 않고 그동안 쌓인 치욕을 씻는 날이 올 것입니다. 이것이 바로 지난날 국교와 범려 두 사람이 실천했던 일입니다.

그런데 지금 논의하는 사람들은 우리 상공께 이러한 것을 바라지 않고 도리어 사신 임무의 성패만을 걱정하니, 어쩌면 그리도 자잘하단 말입니까. 그렇긴 합니다만 왕도 정치를 보좌한 이윤伊尹과 부열傅說, 주공周公과 소공召公 같은 분들을 거론하지 못하고 보잘것없는 국교와 범려 두 사람을 일컬었으니 저의 마음도 그저 서글플 뿐입니다.

1686년 3월 7일, 청나라에 사신 갔던 일행이 귀국길에 앞서 보내온 자문咨文 한 통이 조정에 보고되었다. 청나라에서 보낸 자문은 사신이 직접 수발하는 것이 정상이지만, 왕복에 걸리는 시간이라도 벌기 위해 역관을 보내 미리 전달한 것이다. 그만큼 시급히 조치를 논의해야 하는 사안이었다.

"그 나라 왕이 아랫사람을 제멋대로 풀어놓았다. 이들이 금령을 어기고 강을 건너와 산삼을 캐다가 황제가 파견한 관원에게 창을 던져서 상해를 입혔으니 법령을 크게 범한 것이다. 이 때문에 조선 국왕 아무개에게 벌금으로 은 2만 냥을 물린다."

변방 백성이 국경을 넘어가서 저지른 사고를 빌미로 조선 왕에게 책임을 묻고 벌금을 부과한 내용이다. 이례적이고 치욕적인 자문이다. 4월 말에 도착한 사신 일행이 전한 내막에 의하면, 자문의 내용에 놀란 정재숭鄭載嵩 1632~1692 등이 현지에서 정문呈文을 올려 관용을 청했는데 청 황제가 이에 더욱 격노하여 정문 내용을 조목조목 들어가며 강하게 질책하였다는 것이다. 이에 대한 숙종 및 조선 조정의 반응은, 병자년 1636 이후 가장 모욕적인 일을 당한 데 대한 분노와 앞으로의 대처에 대한 걱정으로 요약된다. 그러나 분노와 걱정이 아무리 커도 조선이 당장 취할 수 있는 조치의 폭은 넓지 않았다. 사신을 급히 보내 왕의 명의로 사죄하며 벌금을 내고, 산삼 채취 시기에 맞춰 어사를 파견해서 백성들을 단속하는 대책을 논하는 정도였다.

이 글은 숙종이 올리는 표문表文과 벌금을 가지고 사신 길에 오르는 남구만南九萬 1629~1711 을 전송하며 써 준 서문이다. 예나 지금이나 약소국으로서 강대국을 상대하기란 참으로 어려운 일이다. 힘과 명분 사이에서, 국가 존폐의 위기와 공동체의 자존심 사이에서 아슬아슬한 줄타기를 하며 실리를 챙겨야 하기 때문이다. 이처럼 민감한 문제를 해결하러 가는 남구만에게 해 줄 수 있는 말이 무엇일까?

사안의 심각성과 난해함에 비해서 김창협의 논지는 단순하다. 『춘추좌씨전春秋左氏傳』에 등장하는 두 인물인 정나라 국교와 월나라 범려를 들어서, 절묘한 외교로 강대국들 사이에서 국익을 보호하거나 은

인자중하며 실력을 키워 일전을 준비하는 길을 제시하였다. 치욕에 분노하여 성급하게 외교적 담판을 짓거나 반대로 눈치만 보며 당장의 안일만을 꾀해서는 안 되고, 지혜롭게 대처하며 내실을 키워서 자강自强의 길로 나아가야 한다는 것이다.

당시 함경도 삼수, 갑산 지역의 백성들이 산삼을 캐러 월경하는 일이 문제가 된 것은 처음이 아니었는데, 여기에는 청과의 예민한 관계를 의식하여 국경 근처의 우리 영토를 방치했던 데에도 이유가 있었다. 김창협이 국정을 제대로 운영해야 함을 거듭 강조한 것 역시, 변방 백성들의 생계를 지켜 주는 기본을 다하면 그런 책잡힐 일이 일어나지도 않게 될 것이라는 의미이다. 원론적인 주장이지만 당시의 격분한 여론이 놓치기 쉬운, 중심을 잡는 냉철한 견해라 할 수 있다. 복잡하게 얽힌 문제일수록 근본으로 돌아갈 필요가 있다는 일갈이다. 빈틈없고 정연한 논지 전개가 일품인 글이다.

왕의 잘못을 지적하다
應旨疏

엎드려 아룁니다. 이변이 극심하게 일어나 하늘의 경고가 뚜렷하게 내림에, 성상聖上께서 두렵고 놀라운 마음으로 애절한 분부를 내리시어 충직한 조언을 널리 구하여 재앙의 위기에서 나라를 구제하고자 하셨습니다. 신은 진실로 지혜와 생각이 보잘것없어서 성상의 교지에 우러러 답할 자격이 없습니다만, 그래도 경연에 드나들며 받았던 은혜가 깊고 두터우니 품고 있는 생각을 어찌 감히 다 아뢰지 않을 수 있겠습니까.

재이災異가 발생한다고 반드시 나라가 곧 망하는 것은 아니라고 신은 생각합니다. 그러나 재이를 만나고서도 두려워할 줄 아는 마음이 없으면 나라가 망하고, 재이를 두려워한다 하더라도 반성하고 수양하는 내실이 없으면 나라가 망합니다. 옛날 은 중종殷中宗 때에는 조정 뜰에 갑자기 상桑과 곡穀이라는 거대한 나무가 자라났고 주 선왕周宣王 때에는 극심한 가뭄이 든 적이 있습니다. 그러나 그로 인해 놀라고 두려워하여 덕정德政을 더욱 잘 수행한 결과 나라가 멸망의 위기에서 벗어났을 뿐 아니라 마침내 성대하게 중흥을 이루었습니다.

세상의 군주 중에 재이를 당하는 경우가 많은데, 이 두 임금처럼 진정으로 놀라고 두려워하여 진심으로 반성하고 수양할 줄 모르는 것이 문제입니다. 재이의 발생이 비단 한두 번이 아니라 여러 번 반복하여 나타나는데도 고칠 줄을 모르면 마침내 화란禍亂이 이르러 나라가 망하게 되는 것입니다. 아, 경계하지 않아서야 되겠습니까.

지금 전하께서 즉위하신 이래 수십 년 동안 가뭄과 장마로 인한 폐해, 태풍과 우박으로 인한 재난, 별자리의 이변, 불길한 안개의 재앙, 혹은 기형적인 사람과 짐승의 출생 등이 해마다 겹쳐 나타나서 수백 수천을 헤아릴 정도입니다. 그 이변을 당할 때마다 성상께서 번번이 깜짝 놀라 자신을 책망하고 조언을 구하는 교지와 하늘을 두려워하고 백성을 근심하는 말씀을 한 해에도 여러 차례 내리셨습니다. 일어난 천재지변을 가지고 말하자면 도를 잃은 증거와 패망의 징조가 이전부터 이미 나타났으며, 그동안 내리신 교지를 가지고 보자면 놀라고 두려워하는 뜻과 슬퍼하고 아파하는 말씀이 이전부터 벌써 지극했습니다.

전하께서 처음 재이를 만났을 때부터 진정으로 잘못을 반성하고 덕을 닦아 기강을 개혁하고 정치를 바로잡기를 그동안 교지에 하신 말씀처럼만 하셨더라면, 하늘이 벌써 기뻐하고 재이가 벌써 소멸되었을 것이고, 옛날 은 중종과 주 선왕에 견주어도 될 정도로 성대한 중흥을 이루셨을 것입니다. 어찌 오늘에까지 다시 재이를 근심하여 거듭 번거롭게 교서를 내려 신들에게 도움을 요청하실 일이 있으셨겠습니까. 신은 여기에서, 전하께서 이전의 재이에 대해 꼭 진심으로 두려워할 줄 아신 것이라 할 수 없으며, 매년 내리신 교지도 꼭 성심에서 나왔다고만은 할 수 없음을 알겠습니다.

그렇다면 오늘날의 천재지변이 이처럼 심하다 해도 전하께서 두려워하는 정도가 이전에 늘 그러셨던 정도에 불과하고 이른바 애달픈 교지라는 것도 그저 상투적인 형식으로 대응하고 이전의 관례를 갖춘 데 그치는 것이 아님을 신이 어찌 알 수 있겠습니까. 전하께서 십수 년 동안 다스리신 것이 위로 하늘의 마음에 부합하지 못하여 여러 번 경고를 받으셨는데, 두려워하여 수양하고 반성한다고 하신 말씀조차 결국 내실이 없었던 것입니다. 하늘의 노여움이 날로 심해지고 위태로운 조짐이 날로 드러나는 것은 실로 이 때문입니다. 그런데 지금 또 어찌하여 이전에 하셨던 형식과 관례로만 대응하고 말려고 하십니까.

"사람은 속일 수 있어도 하늘은 거짓을 용납하지 않는다."라고 말합니다만, 신은 "하늘이야 본디 거짓을 용납하지 않지만 사람 역시 속일 수 없다."라고 생각합니다. 근년에 애달픈 교지가 내려졌는데도 신하들은 대수롭지 않게 보고 모두들 막연하게 듣고 말 뿐, 일어나 호응하는 자가 전혀 없었습니다. 이는 전하께서 내리신 교지에 애초부터 진심이 담기지 않았음을 알기 때문입니다. 인심이 이러하니 하늘의 뜻을 알 수 있습니다. 전하께서는 바로 여기에서 스스로 반성하실 수 있을 것입니다.

신은 청컨대 앞으로는 한낱 말과 글만 믿고서 하늘에 응하고 사람을 감동시키는 도구로 삼지 마시고 근본의 절실한 부분에 깊이 유념하시고 부지런히 노력하시어 날마다 하시는 일 가운데 위로 하늘의 뜻을 채우고 아래로 백성의 기대에 부응하시기 바랍니다. 그렇게 하면 재이도 소멸되고 화란을 구제하는 데에 이를 수 있을 것입니다. 신이 말씀드린 근본의 절실한 부분은 전하의 몸과 마음에서 벗어난 것이 없지만 조정의 성패와 민생의 고락이 모두 여기에 달려 있습니다. 여기에 힘을 쓰지 않고 그저 이해득실을 따지는 말단의 일에 분주하게 매달리면서 정치를 잘해 잘 다스려지기를 바란다면, 천하에 그런 이치는 없는 법입니다. 중략

얼마 전에 사헌부에서 계사啓辭를 올려 궁중의 건축 건에 대해 말씀드리자 전하께서는 사실과 다르게 전해진 것이라고 하시면서 한편으로 너그럽게 포용하시고 대든다고 여기지 않으셨습니다. 신이 처음 비답하신 말씀을 읽고는 성상께서 마음을 비우고 간언을 받아 주시는 미덕을 기뻐하였고 사헌부

신하가 전해 들은 것이 분명히 잘못된 것이라고 생각하였습니다. 그런데 얼마 뒤에 다시 들리는 말에 따르면, 요사이 궁중에 실제로 건축하는 일이 있어서 큰 목재를 구하는 목공들이 민간에 드나들고 있으니 사헌부의 계사에서 "장인을 부르고 재목을 실어 나르는 일이 반드시 조만간에 있을 것이다."라고 한 말도 과연 근거 없는 말이 아니라고 합니다. 이로써 보건대 전하께서 전에 내리신 비답은 단지 겸손한 말로 속내를 감추신 것뿐이었고 애초에 허심탄회하게 받아들이는 진심은 없으셨던 것입니다. 신은 전하의 진실하지 못하고 미덥지 못하심이 이런 정도일 줄은 생각지 못하였습니다.

이 한 가지 일은 전하께 본디 대단한 과오가 되는 것도 아니었고 사헌부 신하는 단지 전해 들은 바에 따라 논계論啓하여 임금의 잘못을 바로잡는 의무를 다한 것뿐이었으니, 전하께서는 마땅히 실상을 열어 보이고 잘못을 인정하고 고치시면 되는 일이었습니다. 무엇 때문에 굳이 이 일을 깊이 숨겨, 있는 것을 없다 하고 사실을 거짓이라 하여 잘못을 거듭 더하신단 말입니까. 군주에게 잠깐의 사소한 생각에도 진실하지 못한 점이 있으면 마치 열 손가락이 가리키고 열 눈이 주시하는 것처럼 다들 알아보는 법입니다. 더구나 이번처럼 중대한 사안에 대해 진실하지 않으셔서야 되겠습니까.

전하께서는 이 일을 신하들에게 속일 수 있다고 여기셨습니까? 신하들이야 속일 수 있다 하더라도 하늘까지 속일 수 있다고 여기셨습니까? 『시경』에 "하늘은 매우 밝으시어 네가 어디를 가든 함께하시고, 하늘은 매우 훤하시어 네가 노닐 적에도 함께하시니라." 하였고, 또 "높디높은 저 위에 있다 하지 말라. 이 땅에 오르내리며 날마다 이곳을 보시느니라."라고도 하였습니다. 지금 전하께서는 위로 하늘을 두려워하여 자책하는 말씀을 하교하여 경계하는 뜻을 보이시면서 안에서는 급하지 않은 공사를 일으키고 밖으로 그 일을 숨기는 말씀을 하여 자신을 속이고 남을 속이셨습니다. 그러니 어디든 함께하고 오르내리며 살펴보는 저 하늘이 어찌 전하의 행위를 믿고서 노여움을 풀고 재이를 복으로 바꾸어 주려 하겠습니까.

지난번 이징명의 상소문이 성상의 노여움을 거듭 촉발했습니다. 그 당시 성상의 하교는 전적으로 외척에 관한 사안만을 죄로 삼고 그다음에 언급한 사안에 대해서는 단지 잘못 전해 들은 것으로 치부해 버리고 말았습니다. 그 일의 사실 여부는 더욱이 궁궐 바깥의 사람이 감히 알 바가 더욱 아닙니다. 다만 민간에 자자하게 떠도는 말에 의하면 모두 궁중에 정말 그런 사람이 있는데 전하께서 감추시는 것이라고 합니다. 또 전하께서 이징명에게 노하신 까닭이 실은 이 일 때문인데 이 문제는 감추어야 하는 까닭에 죄로 삼지 못하고 우선 다른 일을 죄로 삼았다고들 말합니다.

신은 애초에 이렇게 생각했습니다. "후궁 중에 총애하시는 사람이 있다 하더라도, 후궁들의 위계에 따라 순서만 지킨다면 자손들이 번성하게 될 것이니 무슨 문제가 있겠는가. 여색에 온통 마음을 빼앗기거나 특정한 후궁을 편애한다는 비난만 생기지 않는다면 이 또한 성상의 덕에 누가 될 일이 아니다. 그러니 그러한 일을 굳이 숨기실 필요가 있겠는가. 이징명을 비롯한 언관들이 너무 억측에 가까운 말을 했나 보다. 잘못 전해 들은 것이라고 하신 성상의 하교가 거짓말일 리가 없지."

그런데 지금 보니 사람들의 말에 근거가 없지 않으며, 성상의 하교를 신뢰했던 신의 생각이 대단히 어리석었음을 알겠습니다. 보고 들을 수 있는 것만 해도 이러한데, 신료들의 이목이 닿지 않는 궁정 깊숙한 곳에 있어서야 그 거론할 만한 일들을 어찌 이루 다 헤아릴 수 있겠습니까.

보다 궁극적인 차원에서 말씀드리자면 이러합니다. 전하께서는 그저 교만과 사치, 음란과 방탕 등 두드러진 추악함이 인욕人慾이라는 것만 아실 뿐, 은미한 사심과 세세한 잘못이 모두 천리天理를 해친다는 사실은 알지 못하십니다. 그저 남을 이기고 자신을 자랑하며 원망하고 욕망하는 마음을 막아서 행하지 않는 것이 지극한 선인 줄만 아실 뿐, 뿌리에 잠복해 있다가 순간적으로 싹터서 나오는 것이야말로 무궁한 해가 된다는 사실은 알지 못하십니다. 이런 까닭에 수양과 경계를 부지런히 하면서도 마음을 지키고 본성을 기르는 실질에는 이르지 못하시고, 징계하여 고치는 데에 힘을 쓰면서도 사욕을 이겨내고 다스리는 공부에는 실로 소홀하셨던 것입니다. 그래서 천리天理와 인욕人慾이 마음속에서 싸워 어느 한 쪽이 이기면 다른 쪽이 지곤 하며 번갈아 주와 객이 뒤바뀌다가, 시간이 오래 지나면서 마침내 인욕이 천리를 이겨서 결국 인욕이 주가 되고 천리가 객이 되어, 청명하고 굳건하셨던 기상이 어둡고 고집스럽게 변하신 것입니다. 이런 까닭에 큰일을 하려는 의지가 날로 잦아들고 부지런히 하려는 뜻이 날로 해이해져서 점차 태만함과 안일함이 행동에 드러나게 되셨습니다. 이렇게 하기를 그치지 않으시면, 앞서 말씀드린 교만과 사치, 음란과 방탕, 그리고 남을 이기고 자신을 자랑하는 마음, 원망하고 탐욕을 부리는 사심이 마침내 거침없이 행해질 것입니다. 그러고 나면 말세의 쇠퇴하고 혼란한 나라의 임금들과 함께 몰락하지 않으리라 장담할 수 있겠습니까.

그런 지경에까지 이르지 않았다 하더라도 통치의 근본이 바로 서지 않고 교화의 근원이 맑지 못하여 말류의 폐단을 더 이상 막을 수 없는 지경이 되었습니다. 그 때문에 조정에 번잡하고 형식적인 행사만 날로 늘어나고, 소박하고 독실한 기풍은 차츰차츰 없어져 가며, 쓸데없는 논의만 무성하고 실제적인 공이라고는 찾아볼 수 없게 되었습니다. 이것이 어찌 전하께서 겉치레에만 힘쓰고 표면적으로만 인의를 베풀 뿐 실제적인 덕에 힘쓰지 않으셨기 때문이 아니겠습니까. 후략

재해와 이변이 연이어 일어나자 숙종은 1686년 8월 20일 백관들에게 이를 해소시킬 의견을 제시하라는 명을 내렸다. 10여 년 동안 계속되는 자연재해에 잠을 이루지 못하고 근심하던 차에 흰 무지개가 해를 꿰뚫는 기상이변까지 일어났으니 이는 숙종 자신을 경계하고자 하는 하늘의 뜻이라며 모든 재앙이 자신의 잘못에서 비롯되었음을 인정하고, 널리 직언을 구해서 자신의 잘못을 바로잡겠다고 하였다. 매우 절절한 표현으로 이루어져 있지만, 실은 재이로 인한 구언 교지求言教旨에서 흔히 보이는 내용이다.

그러나 이 교지의 배경에는 이처럼 전형적인 구언에서는 포착되지 않는 삼엄한 정치적 정황들이 깔려 있다. 당시는 앞서 7월 6일 이징명이 올린 상소문으로 인해 정국이 극도로 경직되어 있던 때이다. 바로 희빈 장씨禧嬪張氏를 처음으로 문제 삼은 상소이다. 숙종은 크게 분노하여 이징명을 파직시켰고, 이 문제에 대해 간쟁한 이들까지 처벌하였다. 그런데 문제는 이징명의 이 상소 역시 재이로 인한 구언에 따라 왕의 반성과 수양을 간언하는 내용이었다는 점이다. 본디 재이로 인한 구언에는 상소 내용을 문제 삼아서 처벌하지 않을 테니 기탄없이 직언해 달라는 전제가 깔려 있다. 그런데 내밀하고 민감한 사안 앞에서

숙종이 분노로 인해 그 원칙을 스스로 깬 것이다. 이를 바로잡으려는 신하들의 간언에 숙종은 오히려 더 격분하여 거친 말을 쏟아 내며 끝내 받아들이지 않았다. 이런 상황에서 숙종이 다시금 재이로 인한 구언의 교지를 내리자, 당시 성균관 대사성으로 있던 김창협이 이에 응하여 상소한 것이다.

김창협이 이징명의 일을 거론하면서 '그다음에 언급한 사안'이라고 한 것은 바로 장희빈과 관련되는 일이다. 숙종의 분노가 증폭된 상황에서 이 뇌관雷管과도 같은 문제를 건드린 것이다. 이 상소문에 대한 숙종의 공식적인 비답은 "이징명을 벌한 것은 정말 외척에 관한 일 때문이었는데 상소에서 억측이 너무 심하니 이해할 수 없다."라는 내용이었고, 당장의 직접적인 조치는 없었다. 그러나 이후 전개된 급격한 시국 변화 가운데 숙종이 특별한 이유 없이 김수항을 영의정에서 물러나게 하였는데, 이를 두고 김창협의 이 상소문 때문에 그 아버지에게 화풀이를 한 것이라는 말이 공공연하게 돌았다. 이에 부담을 느낀 김창협은 이듬해 11월 외직을 청하여 청풍 부사로 부임하게 된다. 그리고 2년 만에 김수항이 사사되었는데, 그 배경에는 주지하다시피 장희빈 문제를 둘러싼 남인과 서인의 정치적 대립과 숙종의 왕권 강화 시도 등이 얽혀 있다. 당시 이 상소문이 그러한 정쟁의 전개에 얼마나 영향을 끼쳤는지는 알 수 없다. 다만 학자다운 엄정함으로 숙종의 속내를 정밀하게 읽어 낸 안목과, 일신의 위험을 무릅쓰고 그 진실하지 못한 점들을 준엄하게 지적한 의기가 돋보이는 글이다.

한가위 달빛 아래 작은 배에 누워서

八月十五 挐舟溯江 凡行數十里 乃泊岸 夜已過半矣

갈대 우거진 언덕마다 영롱한 이슬 맺혔고	蒹葭岸岸露華盈
뱃지붕엔 한밤 내내 불어오는 가을바람	篷屋秋風一夜生
맑은 강 삼십 리를 배에 누워 오르노라니	臥溯淸江三十里
달빛 아래 노 젓는 소리 꿈결 속의 소리인 듯	月明柔櫓夢中聲
한 해에 한 번뿐인 한가위 날 보름달	一年一度中秋月
비도 구름도 없어 맑고 맑은 오늘 밤	無雨無雲此夜晴
탁 트인 강물 위에 작은 배 띄워 노니노라니	好放扁舟江闊處
삼경의 북소리가 선실 안으로 들려오네	柁樓看到打三更

"8월 15일에 배를 끌고 강을 거슬러 올라갔는데, 수십 리를 가서야 강기슭에 정박하니 이미 자정이 지난 시간이었다."라는 시제로 네 수를 읊고 나서, 그러고도 흥이 다하지 않아 다시 이어서 지은 두 수이다. 1688년38세 청풍지금의 충청도 제천시 소재의 부사로 재임하며 김창협은 김창흡, 홍세태洪世泰 1653~1725, 송주석宋疇錫 1650~1692 등

과 어울려서 배를 타고 남한강 상류의 단양, 충주 등을 다니며 풍광과 홍취를 읊곤 하였다.

다락처럼 지붕이 덮인 작은 배 안에서 보는 창밖 풍경과 스치는 바람, 들려오는 소리들을 인상적으로 그려 내었다. 번잡한 한가위 날 고즈넉하게 배에 누워서 홍취에 몸을 맡긴 채 달빛 받으며 떠가는 작가의 모습이 그 자체로 또 하나의 풍경이 되었다. 훗날 이덕무는 성리학자들의 시 가운데 소리 높여 읽을 만한 절구로서 정여창鄭汝昌 1450~1504, 이이, 성혼成渾 1535~1598, 송시열, 김창협, 이재李縡 1680~1746 여섯 사람의 시를 한 수씩 들면서, 이 작품의 첫 수를 「강행江行」이라는 제목으로 소개하였다.

이후 급박하게 전개된 정국을 생각하면 김창협에게 이 시기는 중앙 정계를 떠나 있으면서 잠시 누린, 폭풍 전야의 고요함 같은 것이었다. 청정한 내면으로 자연을 마주하며 읊은 그 고즈넉한 낭만은 그것대로 긴 여운을 남긴다.

어리석은 뒷집 부인의 충고
送宋道實宰金化序

사방 백 리의 작은 고을에 수령이 되어 백성들을 점잖게 다스리고 정사를 너그럽게 행하되 내린 명령은 반드시 지키고 재판은 공정하게 처결한다. 경비를 절약함으로써 백성들의 세금을 줄여 주고 농번기에 부역을 시키지 않음으로써 농업과 양잠을 장려한다. 노인을 봉양하고 학교를 진흥시켜 풍속을 선도함으로써 간교한 무리가 활개 치지 못하게 하며, 홀아비와 과부, 부모 없는 고아와 자식 없는 노인들도 모두 먹고살 수 있게 해 준다. 이렇게 한다면 선비가 세상에 쓰여 그 뜻한 바를 실행했다고 할 만하다.

그러나 나는 청풍 부사로 재직하면서 임기가 끝나도록 이러한 일들 중 어느 하나도 제대로 실행하지 못했다. 그런 처지에 도실道實 송광속宋光涑 1653~1704 에게 이렇게 말해 주려 한다면 사람들의 비웃음을 사지 않을 수 있겠는가.

하지만 뒷집 사는 부인이 앞집 부인에게 "반드시 남편을 공경히 섬겨 시부모에게 책잡히지 말아야 하며, 반드시 곳간 출납을 철저히 관리하고 집 안을 깨끗이 청소하며, 누에치기와

베 짜기를 잘하고 음식과 술을 청결하게 장만하라."라고 말했다고 해서 자신은 이러한 일들을 모두 잘하는 것은 아니다. 그렇지만 그의 마음은 실로 이웃 부인을 아끼는 마음이고, 그가 권한 일들은 실로 훌륭한 부인이 되는 도리이다. 따라서 뒷집 부인으로서 이것을 말하는 것은 어리석음을 면치 못하는 일이지만, 앞집 부인으로서 이것을 실천하는 것은 현명한 부인이 되기에 충분한 길이다.

이제 나는 어리석은 뒷집 부인이 되어서 내가 하지 못한 것을 도실에게 말해 준다. 도실이 나의 이 말을 실천하여 현명한 앞집 부인이 될 수 있다면 참으로 좋은 일이 아니겠는가. 이 때문에 이 말을 하고서도 부끄럽게 여기지 않는다.

1688년 가을, 강원도 김화金化 현감이 되어 부임하는 송광속을 전송하며 지어 준 글이다. 송광속은 김창협의 중부仲父 김수흥金壽興의 둘째 사위로서, 2살 연하이다.

짤막한 글이고 권고 내용도 새로울 것 없다. 단지 자신도 실천하지 못한 일을 권유하는 다소 편치 못한 마음을, 두 부인의 이야기로 친근하고 재치 있게 담아냈다. 개인적인 일이라면 자신도 못 하는 일을 남에게 굳이 권유할 필요는 없을 것이다. 그러나 한 사람으로 인해 많은 사람의 삶의 질이 결정되는 자리인 고을 수령으로 가는 이에게 주는 글이기에, 자신은 못 했더라도 꼭 실천해야 할 일을 권면해 줄 수 있는 것이다.

짧은 글임에도 두 번이나 흐름의 전환을 두는 구조에 진솔한 자기 개입과 참신한 비유를 담아내었다. 그 덕분에 익히 알고 있어서 자칫 고리타분하게 들릴 수 있는 이야기가 마음을 건드리는 생동감을 얻었다.

제4장

아버지와 스승의 죽음을 겪다

39세에 부친 김수항과 스승 송시열이 연이어 사약을 받자 김창협은 세상을 떠나 은거해 버린다. 이후로 그는 농암서실과 석실서원을 오가며 학문 토론과 산수 유람으로 일관하는 삶을 살아간다. 5년 만에 다시 정국이 바뀌고 왕의 부름이 이어졌으나 그는 관직에 나갈 수 없다는 뜻을 확고히 밝혔다. 예상치 못했던 엄청난 시련은 김창협의 삶의 방향을 완전히 바꾸어 놓았다.

어느 달 밝은 밤 흥에 겨워서

月夜 女兒輩登寒碧樓 久不下 余方坐翛然齋 不覺起興隨至 眞所謂 老子於此 興復不淺也

달 밝은 밤 밝게 웃고 떠드는 소리	月明笑語喧
누각 위에 우리 딸들 노니는구나	樓頭兒女游
푸른 강은 얼음 녹아 봄날 같은데	綠江渙如春
둥실둥실 떠가는 한 쌍의 청둥오리	花鴨一雙浮
아이들은 주렴 걷고 바라보느라	卷簾相指似
추운 밤 누각에서 내려올 줄 모르고	夜寒不下樓
늙은이 혼자 앉은 바로 이 순간	老子方獨坐
빈 배 마주하고 나직이 시를 읊노라	微吟對虛舟
밤안개 자욱이 두른 저 금병산	錦屛凝夜煙
푸른 그림자 깊은 강에 잠겨 있어라	綠影淪江深
물결 흘러가도 늘 그 자리	波流不俱逝
청정한 은자 마음 그대로구나	一似靜者心
쓸쓸하여라 복건 하나 머리에 쓰고	蕭然一幅巾
누굴 찾아 사방을 둘러보는가	四顧誰招尋
구름 사이 밝은 달이 내 등불이요	雲月皎我燭

바람에 우는 물은 나의 거문고 風瀨鳴我琴

1688년38세에 쓴 시이다. 음력 12월 중하순이라 얼음이 녹기 시작하긴 했지만, 아직 겨울은 가지 않았고 강가의 밤기운도 여전히 차다. 어느 달 밝은 밤, 김창협은 관아 경내의 소연재翛然齋에 머물러 있었고, 딸들은 청풍 고을의 명소인 한벽루寒碧樓에 올라갔다. 밤이 깊어 문득 흥이 일자 김창협은 관아를 나서서 한벽루 가까이에 이르렀다. 그러나 풍경을 즐기며 재잘대는 딸들의 경쾌한 분위기 속으로 합류하기보다는 빈 배를 마주하고 시를 읊는 고즈넉함으로 이 흥을 이어간다. 흘러가는 강물에도 요동치 않고 자기 자리를 지키는 금병산처럼 세상사가 어떻게 전개되든 개의치 않고 맑고 깨끗하게 살아가는 은자의 삶을 그려 본다. 달빛을 등불 삼아, 강물 소리를 거문고 선율 삼아 살아갈 수만 있다면 더 이상 무엇을 구하겠는가.

청풍 부사로 있던 시기, 가문 및 사승師丞을 함께하는 이들이 정치적 세력을 급격히 잃어 가던 이때에 지은 김창협의 한시 작품들이 유독 더 아름답다. 때론 너무나 행복한 모습이 바로 뒤에 닥쳐올 위기를 예견케 하듯이, 딸들의 발랄한 즐거움과 자신의 홀로 누리는 흥이 멋들어지게 그려진 이 작품에서 불과 한두 달 뒤에 불어닥칠 광풍과도 같은 비극적인 사건들이 연상된다. 작가 본인은 이후 전개될 일들을 알지 못했겠지만 찰나의 아름다움을 잘 포착해 낸 작품이다.

스승을 위하는 마음과 공정한 판단

答李同甫

자네가 쓴 장문의 글 내용을 지금 상세히 기억하지는 못하겠으나, 저들에 대해서는 너무 각박하게 논해서 어떻게든 흠집을 내려 하고 이쪽에 대해서는 또 왜곡하고 견강부회하여 반드시 지당한 의리로 귀결시키려고 한 점이 없었는지 모르겠네. 만일 조금이라도 이러한 의도가 있었다면 공평하고 정대한 도리에 매우 해가 될 것이니, 그 시비의 요지가 옳다 하더라도 완전한 선이라고 할 수는 없을 것이네.

스승의 심사를 드러내어 밝히는 데에 주안점을 두었다 하더라도 도리가 걸린 문제에 있어서는 조금이라도 한쪽에 치우치는 일이 있어서는 안 될 것이네. 이 글은 다른 사람과 논변하여 시비를 밝히는 경우와는 다르니 더욱 잘 헤아려서 언급해야 할 것과 그러지 말아야 할 것을 정하는 기준이 있어야 할 것이네. 이런 면에서는 현석玄石 박세채朴世采 1631~1695 선생과 덕함德涵 임영林泳 1649~1696의 말 가운데에도 우리가 반성할 근거로 삼을 만한 점이 있을 수 있지 않겠는가.

이 일은 자네에게만 해당되는 말이 아니네. 우리들이 우암尤菴 송시열 선생을 큰 스승으로 모시는 입장에서 세상의 논의에 흥분하여 옹호하기에 급급하다 보면 이처럼 되기가 쉬운 상황이네. 하지만 도리와 시비는 천하 만대에 보편적으로 적용되는 것이지 어느 한 사람이나 어느 한 시대에만 해당되는 일이 아니네. 내 마음에서 구해 보아 혹 완전히 온당하지 않은 부분이 있는데도 옹호와 공격이 한쪽으로 치우쳐서 말을 함부로 하다가 마음과 입이 따로 노는 경우가 생기고 만다면 결국 자신을 속이고 남을 속이게 되지 않겠는가.

우리가 초기에 "요순이 아니고서야 어떻게 완벽하게 선할 수야 있겠는가."라는 말로 두둔하다가 마침내 이렇게 되고 만 것이네. 그러나 지금 온 세상이 다 우암 선생을 공격하고 있는 상황에서 우리가 우리에게 문제가 있다는 생각으로 대처하다 보면 사태를 더 크게 만들 수도 있으니 그렇게 해서는 절대 안 될 것이네. 마음속으로만 살피고 깊이 반성할 뿐, 남들이 알게 해서는 안 될 것이네.

우암 선생께 바른말로 간언하는 문제에 대해서도 이러한 뜻을 미루어 말하자면 마찬가지네. 아무리 큰 스승으로 모시고 따른다 하더라도 이해할 수 없는 점이 있으면 본디 할 말을 다하지 않아서는 안 되는 법이네. 다만 지금의 시점에서는 말하기 어려운 점이 있으니, 이에 대해서는 자네의 말도 일리가 있네. 그러나 그렇다고 해서 "세상에 버림받은 분께 다시 바른말로 간언하는 것은 부당하다."라고 한다면 너무 지나칠 듯하네. 우암 선생이 이산尼山 윤증尹拯 1629~1714의 일에 대처한 행동에 진정 좋지 못한 부분이 있고 논한 말씀에 진정 타당하지 않은 점이 있다면 언제라도 지극한 정성으로 바르게 간언해야 할 것이네. 그런데 만약 이처럼 간언해서는 안 된다고 말한다면 세상의 논의에 흥분하여 너무 편파적으로 옹호하기만 했다는 비판을 면치 못할 것이네.

자네가 쓴 장문의 글이 비록 스승의 심사를 밝혀 변론하는 데에 주안점을 둔 것이기는 하나, 우암 선생의 행동과 말씀에서 실제로 잘못된 점을 보지 못했기에 말이 대체로 이와 같았을 거라 생각하네. 마음에 조금이라도 이해할 수 없는 점이 있었다면 어찌 이렇게 한결같이 긍정하고 칭송할 수 있었겠는가. 치도致道 권상하는 이 일에 대해서 처음과 의견이 다르지 않으니 다시 묻지 않아도 될 걸세.

서인계가 노론과 소론으로 갈리게 되는 결정적인 사건 가운데 하나가 송시열과 윤증 사이의 갈등이다. 본디 송시열과 윤증은 사제 관계였고 두 집안은 오래도록 통혼 관계를 맺어 온 인척 간이기도 했다. 그런데 남인계 윤휴尹鑴 1617~1680를 배척하는 문제를 두고 윤증의 아버지인 윤선거와 송시열이 학문적 이견을 보임으로써 갈등이 시작되었다. 이후 송시열이 윤선거의 묘갈명을 쓰면서 비난하는 내용을 포함시킨 것이 문제가 되고, 윤증이 송시열의 학덕의 문제점을 지적한 편지가 공개되면서 둘 사이의 사제 관계는 끊어졌다. 그 뒤로 서인 내에서 남인에 대한 온건한 대처를 주장하는 이들이 윤증을 영수로 삼고 강경한 처벌을 주장하는 이들이 송시열의 편에 섬으로써 소론과 노론의 갈래가 점차 고착되어 간 것이다.

당시 송시열에게 우호적이지 않은 여론이 비등하자 이를 안타까워한 이희조는 1687년 세간에서 석연치 않게 여기는 문제들에 대해 스승 송시열의 입장에서 조목조목 해명하는 장편의 글을 지어서 송시열에게 올렸다. 그런데 이 글이 다시 논란이 되어서, 송시열과 정치적 행보를 함께해 왔던 박세채가 이견을 보였고, 함께 수학한 임영도 이희조의 글이 적절치 않음을 지적하였다. 이러한 상황 속에서 김창협은 그 이듬해인 1688년38세에 절친한 벗 이희조를 위하여 이 편지를 썼다. 이희조의 본심을 누구보다 잘 아는 입장에서, 이런 상황일수록 더욱 놓치지 말아야 할 것을 강조하였다. 위기에 몰렸다고 생각할 때 한 편에 서서 옹호하기에 급급하다 보면 보편적으로 온당한 주장을 하기 어렵다. 더구나 거기에 상대편에 대한 감정이 개입되고 사제 관계의 권위가 합리적 판단을 방해하게 되면 더욱 그렇다. 농암은 이희조의 편지 내용이 자칫 의도와 달리 더 심각한 문제를 낳을까 경계한 것이다.

노론과 소론의 분기는 사실 김창협 본인으로서도 매우 난감한 문제였다. 부친 김수항과 송시열이 정치적 행보를 함께함으로써 노론계로의 편입은 선택의 여지가 없는 면이 있었지만, 송시열에 대한 존숭 문제로 인한 논란은 그의 주변에서도 끊이지 않았다. 어린 시절부터 가깝게 지내던 외삼촌 나양좌羅良佐 1638~1710 와도 이 문제로 인한 격론 끝에 결국 절교하기에 이르렀다. 이 편지에서 이희조에게 반성의 당위성을 강조하면서도 이를 남들이 알게 해서는 안 된다는 상황 논리를 동시에 펴는 데에서도 김창협의 복잡한 속내를 읽을 수 있다. 다만 이 냉엄한 정치적 격변 가운데에서도 학자, 비평가로서 공정하게 듣고 객관적으로 판단하는 '공청병관公聽竝觀'의 자세를 견지하였다는 점이야말로 김창협다운 면모라 하겠다.

아버지의 묘표를 스승에게 부탁하다
上尤齋先生書

아버지를 여읜 창집昌集 등은 피눈물을 흘리며 머리를 조아려 재배하고 우암 선생께 편지를 올립니다. 저희가 지은 악행이 쌓여 천지신명께 죄를 얻어서 참혹한 화가 선친에게까지 미쳤습니다. 그런데도 저희들은 불효막심하게도 대궐 앞에서 북을 치며 임금님께 호소하여 억울함을 아뢰지도 못하였고 칼에 엎어져 자결해서 저승에 따라가지도 못했습니다. 그저 저희들끼리 피눈물을 닦고 가슴을 치며 원통함을 부르짖고 있지만 천지는 아득하기만 하여 끝내 저희의 뜻이 가서 전달되지를 못합니다. 저희의 불효한 죄는 위로 하늘에까지 통했으니 천만번 죽더라도 속죄할 길이 없습니다.

가만히 생각건대, 선친이 오늘날 화를 당하신 일은 천년 뒤에도 눈물을 흘리며 슬퍼하는 자가 반드시 있을 것입니다. 그러나 선친이 평소에 지녔던 뜻과 행한 사업이 안으로는 선조의 공적을 계승하고 밖으로는 나라를 위해 목숨을 바쳐서, 스스로 지켜야 할 의리를 편안히 여겨 부끄러움이 없을 정도였다는 사실만큼은, 선친의 마음을 아는 당대의 현자가 분명하게 드러내어 정론을 세워 두지 않는다면 후세 사람들이 상세히 살필 수 없게 될 것입니다.

그런데 선친이 평소에 가까이했던 동지들은 모두 일찍 세상을 떠나서 안 계십니다. 다행히 생존해 있는 분들이 계시긴 하나 언어와 문장이 천하 후세 사람들에게 중시되지 못할 수도 있습니다. 그 밖의 현인 군자로 칭송되는 분들의 경우 선친이 품었던 마음의 본말을 깊이 알아서 밝히지 못할 수도 있습니다. 이 때문에 변고를 당한 뒤로부터 묘지문墓誌文을 부탁할 분으로 오직 선생님만을 생각하고 있었습니다.

선생님께서도 언제 화를 당하게 될지 예측할 수 없는 상황이지만, 신명의 도움으로 끝내 온전히 평안해지셔서 조만간 이러한 간청을 드릴 날이 있게 되기를 바랐습니다. 그런데 지금은 이미 엄명이 내려서 장차 큰 화가 이르게 되었으니, 선생님께서 하루아침에 돌아가시게 되면 이 일은 결국 영원히 이루지 못할 것입니다. 그렇게 되면 저희 못난 자식들은 장차 글을 부탁하여 선친의 무덤에 비석을 세울 길이 없게 될 것입니다. 이는 참으로 주자朱子 주희께서 "굴원屈原의 답답한 마음이 당시에도 펴지지 못했는데 어둡게 가려진 채로 후세에까지 밝혀지지 못했다."라고 하신 말씀과 같게 되는 것이니, 이를 어찌 차마 말할 수 있겠습니까. 이를 어찌 차마 말할 수 있겠습니까.

저희는 슬픈 마음을 가눌 수 없어서, 선생님께서 사슬과 오라로 묶여 압송되는 길에도 혹 날이 저물어 잠시 쉬는 시간이 있으시면 죽은 자를 애도하고 산 자를 불쌍히 여겨 어쩌면 한마디 말을 내어 묘지문을 지어 주실 수 있을지도 모른다고 생각하였습니다. 그래서 선친의 평생 벼슬 이력과 행적의 대략을 부랴부랴 기록하여 선생님께 여쭈는 것입니다. 그러나 정신이 혼미하고 사정이 급박하여 행장이나 연보처럼 연도와 사적 별로 널리 모아서 기록하고 자세하게 말하지 못하였습니다. 삼가 불쌍히 여기시어 선처해 주시기를 엎드려 빕니다.

중략

사약을 내리라는 명이 있을 때에 심부름꾼이 급히 와서 금오랑金吾郞 의금부 도사이 곧 도착할 것이라고 알리자, 온 집안 사람이 울부짖으며 통곡하고 이웃집에서도 소란이 일었습니다. 그러나 선친은 조금도 동요하지 않고 태연히 저희 못난 자식들을 불러 놓고 이렇게 말씀하셨습니다.

"오늘의 일은 오래전부터 이미 스스로 예견하던 것인데 뭐 놀랄 것이 있겠느냐. 나는 본디 재주도 없고 덕도 없는데 과거에 장원급제하여 문형을 지내고 벼슬이 영의정에까지 올랐으니, 이미 분수에 차고 넘친 것이다. 오늘 이 일이 있게 된 것은 이상할 것이 없다. 게다가 정암 조광조과 충암 김정 두 현인은 모두 마흔이 되기 전에 이런 화를 당하였는데 나는 금년에 예순을 넘겼으니 무슨 한이 있겠느냐. 임금을 사랑하는 일념만은 남 못지않다고 자부했는데 끝내 사형에 처해져 나라의 은혜를 저버리게 되었으니, 이 점이 부끄럽고 가슴 아플 따름이다. 그러나 세도世道의 변화가 무궁하여 명분과 절개를 지키기가 어려우니, 오늘의 죽음을 남들이 부러워하지 않으리라는 법이 있겠느냐."

또 말씀하셨습니다.

"내가 비록 재주도 없고 덕도 없기는 하나 실로 남을 해치려는 마음은 없었다. 스스로 돌아보건대, 전후로 명을 받들어 옥사를 다스릴 적에 간혹 밝게 살피지 못한 것이 있을지는 몰라도 고의로 죄를 뒤집어씌워 무고한 자를 죽이기를 즐긴 일은 없었다."

이런 말씀도 하셨습니다.

"지난날 정암은 임종 시에 남곤南袞 1471~1527 이 정승이 되었다는 말을 듣고 '내가 죽는 것은 당연하구나.'라고 하였다. 지금 장張 아무개 장희빈의 오빠 장희재張希載 1651~1701 가 내승內乘 자리에 오르고 윤휴와 오시수吳始壽 1632~1681 가 신원되어 관작이 회복되었으니 내가 어찌 죽지 않을 수 있겠느냐. 설사 죽지 않은들 무슨 소용이 있겠느냐."

또 조카 김창직에게 말씀하셨습니다.

"근래에 나랏일의 망극함을 보면 살고 싶은 마음이 전혀 없어 스스로 목숨을 끊고 싶을 정도였다. 그런데 지금 조정의 명을 받았으니 죽음은 실로 한스러울 것이 없다. 다만 노년에 접어든 형님께서 나 때문에 상심을 면치 못할 것이니 마음에 걸리지 않을 수 없구나."

또 자식들에게 훈계하고 죽은 뒤의 조처에 대해 매우 자세히 말씀하고는, 붓을 잡아 큰형과 작은형 두 분 및 일가 사람들에게 영결을 고하는 편지 몇 장을 쓰고, 또 절구시絶句詩 두 수를 지어서 심경을 드러내었습니다.

이윽고 또 「고산 일곡高山一曲」과 「황산팔괘정黃山八卦亭」을 썼습니다. 「고산 일곡」은 예전에 선생님께서 주자의 「무이일곡武夷一曲」의 운에 맞추어 지어 달라고 하신 명에 따른 것이었고, 「황산팔괘정」은 죽림서원竹林書院 유생들이 상서尙書 남용익南龍翼 1628~1692 시의 운에 맞추어 지어 달라고 부탁했던 것인데 모두 조만간 전해 주라고 명하였습니다.

창업昌業 1658~1721이 전에 「분매盆梅」 시를 짓고 화운시를 지어 달라고 청했는데 승낙만 하고 짓지 못한 일이 있었습니다. 이때에 말씀 드려 보았더니 선친은 즉석에서 입으로 읊고 써서 보여 주었는데, 표현과 의사가 분명하고 시에 담은 뜻이 더욱 깊고 완곡하였습니다. 이처럼 사약이 내려졌다는 소식을 듣고부터 며칠 동안 선친은 시문을 짓고 편지를 쓰는 것과 자고 먹고 말하고 웃는 일상이 모두 평소와 조금도 다름이 없었습니다.

금오랑이 이르자 선친은 임금님의 교지를 듣기 위해 뜰 아래로 내려가 네 번 절하고는 읍하고 앉아서 차분히 임금님의 옥체가 편안하신지 물었습니다. 교지를 읽을 때에 좌우에서 보는 이들이 모두 눈물을 흘렸고 금오랑도 오열하여 다 읽지 못하였으나 선친은 화평하였습니다. 아! 아픕니다. 아! 슬픕니다. 절조를 지키고 덕성을 함양한 선친의 공력을 사람들은 이때에 이르러서야 제대로 볼 수 있었으니, 평소의 언행만 보아서는 쌓인 내공을 다 알 수 없었다고 합니다. 옛날 문정공文正公 김상헌께서 시대의 큰 변고를 만나 강상綱常을 부지하는 일을 자임하여 그 장렬한 의리를 천하에 떨쳤는데, 그 근본은 절조를 지키고 덕성을 함양함이 깊고 견고하여 죽고 사는 일에 마음이 흔들리지 않는 데에 있을 뿐입니다. 선친이 오늘 당한 상황이 문정공과 같지는 않지만 죽음에 임하여 차분한 마음으로 절조를 잃지 않은 것은 실로 선조의 장렬한 의리가 이어진 것입니다. 후세의 군자들도 반드시 알아야 할 점입니다. 위로 선친의 조부로부터 아래로 선친의 손자까지 모두 접하여 그 가학의 연원을 깊이 아시는 선생님이 아니라면 어떻게 이 점을 드러낼 수 있겠습니까. 저희 못난 자식들이 선생님께 선친의 묘지문을 이렇게 간절히 바라는 것은 오직 이 때문입니다. 후략 김창협의 부친 김수항은 1689년 2월 기사환국으로 진도에 유배되었고, 이어 윤3월 28일 사사賜死하는 명에 따라 4월 9일에 유배지에서 사약을 받는다. 이 글은 그로부터 한 달 뒤 김창집 등의 다섯 형제가 송시열에게 아버지의 묘지문을 부탁하며 올린 편지이다. 맏형 김창집의 이름으로 썼지만 집필은 김창협이 맡았다. 이 글에서는 5,670자에 이르는 장문의 편지 중에서 일부만을 소개하였다. 생략된 본문에는 김수항의 일생, 치적과 인품, 가정에서의 언행 등이 기술되어 있다. 묘지문을 부탁할 때는 자료로 삼을 수 있도록 고인의 자세한 이력이 담긴 행장을 지어서 제공하는 것이 상례인데, 급박한 상황 가운데 급한 대로 이 편지에 그 대략을 담아 보낸 것이다. 김수항의 행장 역시 훗날 김창협이 작성하였는데, 그 분량이 5만여 자에 달한다.

당시 송시열은 제주도에 유배되어 있다가 나국拿鞫의 명을 받고 한양으로 압송되던 중이었다. 이 사실을 전해 들은 김창집 등은 부친과 평생 정치적 운명을 함께했던 송시열의 목숨 역시 경각에 달린 상황이라고 판단하여 서둘러 부친의 묘지명을 받고자 하였고, 5월 8일에 김창협이 이 편지를 작성한 것이다. 주희가 아니었다면 굴원의 뜻이 다 밝혀지지 못했을 것이라며 김수항의 뜻을 온전히 밝힐 수 있는 사람은 송시열뿐임을 강조하였다.

송시열은 전라도 장성에서 이 편지를 전해 받고 6월 3일에 바로 묘지문을 지었다. 기력이 극도로 쇠한 상태에서도 송시열은 장문의 묘지문을 입으로 불러 받아 적게 하고, 마지막의 명銘은 손수 써서 주었다.

"죽음에는 나쁜 때도 있고 영화로운 때도 있다. 아! 공의 경우는 어디에 해당하는지 내 감히 알지 못하겠다."라는 짧지만 의미심장한 명이다. 그리고 닷새 뒤인 6월 8일, 송시열은 정읍에서 사약을 받았다. 김수항을 위한 묘지문은 송시열의 마지막 유작인 셈이다.

불과 한 해 전 송시열과 함께 『주자대전차의』를 교정하고 병천屛川 일대를 유람하던 당시의 김창협으로서는 상황이 이렇게까지 급변하리라고는 예기치 못했을 것이다. 이로써 불과 몇 달 사이에 광풍처럼 휘몰아친 정쟁의 와중에 김창협은 군왕의 명령으로 부친과 스승을 연달아 잃는 슬픔을 겪었다. 이 편지가 절절하게 담아낸 그 기구한 상황과 함께 우리의 시선을 붙드는 것은 가족들의 동요와 선명하게 대비되는 김수항의 의연함이다. 정쟁의 잘잘못에 대한 평가는 입장에 따라 다를 수 있다. 다만 평상심을 잃지 않고 죽음을 맞이하는 김수항, 그리고 자신 역시 죽음의 길을 걸어가면서도 먼저 간 동지의 묘지명을 써 주는 송시열의 모습에서 오늘날 쉽게 만나기 힘든 거대한 인간상을 마주하게 된다.

마음을 잠재우다
不知菴記

화악산華嶽山은 맥국貊國의 옛터인 춘천 서북쪽에 있다. 산의 북쪽 깊숙한 곳을 '곡운谷雲'이라 하는데, 옛날 청한자淸寒子 김시습金時習 1435~1493가 기거하던 곳이다. 그곳은 높은 산으로 둘러싸이고 긴 산등성이로 막혀 있는 데다 긴 내와 큰 계곡이 종횡으로 얽힌 사이에 있어, 사방 어느 쪽으로도 평탄하게 들어갈 길이 없다. 원숭이처럼 벼랑을 타고 개미처럼 비탈에 붙어서 만 길 낭떠러지 길을 걸으며 까마득한 골짜기에 임해야 할 정도로 매우 험하다. 그래서 거기에는 대체로 세금을 못 내고 산으로 도망쳐 온 백성들이 금수처럼 모여 살고 있다.

청한자 이후로 수백 년이 지난 뒤에 우리 백부께서 그곳에 거하기 시작하셨다. 처음에는 매월대梅月臺의 서쪽, 와룡담臥龍潭 가에 정자를 마련하여 최고운崔孤雲 최치원崔致遠 857~?의 시구 "세상의 시비 소리 귀에 들려올까 봐 일부러 흐르는 물로 온 산 감싸게 하였다네.常恐是非聲到耳 故敎流水盡籠山"를 따 '농수정籠水亭'이라고 이름 붙이고는 매일 그곳을 거닐며 시를 읊으셨다. 사람들은 그 모습을 마치 다른 세상의 신선 보듯 아득히 바라보면서도 그 고고함을 오래 지속하기는 어려울 것이라고 우려했다. 그러나 선생은 편안히 여기고 즐거워하며 오래도록 싫증을 내지 않았다.

작년 가을에 선생은 또 정자에서 남쪽으로 4, 5리 떨어진 화악산의 깊은 골짜기로 들어가서, 나무를 베고 언덕을 평평하게 고르고 집을 지어 거처하셨다. 이에 산으로 둘러싸이고 물에 에워싸여 인간 세상과 더욱 멀어졌다. 그 집의 이름을 '부지암不知菴'이라 붙이고 소자小子에게 기문記文을 지어 달라고 하셨다.

내가 감히 사양하지 못하고 그렇게 이름을 지은 까닭을 여쭙자 선생은 말씀하셨다.

"송나라 방옹放翁 육유陸游 1125~1210의 시에 '인간 만사는 잠들어서 모르는 것이 낫다.萬事無如睡不知'라는 말이 있는데, 내 본디 이 말을 매우 좋아하였다. 이 암자가 또 마침 화음華陰에 있기 때문에 화산에 은거하며 백여 일 동안 잠들어 일어나지 않았다는 희이希夷 진단陳摶 871~989에 나를 빗대어 이렇게 이름 붙인 것이다."

이 말씀을 듣고 나는 물러나서 다음과 같이 선생의 뜻을 글에 담아 보았다.

아! 선생의 뜻이 깊도다. 사람이 사람으로 태어난 것을 즐거워하는 것은 마음 하나로 세상만사를 두루 알 수 있기 때문이 아니겠는가. 그러나 세도世道의 변고가 끝이 없어 굳이 알 필요 없는 일도 있고 알고 싶지 않은 일도 있으며 심지어는 차마 알아볼 수조차 없는 일도 있으니, 차라리 모르는 것을 즐거움으로 삼는 것이 더 낫지 않겠는가. 이는 실로 누구나 때에 따라 드는 생각일 것이다.

그러나 사람에게 일이 없을 수 없는 것은 그림자가 반드시 형체를 따르는 것과 같고, 마음에 앎이 없을 수 없는 것은 거울이 반드시 물건을 비추는 것과 같다. 그러니 그림자를 없애고 거울에 비친 상을 없애고 싶다면 잠들어서 그러한 것들을 피하는 방법밖에 없다. 이것이 선생이 방옹의 시에 맛을 느낀 까닭이다. '부지不知'로 암자의 이름을 지은 것 또한 전에 '농수籠水'로 정자의 이름을 지은 뜻과 통할 것이다.

그러나 '농수'라는 말은 여전히 바깥 환경을 따서 붙인 것이고, 듣고 싶지 않은 것은 시비를 다투는 소리일 뿐이었다. 이에 비해 지금의 '부지'라는 말은 지각 기관을 거두어들여 내면에 닫아 두고서 세상만사의 기쁘고 노엽고 슬프고 즐거운 것들과 크고 작은 끝없는 변화에 대해 전혀 알지 못하는 것이니, 그 뜻이 농수보다 더 깊다 하겠다.

암자를 지은 것은 정자를 지은 지 십수 년 뒤의 일이니, 세도의 변화에 대한 선생의 느낌에 경중의 차이가 있었을 것이다. 그래서 의미를 붙인 데에도 깊고 얕은 차이가 있는 것이라 생각한다. 이 이름을 보면 천년 뒤에라도 선생의 마음을 알 수 있을 것이며, 오늘날 세도의 변고에 대해서도 역사를 살펴 사안을 논하지 않고서도 거의 알 수 있을 것이다. 그러니 내가 다시 무슨 말을 하겠는가.

그러나 내 생각에 방옹의 시가 좋긴 하지만 잠든 상태가 반드시 알지 못하는 상태라고 할 수는 없다. 잠이 들어 알지 못하는 것은 오직 마음을 잠재우는 사람만이 할 수 있는 일이기 때문이다. 마음을 잠재우지 못하고 눈만 잠이 든다면, 그 꿈은 어지러워 제후와 왕도 나타나고 장수와 정승도 나타나며, 말달리고 사냥하고 음악과 여색을 즐기는 일도 나타나며, 가난과 천함, 근심과 고통, 죽음과 초상, 이득의 상실 등으로 인한 슬픔도 나타나기 마련이다. 이렇다면 잠들었다고 해도 외물에 접하고 얽매여 애써 출세를 다툴 것이니 이것이 깨어 있는 때와 무엇이 다르겠는가.

그리고 희이의 행적을 가지고 말하면, 전란이 계속되던 오대五代 때를 만나 당시의 일을 보고 듣기가 괴로워서 책을 가지고 산중으로 들어가 오랫동안 은거하였으니 천 일 동안 그의 잠을 깨울 수 있는 것이 없어야 마땅하다. 그런데 마침내 다시 나귀를 타고 나갔다가 나귀에서 떨어져 돌아온 것은 어째서인가? 아마도 그는 마음까지 잠재우지는 못했던 것이 아니겠는가. 이와 같은 사람은 종신토록 높은 누대 위에 다리를 쭉 뻗고 앉았더라도 중원中原의 권력을 다투는 꿈을 잊지 못한 것이니 이러고도 '부지不知'라고 할 수 있겠는가.

이제 선생이 비록 자신을 희이에게 빗대긴 하였지만 마음에 지닌 뜻은 다르니, 앞으로 산속에서 보내는 수많은 세월은 실로 모두 선생이 안석에 기대어 코를 고는 날일 것이다. 그리고 선생의 마음속은 필시 텅 비고 고요하여 아무 생각도 없고 아무 꿈도 꾸어지지 않아서, 사물이 그 고요함 속으로 들어오지 못하고 귀신도 그 사이를 엿보지 못할 것이다. 이러해야 마음을 잠재웠다 할 수 있고 또 '부지'라고 할 수 있지 않겠는가.

선생의 뜻은 여기에 그치지 않는다. 화악산 가장 깊은 골짜기에 '태초太初'라는 이름을 붙이고 '오무암五無菴'을 지어 "아래로는 까마득히 깊어 땅이 없고, 위로는 텅 비어 하늘이 없으며, 눈은 흐려서 보이는 것이 없고, 귀는 흐리멍덩하여 들리는 것이 없으며, 아무런 인위도 없는 경지로 뛰어올라 맑디맑아져서, 태초와 이웃이 되리라."라는 굴원屈原의 「원유사遠遊辭」를 노래하며 여생을 마치려 하고 있다. 이와 같이 하면 형체를 버리고 천지개벽 이전의 혼돈 상태로 뛰어올라 만물의 밖에 홀로 서서 더 이상 꿈과 현실, 앎과 모름의 경계가 없을 것이니, 이것이 또 어찌 내가 헤아릴 수 있는 것이겠는가. 아,

참으로 깊도다. 아, 참으로 원대하도다.

기사환국 이후 부친의 삼년상을 치르고 난 1691년41세 12월의 작품이다. 백부 김수증의 입을 빌려서 김수증을 위하여 써 준 기문이지만, 담긴 뜻은 김창협 본인의 마음과 다르지 않다. 물소리만으로 둘러싸인 환경으로 들어감으로써 듣고 싶지 않은 세상사를 듣지 않고자 하는 '농수'로부터 아예 잠이 든 것처럼 세상사를 일체 지각하지 않겠다고 하는 '부지'에 이르기까지의 십수 년은, 김수증에게나 김창협에게나 삶의 모든 것을 바꿔 버릴 만큼의 고통스러운 일들의 연속이었다.

이 기문은 여기에 그치지 않고, 김수증이 점차 더 깊은 골짜기로 들어가듯이 몇 번의 점층법을 통해 다시 새로운 경지로 나아간다. 김창협이 보기에 김수증의 본뜻은 육유나 진단의 '부지'를 넘어서서, 심란한 꿈이나 내면의 출세욕에서도 완전히 자유로운 진정한 '부지', 즉 마음을 잠재우는 단계로 나아가고자 하는 것이다. 막거나 떠나야 할 대상마저 소멸된 자리에서 심상하고 고요하게 즐기는 자유이다. 그리고 이제 오무암을 짓고자 하는 김수증이 결국 이르고자 하는 경지는, 땅도 하늘도 없고 보이는 것도 들리는 것도 없으며 아무런 인위도 없는 맑고 맑은 태초, 깊은 고통 속에 다다른 심적 초월의 세계다.

폭포를 찾아서

凜巖尋瀑記

풍패동風珮洞의 동쪽이 늠암凜巖 골짜기인데, 거기서 흘러내리는 물이 서쪽으로 소월석掃月石 아래에 이르러 대천大川으로 들어간다. 우리 집에서 바라보면 매우 가깝지만 그리 특이해 보일 것이 없었다. 그런데 어느 날 마을 주민 황씨黃氏가 자익 김창흡에게 늠암 골짜기 안에 매우 기이한 폭포가 있다고 말하였다. 자익이 그 말을 전해 주기에 우리는 흔쾌히 함께 가보기로 하였다. 대유大有 김창업와 인상寅祥, 악상嶽祥도 우리를 따랐다. 우리 셋은 모두 말을 타고 두 아이는 걸어갔다.

골짜기 입구에 이르자 산을 뒤로하고 물을 끼고 있는 인가 몇 채가 보였는데 밭과 울타리가 인적도 없이 쓸쓸하였다. 문을 두드리자 한 노인이 구부정하게 나왔는데 수염과 눈썹이 새하얀 것이 일흔이나 여든은 되어 보였다. 폭포가 어디에 있느냐고 묻자, 그는 우리가 따라 들어가야 할 오솔길을 매우 상세히 설명해 주었다.

골짜기 안으로 1리쯤 들어가서 풀숲 속에 타고 간 말을 남겨 두고 지팡이 짚어 가며 나아갔다. 바로 너럭바위 하나가 나타났는데 널찍하여 앉을 만하였다. 그 주변으로 물이 졸졸 흐르고, 두 그루 소나무가 그 위를 덮고 있는데 꿈틀꿈틀 우거진 가지가 기이하고 대단했다. 곁에 있는 단풍나무 숲도 키가 크고 잎이 그야말로 새빨갰다. 함께한 이들이 일시에 매우 기뻐했다. 여기서 이런 아름다운 경치를 만날 줄은 생각지도 못했기 때문이다.

그곳으로부터 오솔길이 구불구불 꺾이면서 여러 차례 아름다운 곳을 만나게 되어, 우리는 나아가면 나아갈수록 더욱 기뻤다. 그러나 폭포로 들어가는 길이 어디인지는 알 수가 없어서 그저 시내를 따라 올라가기만 했다. 한 5, 6리쯤을 올라갔지만 폭포는 도무지 찾을 수가 없었다. 우리는 지쳐서 돌 위에 앉아 산열매를 따 먹으며 사방을 이곳저곳 둘러보았다. 둘러싼 봉우리들과 겹겹의 언덕들, 깊고 어두운 시내와 골짜기에 온통 서리 맞은 숲이 울긋불긋 눈에 들어왔다. 그 동북쪽의 경관은 더욱 그윽했는데 바라보니 은은하게 특이한 것이 있는 듯하여 마음이 매우 즐거웠다.

그러나 해가 이미 기울고 폭포를 놓칠 수도 없어서 걸어온 길을 따라 도로 내려오다가 아까 노인이 설명해 준 것과 비슷한 오솔길 하나가 나오기에 그 길을 따라가 보았다. 이윽고 산등성이로 이어지는 길을 오르고 또 올라가 봤으나 끝내 폭포가 어디 있는지 알 수가 없었다.

조금 뒤에 골짜기 안에서 누군가의 음성이 들렸는데, 바로 자익이 시냇가를 따라 앞서가서 이곳에 이른 것이었다. 폭포를 이미 보았다기에 어떻게 생겼는지 물었더니 "높고 시커먼 바위가 겹겹이 쌓였는데 그 위를 얇게 덮은 물이 졸졸 흘러내릴 뿐 전혀 볼만하지 못하다."라고 했다. 나와 대유는 서로를 바라보고 어안이 벙벙하여 웃으며 "그런 것에 다리품 팔 필요가 있겠는가." 하고는, 그곳에 가 보지 않고 발길을 돌렸다. 입구에 있던 널찍한 너럭바위 위에서 밥을 먹는데 자익이 웃으며 "오늘 이후로 천하의 말만 번드르르해서 믿음이 안 가는 사람들이 더욱더 싫어지겠네요."라고 말했다. 황씨에게 속은 것을 분하게 여긴 것이다.

산에서 내려와 아까의 노인을 다시 만나 자익이 본 것을 말했다. 그러자 노인이 "아닙니다. 그 위에 진짜 폭포가 따로 있습니다. 하지만 시내를 따라서는 길이 끊겨서 거기까지 이를 수 없고 산등성이를 따라서 가야만 폭포를 굽어볼 수 있는 곳에 이를 수 있습니다."라고 말했다. 그제야 우리가 따라가던 길이 맞았음을 알고서, 조금 더 힘을 내서 앞으로 나아가지 않은 것을 안타까워했다. 그러나 실제의 폭포가 자익이 본 것 정도가 아니라는 사실이 기뻤고, 우선 그대로 남겨 두어 훗날의 유람거리로 삼는 것이 더 여운이 있겠다고 생각하였다.

신미년1691 8월 21일에 유람하고 그 이튿날에 기록하다.

1691년41세에 영평 백운산 늠암곡을 다녀와서 쓴 기행문이다. 기행문은 본 것을 기록하는 글이다. 그런데 이 글은 말만 듣고 찾아다니다 결국은 보지 못한 어느 폭포에 대한 기행문이다. 목적지였던 폭포는 보지 못했지만 그것을 찾아가는 길에서 예기치 않은 아름다움들을 만나며 김창협 일행은 잔잔한 기쁨을 누린다. 앉아 쉴 수 있는 너럭바위, 기묘하게 가지를 뻗은 소나무, 새빨갛게 물든 단풍 숲의 장관……. 예기치 못했기에 더욱 아름다운 풍경들이 거기 나직이 숨 쉬고 있었다. 게다가 산열매 따먹으며 둘러보는 마음의 여유까지. 들어가 보지 않았으면 보고 느낄 수 없었을 공간과 시간이다.

사는 집에서 눈만 들면 보이는 곳이어서 별로 특이해 보이지 않던 골짜기가 누군가의 말에 의해 기가 막힌 비경祕境을 숨기고 있는 공간으로 바뀌고, 그곳을 찾아가는 과정은 일상을 벗어나서 그동안 눈길 주지 못했던 아름다움들을 발견하는 시간이 된다. 그런 의미에서 기대를 잔뜩 가지고 헤매기만 하다가 끝내 만나지 못한 폭포, 김창흡이 전하는 말을 믿고 실망하여 결국 가 볼 생각을 접고 만 이 폭포는, 어쩌면 그저 볼 만한 경관 하나에 그치는 것이 아닐지 모른다. 그곳에 대한 기대가 무너지지 않았음에 감사하며 남겨 두어 훗날의 유람거리로 삼음으로써 일상 너머의 무언가를 꿈꾸며 여전히 진행형으로 살아가는 미완성의 삶을 견뎌낼 힘을 얻을 수도 있을 것이다. 이처럼 아름다움은 기대와 과정 자체에 있다. 나아가 이 글을 쓴 시기가 부친상을 치르고 몇 달 되지 않았을 때임을 생각하면, 그 아름다움이란 모든 것이 무너진 극한 상황에서 찾아 나선 미지의 무엇이기도 했을 것이다. 훗날 남유용南有容 1698~1773 이 우연히 이 폭포를 발견하고서 김창협 일행이 이전에 찾지 못했다는 바로 그 폭포임을 언급하며 웅장한 모습을 묘사한 기행문이 남아 있다. 그 글에서도 근방을 늘 왕래하던 현지인들조차 미처 보지 못했던 폭포여서 이름도 붙어 있지 않았다고 한 것을 보면, 역시 아름다움이란 본디 사람들에게 쉽게 자신을 보여 주지 않는 모양이다.

풍경이 되어 버린 사람, 사람으로 완성되는 풍경
谷雲九曲圖跋

세상에서는 진짜와 똑같이 그린 그림을 좋은 그림이라고 한다. 진짜와 똑같게 그리는 것이 그림의 최고 경지이니, 중국 동진東晉 때의 고개지顧愷之나 육탐미陸探微처럼 이름난 화가라 해도 진짜보다 더 나은 그림을 그릴 수는 없다. 사람들은 진짜를 구하다 얻을 수 없게 된 뒤에야 한발 물러나 그림에서 그것을 구한다. 종병宗炳 375~443의 산수에 대한 태도가 그러했다. 당시에 그의 그림이 과연 진짜와 똑같았는지 여부는 지금 알 수 없으나, 그는 "이제 늙고 병들어 명산을 두루 구경할 수가 없으니, 그 모습을 비슷하게 그린 그림이라도 있는 것이 아예 보지 않는 것보다는 낫겠다."라고 말하며 방 안에 그림들을 걸어 두고 '와유臥游'를 즐겼다.

우리 큰아버님과 곡운谷雲과의 관계를 말하자면, 근래 십수 년 동안 먹고 마시고 생활하며, 베고 눕고 다닌 것이 거의 모두 그 구곡九曲 안에서 이루어졌다. 곡운의 겹겹이 두른 산과 시내, 빽빽이 우거진 풀과 나무는 모두 선생 자신의 가슴과 모발이요, 곡운에 자욱한 안개와 이내는 모두 선생 자신의 기운과 호흡이요, 곡운의 물고기와 새, 고라니와 사슴들은 모두 선생 자신의 벗이고 동반자이다. 그러니 선생이 곡운에서 구하여 얻지 못할 것이 무엇이 있겠는가. 그런데도 종병이 그랬던 것처럼 그림이라는 수단을 빌린 것은 어째서일까. 참으로 알지 못할 일이다. 다만 "이곳을 너무도 좋아하여 즐거움이 깊기 때문이다."라고 말할 수밖에 없다.

그림을 그린 이는 서도西都 평양의 조세걸曺世傑 1636~1705? 이다. 선생이 그의 손을 끌고 다니며 직접 분부하여 마치 거울로 형상을 비추듯이 굽이굽이마다 가서 보고 그리게 하셨다. 그래서 그 겹겹의 언덕과 수많은 골짜기며 기이한 바위와 세찬 여울물, 그리고 초가의 위치와 텃밭에 농사짓는 광경이며 닭 울고 개 짖으며 나귀 걷고 소 자는 모습까지 갖가지 풍경이 그림에 빠짐없이 다 들어 있다. 그리하여 이 그림을 한번 펼쳐 보면 마치 중국 당唐나라 시인 왕유王維 699?~761의 그림으로 유명한 망천輞川 별장을 지나고 저 무릉도원으로 이어진 나루를 찾아가는 것처럼 황홀하여, 저잣거리와 조정 같은 번잡한 속세에서 아득히 멀리 벗어나게 된다. 아마도 곡운의 즐거움을 독차지하지 않고 이 그림을 가지고 사람들과 함께 즐기는 것이 선생의 뜻이리라.

전에 어떤 선비가 이곳 산중에 들어왔다가 소를 타고 시냇가를 지나가는 선생을 우연히 만났는데, 수염과 눈썹이 정갈

하고 의관이 맑고 고풍스러웠으며, 그의 뒤에는 아이종 하나가 지팡이를 지고 뒤따르고 있었다고 한다. 그 모습이 너무도 여유롭고 운치 있어서 말을 세우고 우두커니 바라보다가 신선 세계의 사람이 아닐까 여기고는 돌아와서 사람들에게 그렇게 말했다는 것이다. 바로 이 광경이야말로 참으로 그릴 만한 것인데 화가 조씨가 멀리 있어 불러올 수가 없는 것이 너무도 아쉽다. 그래서 그림을 대신해 그 일을 여기에 대략 기록하니, 이 글을 보는 사람도 마음이 맑아질 것이다.

내가 이 발문을 쓴 뒤에 선생이 읽어 보시고 말씀하셨다. "네 말이 좋기는 하다. 그러나 내가 이 그림을 그리게 한 것 역시, 내 이 두 다리가 때때로 산 밖으로 나가지 않을 수 없는 일이 생겨 곡운의 구곡이 늘 눈앞에 있지는 못하기 때문에 그럴 때에 보려고 한 것뿐이다." 아, 선생의 이 말씀은 "이곳을 너무도 좋아하여 즐거움이 깊기 때문이다."라고 말하고 계신 것임을 잘 알겠다.

한편 이런 생각을 해 본다. 세상에서는 진짜와 똑같이 그린 그림을 좋은 그림이라고 하지만, 좋은 경치를 두고서 그림 같다고 말하기도 하는 것은 왜일까? 산도 빼어나면서 물도 수려하여 아름다운 풍경이 모두 한곳에 갖추어지기란 어려운 일이다. 그런 곳이 있다 하더라도 인적이 잘 닿지 않는 깊은 산

중에 있어서 그러한 곳에 촌락이 형성되고 백성이 정착하여 닭과 개가 짖어 대고 밥 짓는 연기가 피어올라 정감 있는 물색이 어우러지게 되기란 더욱 쉽지 않은 법이다. 하지만 화가는 그림 안에 경물들을 마음대로 배치하고 모아 놓을 수 있는 까닭에 그 붓끝에서 기가 막히게 아름다운 광경이 펼쳐지게 할 수 있다. 좋은 경치를 그림 같다고 하는 것은 이런 이유에서일 것이다.

그렇다면 선생이 산속에서 각건角巾 쓰고 명아주 지팡이 짚고 배회하는 구곡이 그림 속의 풍경이요, 선생이 산 밖에서 문을 닫고 안석에 기대어 감상하는 그림이 진짜 구곡이 아닐까. 무엇이 진짜이고 무엇이 그림인지 어떻게 구분할 수 있을까. 이 화첩을 펼쳐 보는 사람은 이 화두 먼저 풀어야 할 것이다.

곡운谷雲은 강원도 화천 화악산 북쪽의 깊은 계곡이다. 김수증은 1668년 평강 현감 부임길에 이곳의 빼어난 풍광을 발견하였고, 1670년 현감을 그만두자마자 이곳에 들어와서 본래 사탄史呑이었던 지명을 곡운으로 바꾸고 아홉 곳을 택해 각각 이름을 붙여 구곡九曲으로 정하였다. 이후 김수증은 이곳에 곡운정사谷雲精舍를 지어 거처하였고, 1675년 겨울부터는 서울에 있던 가족을 다 데려와서 살기 시작했다. 이후 1680년 회양 부사, 1686년 청풍 부사로 잠시 부임했다

돌아온 일을 제외하고 김수증은 곡운을 거의 떠나지 않았다.

「곡운구곡도」는 1682년 김수증의 주문에 의해 화원 조세걸이 그린 그림으로, 구곡에 농수정籠水亭을 더해 열 폭으로 이루어졌다. 산수의 풍경은 물론 그 속에서 은거하는 모습과 경작하고 가축 기르는 주변 풍속까지 세세하게 사실적으로 묘사되어 있다. 김창협이 지은 이 발문은 그로부터 10년 뒤인 1692년42세에 작성되었는데, 김수증 본인 및 그 두 아들, 김창협을 포함한 조카 다섯, 그리고 외손 홍유인까지 아홉 사람이 구곡 하나하나에 주희의 「무이도가武夷櫂歌」에서 차운한 칠언절구를 한 수씩 쓰고 이 발문과 시를 합하여 시화첩으로 만들었다. 이 「곡운구곡도첩」은 이후 두 차례의 개장改裝을 거쳐 현재 국립중앙박물관에 소장되어 전한다.

김수증은 김창협 형제에게 있어서 정신적 버팀목이자 사표였다. 김창협은 1678년 김창흡과 함께 이곳을 찾아 김수증 부자와 화악산 칠선동을 유람한 일이 있고, 1689년 이후 김수증이 곡운에 부지암과 삼일정三一亭, 유지당有知堂 등을 지을 때마다 그 뜻을 기린 기문을 지어 헌정하였다. 본디 매월당 김시습의 유풍이 서린 곳인 데다가 김수증을 이어 김창흡 역시 훗날 이곳에 정사를 짓고 왕래함으로써, 곡운은 조선 후기 은둔을 상징하는 공간의 하나가 되었다. 후대에도 성해응, 정약용, 유인석, 최익현 등의 발길이 이어졌다.

김수증이 곡운에 구곡을 정한 것은 주희의 무이구곡武夷九曲의 이념을 현실 공간에 재현하고자 한 이이李珥의 고산구곡高山九曲을 계승한 것이며, 송시열의 화양구곡華陽九曲과 함께 주자학적 산수취山水趣가 담긴 문화 전통으로 이어졌다. 또 한편으로 그림을 그린 1682년과 발문을 쓰고 시화첩을 만든 1692년 사이에는 김수증의 두 동생 김수항과 김수흥이 연달아 유배지에서 죽고 말았으니, 엄청난 정변의 소용돌이 한가운데에서 벌어진 가족사의 비극이 남은 가족들의 시를 모아 만든 이 시화첩의 이면에 고스란히 담겨 있는 셈이다.

그러나 김창협은 이 발문에서 학통에 관련된 의미도, 가족사의 비애도 전혀 내비치지 않았다. 그저 풍경 속으로 걸어 들어가 그대로 풍경이 되어 버린 김수증, 그리고 바로 그 김수증으로 인해서 비로소 완성되는 곡운을 담담하게 서술하였다. 평범해 보이는 서술이지만 애초의 발문과 뒤에 덧붙인 말이 묘하게 전절轉折을 이루면서 정말 좋은 그림은 무엇인지, 정말 좋은 풍경은 무엇인지를 다시 생각해 보게 한다. 그리고 무엇보다 이 글을 통해서 더 이상 곡운은 그냥 곡운이 아니고 김수증은 그냥 김수증이 아니게 되었다.

꼼꼼한 『논어』 읽기

雜識 內篇3 論語說

[1]

"실천하고 남은 힘이 있으면 글을 배우는 것이다.行有餘力 則以學文"라는 말은 공자가 힘써 행했으면 또 반드시 글을 배워야 함을 사람들에게 분명하게 요구하신 것이다. 힘써 행하는 것이 참으로 배우는 자들의 급선무이기는 하지만 글을 배우는 것도 늦출 수는 없기 때문에 말씀을 이와 같이 한 것이다. '즉이則以' 두 글자를 상세히 살펴보면 '연후然後'라는 글자와는 전혀 같지 않으니, 바로 이 점에 착안해야 한다. 『논어정의論語精義』의 여러 설들은 모두 이를 제대로 살피지 못한 듯하다. 정자 이하로 대체로 그 근본을 먼저 하고 말단을 나중에 해야 한다는 뜻만 밝혔을 뿐이다. 주자가 "힘써 행하기만 하고 글을 배우지 않으면 성현의 법을 상고하여 사리의 당연함을 알 수가 없어서 행하는 바가 사사로운 의도에서 나오기도 한다."라고 한 데에 이르러서야, 비로소 글을 배워야 함을 사람들에게 요구하신 공자의 뜻이 무엇인지 알게 되었다.

[2]

'배움學'은, 총체적으로 말하자면 앎知과 행함行을 겸하고 부분적으로 말하자면 앎을 위주로 한다. 예를 들어 『논어』에서 '배우고 익힌다.', '배움에 뜻을 두다.', '배우기를 좋아한다.'라고 말했을 때의 배움은 앎과 행함을 겸해서 말한 것이다. 이 외에 『논어』의 "어찌 반드시 글을 읽어야만 배우는 것이 되겠는가?", 『중용』의 '널리 배우다.', 『주역周易』「건괘坤卦 문언전文言傳」의 '배워서 지식을 모은다.' 등에서의 배움은 모두 앎을 위주로 말한 것이다.

반면에 행함을 위주로 말한 것도 있다. 예를 들어 『논어』의 "배우기만 하고 생각하지 않으면 얻는 것이 없다.", "밤새도록 잠자지 않고 생각해 보았는데 이로움이 없었으니 배우는 것만 못하다."의 배움이 이런 경우이다. 그러나 이 두 구절에서의 배움 또한 오로지 행함만을 위주로 한 것은 아니다. 여기서 공자가 배움과 생각을 나누어 말한 뜻은 다음과 같을 것이다. 생각이란 남들과 함께 글을 읽거나 질문을 주고받지도 않으며 구체적인 일이나 대상에 나아가서 그 이치를 터득하는 일도 없이 그저 공허하게 머리로만 사색하는 것을 말한다. 이에 비해 배움이란 반드시 남들과 함께 글을 읽고 토론하며 일이나 대상에 나아가서 그 이치를 터득하는 것을 말하는데, 모두 무언가에 의지하여 따르는 형태를 지니기 때문에 배움이라고 한 것이다. 그러니 생각과 배움을 대비해 보면, 생각은 본디 앎만을 위주로 하지만 배움은 전적으로 행함에만 속하는 것이 아니라 앎의 의미도 겸하여 지닌다. 다만 이때의 앎이라는 것은 생각과는 달라서, 일이나 대상과 관련 없이 오로지 내 마음에서만 구하는 그런 것이 아니다.

[3]

『논어』의 "의롭지 못하고서 부귀하게 되는 것은 나에게 뜬구름과 같다."라는 공자의 말을 주자는 『논어집주』에서 "의롭지 못한 부귀를 마치 실체가 없는 뜬구름과 같이 보아서 냉담하여 마음이 동요되지 않으신 것이다."라고 풀이하였다. 의롭지 못한 부귀에 대해서는 이와 같음이 본디 당연하다. 그런데 의로운 부귀라면 어떨까? 공자와 같은 성인도 얻기를 바라고 부러워하게 되어 그 마음이 동요될 수밖에 없는 것일까.

내가 생각하기에는 공자도 애초부터 부귀를 싫어한 것이 아니다. 공자가 이렇게 말한 것은 바르지 못한 방법으로 부귀를 얻는 것을 분명하게 지적한 것이다. 예컨대 미자彌子가 자로子路에게 "공자께서 우리 집에 머무르시면 위衛나라 경卿의 지위를 얻을 수 있다."라고 말한 경우와 같은 것이다. 그리고 이는 또한 아직 실현되지 않은 것을 두고 막연하게 말한 것도 아니다.

아직 실현되지 않은 것에 대해 말한다면, 비록 의로운 부귀라 할지라도 바라고 부러워하는 뜻이 있어서는 안 된다. 털끝만큼이라도 이러한 생각이 있다면, 이는 이른바 '자신의 지위만을 누릴 뿐 그 밖에는 아무것도 바라지 않는' 군자의 도리가 아니다. 반면에 이미 가지고 있는 것에 대해 말한다면, 순임금은 요 임금에게 천하를 물려받고도 너무 크다고 여기지 않으셨고 화려한 옷을 입고 거문고를 타며 두 여인이 곁에서 모시는 것을 원래부터 가지고 있던 것처럼 자연스럽게 누리셨다. 이러한 것들에 대해서도 의롭지 못한 부귀와 마찬가지로 냉담하게 거들떠보지 않는다면 이 또한 크고 지극한 중정中正의 법도가 아니다.

그런데 사양좌謝良佐 1050~1103는 이러한 뜻을 살피지 못하고 "성인께서는 의로운 부귀도 뜬구름처럼 여기셨는데, 하물며 의롭지 못한 부귀에 대해서야 말할 나위가 있겠는가."라고 하였다. 해석이 과해서 성인 말씀의 본지를 잃었다고 한 『논어혹문論語或問』의 비판이 정확하다.

[4]

어떤 이가 "덕德으로써 원한을 갚는 것이 어떠합니까?"라고 묻자, 공자가 "그렇다면 덕은 무엇으로 갚을 것인가? 원한에는 직直으로 갚고 덕에는 덕으로 갚아야지."라고 대답했다.

이에 대해 『논어집주』에서 "원한을 맺은 사람에 대해서 사랑하고 미워하며 취하고 버리기를 지극히 공평무사한 태도로 일관하는 것이 '직'이다."라고 하였다.

내 생각에 이 설명은 『논어혹문』의 뜻과는 다른 것 같다. 『논어혹문』에서는 "갚음이 정당하면 갚고, 갚음이 부당하면 갚지 않는 것이 '직'이다."라고 하였다. 다른 사람이 나에게 원한을 샀을 경우 보복하는 것이 의리에 맞으면 내가 반드시 보복해야 하니 이것이 '갚음이 정당하면 갚는 것'이고, 보복하는 것이 의리에 맞지 않다면 그저 보통 사람과 마찬가지로 그를 대해야 하니 이를 두고 '갚음이 부당하면 갚지 않는 것'이라고 말한 것이다. 그런데 『논어집주』는 후자의 의미만을 말한 것으로 보인다. 선하면 사랑하고 악하면 미워하며 재능이 있으면 취하고 재능이 없으면 버리는 것은 군자가 일반 사람을 대하는 방법이니, 갚음이 정당하면 갚는다는 의미가 그 속에 포함될 수는 없을 듯하다. 만약 미워하고 버리는 것이 갚는 것이고 사랑하고 취하는 것이 갚지 않는 것이라고 해석한다면 말의 의미가 더 멀어지니 과연 통할 수 있는 방법이 있을지 모르겠다. 다시 생각해 봐야 할 문제다.

또 주자의 뜻을 자세히 살펴보면, 갚음이 정당한 원한은 마땅히 갚고 갚음이 부당한 원한은 갚지 않으면서도, 그 사람의 선악과 재능의 여부에 따라 사랑하고 미워하고 취하고 버리는 문제는 마땅히 보통 사람을 대하는 법과 같이 할 뿐이라는 의미인 것으로 보인다.

나와 원한을 맺은 사람이 실로 현명하고 재능이 있다면 나의 원한이 반드시 갚아야 하는 경우에 든다 하더라도 공정한 의리에 따라 사랑하고 취해야 할 사람을 폐해서는 안 된다. 예를 들면 동한東漢의 갑훈蓋勳이 소정화蘇正和와 원한이 있었는데, 양곡梁鵠이 소정화를 죽이려 했을 때 갑훈이 힘써 구제하여 풀어 주었다. 그러나 뒤에 소정화가 갑훈을 찾아가 감사의 뜻을 전하고자 하자 갑훈은 만나 주지 않고 처음과 같이 원수로 대하였다.

반면에 그 사람이 실로 악하고 재능이 없다면, 나의 원한이 굳이 갚지 않아야 하는 경우에 든다 하더라도 공정한 의리에 따라 미워하고 버려야 할 사람을 구차하게 사면해 줘서는 안 된다. 예를 들면 여공저呂公著가 일찍이 가종민賈種民과 원한이 있었는데, 가종민은 평소 행실이 좋지 않았고 채확蔡確의 주구 노릇을 한 자였는데도 여공저가 재상이 되었을 때 죄를 지은 가종민에게 도리어 지방 고을을 맡겼다. 이는 매우 옳지 않은 일이었기 때문에 주자가 그렇게 비판한 것이다.

『논어집주』에서 주자가 갚음이 정당하면 갚고 갚음이 부당하면 갚지 않는다고 명확하게 말하지는 않았지만 이상과 같은 뜻이 그 가운데 포함되어 있으니, 『논어혹문』의 뜻과 애초에 다른 것은 아닐 것이다. 다만 『논어혹문』은 단지 갚음이 정당하면 갚고 갚음이 부당하면 그만둔다고 하여, 이치의 당연함 한 가지만 살피는 것을 '직'이라고 여겼다. 이것은 갚고 갚지 않고를 막론하고 단지 사랑하고 미워하며 취하고 버리기를 지극히 공평무사한 태도로 일관하는 것을 '직'이라고 여긴 『논어집주』의 설명과는 끝내 합치되지 않는다.

사람들이 원수를 대하는 방법에는 네 가지가 있다. 덕으로 갚는 것이 첫째고, 전혀 갚지 않는 것이 둘째며, 갚음이 정당한 경우에만 갚는 것이 셋째고, 모조리 반드시 갚는 것이 넷째다. 덕으로써 원한을 갚는 것은 자신을 가랑이 밑으로 기어가게 했던 무뢰배에게 벼슬을 준 한신韓信의 유형이고, 모조리 반드시 갚는 것은 자신을 모함하고 죽이려 했던 인물들을 끝까지 멸한 범저范雎의 유형이다. 『논어집주』에서 말한 것은 전혀 갚지 않는 것에 가깝고, 『논어혹문』에서 말한 것은 갚음이 정당한 경우에만 갚는 것이다. 내 생각에 공자의 뜻에 합당한 것은 『논어혹문』이고, 『논어집주』의 설명은 이 부분에서는 통하기 어렵지 않은가 한다. 이에 대해서는 의문이 없을 수 없다.

「잡지雜識」 내편의 세 번째 권에는 '논어설論語說'이라는 부제가 달려 있다. 「잡지」의 나머지 부분들은 여러 해에 걸쳐서 띄엄띄엄 기록된 것을 훗날 한데 모은 체제로 되어 있다. 이에 비해 이 세 번째 권은 1690년과 1691년 사이의 짧은 시기에 단일한 텍스트를 집중적으로 다루었다는 특징을 보인다. 1689년 김수항과 송시열을 여읜 김창협은 이 시기에도 조성기, 김수홍, 조봉원趙逢源 1608~1691 등 존경하는 이들을 연이어 떠나보내야 했다. 부친상을 치를 때부터 응암의 오두막에 거처하면서 『논어』를 날마다 외웠다고 하는 것을 보면, 김창협으로서는 『논어』에 침잠하는 것이 이 지독한 시련을 견뎌 내기 위한 한 방편이기도 했을 것이다.

'논어설'은 『논맹정의論孟精義』, 『사서혹문四書或問』, 『주자어류朱子語類』 및 『사서집주대전四書集註大全』 등과 비교하여 『논어집주論語集註』가 지니는 학술사적 위상을 분명히 하고, 그에 대한 섬세한 분석을 통해서 『논어』의 본지에 다가가는 것을 목적으로 저술되었다. 『논맹정의』는 주희가 『논어집주』를 저술하기 위한 선행 작업으로 전대前代 학자 12인의 주석을 모아서 편집한 책이다. 조선에는 전해지지 않다가 송시열이 오랜 수소문 끝에 죽기 한 해 전인 1688년에 비로소 입수했다. 이 책으로 인해서 조선에서는 주희 주석의 산생 과정과 학술사적 맥락을 조명하는 연구가 본격화되었는데, 김창협의 이 '논어설'은 그 첫 번째 성과이다. 이후 그의 초고를 바탕으로 어유봉魚有鳳 1672~1744 이 완성한 『논어상설論語詳說』과 송시열의 유지를 받들어 권상하가 편집한 『논맹혹문정의통고論孟或問精義通考』 등의 성과

가 이어졌다. 『사서집주대전』은 주희의 집주에 후대 학자들의 해석을 소주小註로 덧붙여 편집한 책이다. 김창협은 이 책을 명대明代 주자학의 낮은 수준과 관찬서官撰書의 부실함을 보여 주는 사례로 꼽으며 신랄하게 비판하였다. 특히 당시 박세당의 『사변록思辨錄』에서 주희 비판의 근거로 든 학설들이 대개 『사서집주대전』의 소주에서 비롯되었다는 점을 볼 때, 『사서집주대전』의 오류를 세세하게 지적하고 『논어집주』가 탁월하게 정제되어 있음을 강조하는 것은 당대에 주자학의 심화를 통해 학문의 중심을 잡고자 했던 그의 관심과도 맞닿아 있다.

여기서는 전체 75개 조목 가운데 네 조목만을 뽑아서 제시하였다. [1]은 글자 하나하나에 착안하는 독법이 본지를 파악하는 데 있어서 얼마나 중요한가를 보여 주었다. [2]는 배움에 대한 공자의 다양한 언급을 종합적으로 해석하였다. [3]은 부귀에 대한 인식 기준으로서 의로움과 불의함이라는 프레임뿐 아니라 이미 주어진 것인가 그렇게 되기를 바라는 것인가의 시제 역시 감안해야 함을 명시하였다. [4]는 거의 유일하게 『논어집주』의 미진함을 조심스럽게나마 드러낸 조목으로서, 복수의 네 가지 유형을 제시하는 이면에서 남인에 대한 처분을 두고 그가 지닐 수밖에 없었을 복잡한 속내가 읽힌다는 점에서 주목할 만하다.

좋은 문학이란 무엇인가

雜識 外篇

[1]

시는 성정性情이 발현된 것이며 천기天機가 작동된 것이다. 당대唐代 문인들의 시는 이 점을 제대로 갖췄기 때문에 성당盛唐 시기뿐만 아니라 초당初唐이나 중당中唐, 만당晩唐을 가릴 것 없이 대체로 모두가 자연스러움에 가까운 것이다. 요즘은 이를 알지 못하고 오로지 성색聲色을 본뜨고 기격氣格에 힘쓰는 것만으로 고인을 추종하려 한다. 이래서는 그 성음과 면모는 비슷할지 몰라도 정신과 흥취는 전혀 같지 않으니 이것이 명대明代 문인들의 잘못이다.

[2]

시는 참으로 당시唐詩를 배워야 하지만 그렇다고 해서 반드시 당시와 비슷해야 하는 것은 아니다. 당대 문인의 시는 성정을 발현하고 감흥을 담는 것을 위주로 하고 전고典故와 의론議論을 일삼지는 않았으니 이 점이 본받을 만한 것이다. 그러나 당나라 사람은 당나라 사람이고 지금 사람은 지금 사람이라 천여 년의 거리가 있다. 성음聲音과 기조氣調를 당시와 전혀 다름없이 하려 한다면, 이것은 이치로나 형세로나 절대 불가능한 일이다. 그런데도 억지로 똑같게 만든다면 그것은 나무나 진흙을 깎고 빚어서 사람 모양으로 만들어 놓은 인형에 불과할 뿐이다. 겉모양이 아무리 닮았다 해도 천성은 거기에 없으니 무슨 가치가 있겠는가.

[3]

송대宋代 문인들의 시는 전고와 의론을 위주로 하니 이는 시인의 큰 병폐다. 명대 문인들이 이 점을 지적한 것은 옳다. 그러나 명대 문인들이 지은 시가 꼭 송대의 시보다 낫다고 할 수 없으며 오히려 더 못한 경우도 있는 까닭은 무엇일까? 송대 문인들이 전고와 의론을 위주로 한 것은 사실이지만, 그들의 시는 오랫동안 내면에 쌓이고 다져진 학문과 정신이 어떤 계기를 만나 자연스럽게 촉발되어 흘러나온 것이어서, 격조를 지키느라 얽매이거나 전범을 따르느라 구차해지지 않았다. 따라서 그 기상이 호탕하고 거침없어서 때로 천기의 발현에 가까운 것도 있으니, 그들의 시를 읽으면 그래도 성정의 참됨을 볼 수 있다. 반면에 명대 문인들은 어떻게 지어야 한다는 법도에 너무 구애되어서 남의 작품을 모방하는 데 그치기 일쑤이고 좋다고 하는 전범을 흉내만 내다가 타고난 참됨을 잃게 되었다. 이 때문에 도리어 송대 문인보다도 못하게 된 것이다.

[4]

근래에 호곡壺谷 남용익이 편찬한 『기아箕雅』의 목록을 보니 이규보李奎報 1168~1241의 문장이 우리나라에서 으뜸이라고 하였다. 나는 이것이 매우 잘못된 논평이라고 생각한다.

이규보의 시가 우리나라에서 이름을 떨친 지 오래되었고, 여러 선배분들 또한 다들 미치지 못할 경지라고 그를 추대하였다. 그의 재주가 재빠르고 축적된 역량이 풍부해서 많이 짓고 빨리 짓기를 겨루자면 동시대에 따를 사람이 없었을 것이다. 또 스스로 시어를 만들어 낼 줄 알아서 전대 작가들을 답습하지 않음을 솜씨 있는 것으로 여겼으니 역시 시인으로서의 재주가 있었다고 할 만하다.

그러나 그는 학식이 비루하고 기상이 용렬하여, 작품의 격은 낮고 풍은 잡되며 말은 번다하고 뜻은 얕아서, 그의 고시, 율시, 절구 수백 수천 편 가운데 한 글자 한 구절도, 청명하고 깔끔하며 예스럽고 탁 트인 생각을 담아낸 것이 없다. 스스로 득의양양하여 남들이 표현한 적 없는 새로운 표현이라고 뽐내는 구절들 역시 모두 서응徐凝의 악시惡詩일 뿐이다. 참으로 엄우경嚴羽卿이 말한 '열등한 시마詩魔가 폐부에 들어찬 경우'라 하겠다. 그의 시 몇 구절을 예시한다.

사원 가득한 송죽이 스님의 부귀요　　　　滿院松篁僧富貴
강가의 안개와 달은 절간의 풍류로다　　　一江煙月寺風流

땅 위로 솟은 대나무 뿌리, 용 허리처럼 굽었고
竹根迸地龍腰曲
창문 앞엔 파초 잎이 봉황 꼬리처럼 기다랗다
蕉葉當窓鳳尾長

잔잔한 호수는 마음 한가운데 멋지게 달을 찍어 놓았고
湖平巧印當心月
넓은 갯벌은 입을 벌리고서 탐욕스레 조수를 삼키누나
浦闊貪呑入口潮

이런 구절들이 사람들 입에 오르내리며 기이하고 놀랍다고 여겨졌지만, 지금의 관점에서는 거의 시골 학동들이 배우는 『백련초百聯鈔』에 나오는 어구 같을 뿐이니 어찌 숭상할 만하겠는가. 이규보 당시의 사람들이야 그의 풍부하고 재빠른 역량이 독보적임을 눈앞에서 보았으므로 경외하고 탄복할 만도 하다. 그러나 후대의 시점에서 논의함에 있어서는 그렇지 않은 면이 있거늘, 3, 4백 년이 지난 지금까지도 여전히 여기에 대해 이의를 제기하지 못하는 것은 참으로 이해 못할 일이다.

그나마 이것은 시만 가지고 말한 것이다. 여타의 문장은 더욱 깊이 논할 만하지 못하다. 사詞와 부賦, 변려문騈儷文은 꽤 인정할 만한 것이 있긴 하지만 그렇다 해도 이 정도 가지고 목은牧隱 이색李穡과 같은 여러 작가를 압도하고 우리나라의 으뜸이라고 한다면 인정할 수 없을 것이다.

우리나라의 문장을 논하여 한 사람을 으뜸이라고 단정하기란 실로 어려운 일이다. 그러나 산문에서는 마땅히 목은을 대가로 추대해야 하고, 시로는 마땅히 읍취挹翠 박은朴誾 1479~1504를 최고로 쳐야 한다. 목은은 산문에 있어서 대가일 뿐 아니라 시 또한 자유롭고 호방하여 기상이 볼만하니, 이규보의 좁아터진 기상과는 다르다.

[5]

비지碑誌 묘에 세우는 비석과 땅에 묻는 지석에 새기는 글와 사전史傳 역사서의 인물전은 인물의 행적에 대한 서사敍事를 중심으로 한다는 점에서 크게 보아 같은 문체에 속한다. 그러나 사전은 '풍부하고 넉넉한該贍' 서술을 위주로 하는 반면, 비지의 경우에는 '간결하고 엄밀한簡嚴' 서술만을 위주로 해야 한다. 그런 까닭에 한유韓愈의 비지 서사는 『사기』나 『한서』와는 크게 다르다. 문장만 구별되는 것이 아니라 그 문체 또한 당연히 그런 것이다. 구양수歐陽脩 1007~1072가 사마천司馬遷의 문장을 배웠으면서도 비지를 짓는 데 있어서는 사전의 문체를 사용하지 않은 것 역시 이런 까닭이다. 명대 문인들에 이르면서부터 순전히 사전의 문체를 사용하여 비지를 짓기 시작하였으니, 이 또한 옛사람의 서사법을 알지 못한 것이다. 그런 까닭에 그들의 작품에 요체가 없어지고, 이로써 간결하고 엄밀해야 한다는 비지의 법도도 완전히 사라져 버렸다.

[6]

옛사람의 간결함은 작품의 구성을 간결하게 만드는 것이고, 명대 문인의 간결함은 구절과 글자를 간결하게 만드는 것이다. 옛사람의 상세함은 뼈대가 되는 요체를 상세하게 다루는 것이고, 명대 문인의 상세함은 자질구레한 일들을 상세하게 다루는 것이다. 그러므로 송나라 구양수가 지은 왕문정공王文正公 왕단王旦, 범문정공范文正公 범중엄范仲淹에 대한 각각의 신도비문神道碑文은 2천 자도 되지 않지만 재상으로서 행한 사업과 평소의 큰 절개가 남김없이 잘 그려져 있다. 반면에 명나라 왕세정王世貞 1526~1590이 지은 장사치와 부녀자에 대한 비지와 전기들은 기록으로 남길 만큼 그리 변변한 사람들이 아닌데도 그 분량이 수백, 수천 자나 되곤 한다. 여기서 솜씨의 빼어나고 서투른 차이를 볼 수 있다.

[7]

계곡谿谷 장유張維 1587~1638의 비지는 빼어난 격조가 부족하기는 하지만 서사의 상세함과 간결함을 운용하는 법도를 잘 터득하였으며 인물의 훌륭함을 칭송하는 데 있어서 아주 작은 부분까지도 세밀하게 헤아릴 줄 알았다. 이것이 계곡의 비지가 지닌 장점이다.

[8]

택당澤堂 이식李植 1584~1647의 문장은 너무 치밀하게 꽉 짜여 있어서 표현된 문자 너머에 음미할 만한 여지가 보이지 않으니, 이 점은 계곡만 못하다. 그러나 임금에게 올리는 상소문과 차자箚子 등에서 사안에 대해 논의한 글은 정밀하고 핵심을 찌르며 절실하고 의미심장해서, 계곡의 글이 평범하기만 하여 읽는 이를 격발시키는 구석이 없는 것과는 다르다.

[9]

상촌象村 신흠申欽 1566~1628은 타고난 재주가 재빠르고 훌륭하지만 깊고 두터운 맛이 부족한 데다가 제자백가서와 『전국책戰國策』을 배우고 명나라의 여러 대가를 좋아하였다. 그래서 그의 문장은 외양이 멋지고 광채가 현란하지만, 실질적인 뜻과 오래도록 우러나는 맛이 부족하다.

월사月沙 이정귀李廷龜 1564~1635는 타고난 재주가 화려하고 넉넉하지만 높고 간결한 맛이 부족한 데다가 옛사람들의 본보기를 따르려 애쓰지 않고 글을 쉽게 써냈다. 그래서 그의 문장은 여유가 있고 시원스러워서 난해한 부분이나 궁색한 기색이 전혀 없지만, 체재의 엄정함이 미흡하고 격조가 고아하지 못하다.

두 사람의 장단점은 이상에서 벗어나지 않는다. 공자가 선진先進을 좇겠노라고 하신 말씀에 비추어 보자면, 상촌보다 월사가 더 뛰어나다고 한 우암 송시열의 논평이 더 이치에 가깝다고 하겠다.

「잡지」 외편 총 146개 조목 가운데 93개 조목은 1691~1692년 사이에 저술된 것으로, 대부분 문학비평으로 이루어져 있다. 『논어』에 대한 탐구에 이어서 김창협은 중국과 우리나라의 문학에 엄밀한 비평을 가하는 작업에 몰두한 것이다. 「잡지」 외편은 이전 시기의 시화詩話 저작들에 비해 훨씬 분석적으로 문학 원론과 작가 및 작품에 대한 논평을 펼치고 있어서 조선 후기 비평사를 여는 저작으로 높이 인정받아 왔다.

김창협이 문학을 대상으로 본격적인 비평을 시도한 것은 당시의 문단에 대한 문제의식을 바탕으로 그 방향을 전환하고자 하는 의지에서 비롯되었다. 먼저 시에 있어서 명대 문인들의 영향을 받아 성당시盛唐詩만을 절대적 전범典範으로 여기고 나머지는 배우려 하지도 않던 선배 문인들의 풍조가 결국 진짜가 아닌 가짜만을 양산하고 있다고 진단하였다. 시란 작가 내면의 성정을 발현하는 것이며, 모든 인위적 작위를 배제한 천기의 작동으로 자연스럽게 이루어져야 한다고 한 [1]과 [2]는 이런 진단 위에서 제출된 것이다. 당시와 송시宋詩에 대한 평가 역시 이 기준에 의해서 상대적으로 이루어져야 함을 강조한 [3] 역시, 송시는 아예 보지도 말아야만 훌륭한 시를 쓸 수 있다고 주장한 선배 문인들에 대한 강한 비판으로 이어진다. [4]는 우리나라 최고의 시인으로 꼽혀 왔던 이규보에 대한 신랄한 비판이다. 서응의 악시란 「여산폭포廬山瀑布」의 마지막 구인 "한 줄기 흰 물살이 청산을 둘로 갈라놓았네.一條界破靑山色"를 가리키는데, 송나라 소식이 이를 악시라고 비판한 데서 유래했다. 이규보는 소식의 평가를 부정하고 서응의 시를 옹호한 바 있는데, 김창협은 이것을 가지고 다시 이규보 자신에 대한 비판으로 연결시킨 것이다. 일반의 통념을 깨뜨리는 논의를 통해서 좋은 시란 무엇인가라는 문제를 도전적으로 던지고 있다.

김창협 문학비평의 중요한 성과는 조선 산문사에 대한 냉정한 평가를 내리고 산문 창작과 비평의 기준을 수립했다는 점에 있다. 섬세한 안목으로 다양한 산문 수사修辭를 분석해 낸 작품론들에서 김창협 문학비평의 진가를 확인할 수 있으나, 지면상 비교적 총론에 해당하는 조목 몇 가지만 제시한다. [5]와 [6]은 당시에 산문의 핵심 장르 가운데 하나로 중시되었던 비문碑文 작법에 대한 원론을 다루었다. 문체의 고유한 원칙이 무시되고 지나치게 길기만 할 뿐 요체를 잃은 비문들이 양산되던 풍토에 대한 비판에서 출발하여, 훌륭한 서사 산문의 요건을 논하였다. [7], [8], [9]는 전 시대를 풍미한 이른바 한문 4대가의 산문을 비교 논평한 것이다. 각 작가의 자질과 성향, 장르별 장점 및 문학적 성취에 이르기까지 간명하면서 깊이 있게 논하였다.

시든 산문이든, 김창협이 생각한 좋은 문학은 내용의 순정함과 형식적 완성도 모두를 섬세하게 추구하는 데에 있었다. 학자로서의 정신풍모를 바탕으로 하고, 진정한 옛 법도 학습을 강조하되 모방에 빠지지 않으며, 치밀한 구성과 고된 단련의 과정을 거치되 의도와 공력을 겉으로 드러내지 않는 '전아典雅'의 미의식을 지닌 것으로 요약할 수 있다.

벼슬할 수 없는 이유
辭戶曹參議疏

삼가 아룁니다. 신은 천지 사이의 한 죄인입니다. 선신先臣 김수항이 화를 당한 후로 벌써 여섯 해가 지났는데 여태껏 따라 죽지도 못한 채 아둔하고 멍멍한 상태로 말없이 지내고 쓸쓸히 다니며 지극한 아픔이 저에게 있는지, 구차한 연명이 수치가 되는지도 모르는 듯 그렇게 지내 왔습니다. 그러니 살아도 불효한 사람이요, 죽어도 불효한 귀신이 될 뿐이었습니다.

그런데 하늘의 해와 같은 성상聖上 숙종의 광명이 다시 빛나고 조정을 장악했던 무리들이 깨끗이 제거되어, 불쌍한 이를 어루만지는 은전이 선신에게 가장 먼저 미치리라고는 참으로 생각지도 못했습니다. 성상의 생각을 열어 보이시고 원통한 울분을 씻어 내시어 지하의 넋을 달래 주셨으니 이제는 아무런 유감이 없습니다. 천지와 하해河海의 광대함으로도 이처럼 훌륭한 덕을 비유하기에 부족할 것입니다. 지금 와서 지나온 날들을 회상하노라니 감동이 복받쳐서 기뻤다가 슬펐다가 번갈아 밀려드는 온갖 감정에 목메어서 저도 모르게 피눈물이 연이어 솟구칩니다.

그러나 신의 불효한 죄가 위로 하늘까지 닿은 지가 이미 오래되어, 이제 와서 속죄할 길이 없음을 더욱 잘 압니다. 옛날 제영緹縈은 연약한 여자였는데 자신이 종이 되어 죄 지은 아비 대신 벌을 받겠다는 한 통의 편지로 임금의 마음을 감동시켜 그 아비가 형벌에서 벗어날 수 있게 하였고, 전횡田横을 따르던 500명의 식객들은 혈육 간도 아니었는데 단지 의기에 감동하여 목숨을 아까워하지 않고 함께 자결하였습니다. 그런데 신은 선신이 화를 당했을 때 나아가서는 대궐 문에 머리를 짓찧으며 살려 달라고 빌지 못하였고 물러나서는 칼에 엎어져 따라 죽지도 못하였으니, 이는 남자의 몸으로 연약한 여자만 못하고 부자간이면서도 의리로 추종하는 식객만 못한 것입니다.

옛날 제齊나라 여인이 억울한 누명을 쓰고 하늘을 향해 부르짖자 궁전에 벼락이 쳤고, 연燕나라의 신하 추연鄒衍이 참소로 옥에 갇혀 하늘을 향해 통곡하자 한여름에 된서리가 내렸습니다. 진실한 마음의 감동은 하늘에까지 미쳐서 이처럼 이변으로 나타나는 법이거늘, 이제껏 신은 외진 산골에 숨어서 은인자중하며 목숨을 부지하기만 했을 뿐입니다. 지성으로 발분하여 천지신명을 감동시킴으로써 성상의 총명을 한번 깨우려 해 보지도 못한 채 부질없이 세월만 흘러 오늘에 이르렀습니다. 전하의 지극한 인자함과 총명함이 아니었다면 신은 늙어 죽어 시체가 골짜기에 버려질 때까지도 선신의 밝혀지지 않은 원통함을 아뢰어 죄인의 명단에서 지우지 못하고 말았을 것입니다. 자식으로서 신보다 더 불효한 자가 유사 이래 또 누가 있겠습니까.

감히 신의 생각을 말씀드리자면 개혁을 단행한 초기에는 온갖 법도를 새롭게 정비해야 하는데 그중에서도 더욱 심혈을 기울여야 할 것이 인륜을 밝히고 풍속을 바로잡는 일입니다. 그러니 신처럼 불효한 자는 반드시 먼저 그 죄를 다스림으로써 세상을 권면하는 본보기로 삼아야 할 것입니다. 그런데도 도리어 무고하게 쫓겨났던 이들과 함께 등용하시어 호조의 직책을 새로 제수하기까지 하시니 이 어찌 미천한 신이 생각이나 했던 것이겠습니까.

신의 마음 깊은 곳에는 더욱 고통스러운 점이 있습니다. 선신이 조정에 섰던 40년 동안 임금을 섬기고 신중하게 처신한 일과 나라를 걱정하고 멸사봉공한 일에 대해서는 그 전말이 잘 알려져 있으니 다시 진술할 것이 없습니다. 선신은 오로지 조심하고 근신하여 권세와 지위를 내세우지 않고 시종일관 두려운 마음으로 겸손한 태도를 갖고 검약하였으니, 귀신의 시기든 타인의 위해든 그 어느 것도 스스로 초래했을 리가 없습니다. 그러나 신의 형제는 이렇다 할 품행이나 능력도 하나 없으면서 요행히 연줄을 타고 연달아 조정에 올라 출세가 보장

된 직책들을 역임하고 단박에 하대부下大夫의 반열에까지 뛰어올랐습니다. 그 영광과 총애가 빛나게 드러나서 세상 사람들의 주목을 받았는데도 신들은 '감당 못할 자리를 차지하고 있다'는 경계와 '멈추어 만족할 줄 알라'는 교훈을 생각지 않고 미련하게 진출해서 높이 오르기만 할 뿐 돌아올 줄 몰랐습니다. 그러다가 마침내 신의 자만으로 인한 재앙을 선신에게만 미치게 하고 정작 신은 요행히 모면하였으니, 이보다 더 큰 불효가 있을 수 없습니다. 신은 이 생각이 들 때마다 너무나 부끄럽고 원통하여 식은땀과 눈물이 함께 흐르지 않은 적이 없습니다.

이런 까닭에 신은 영원히 농부로 살다 죽어야지 다시는 사대부의 반열에 끼지 않으리라 맹세한 지 오래입니다. 그런데 지금 만약 한때의 기회를 요행으로 삼아서 이전에 품은 뜻을 잊어버리고 대뜸 다시 갓끈 매고 인끈 차고서 세상에 달려 나간다면 어질고 효성스러운 군자들에게 거듭 죄를 얻을 것이니, 그렇게 되면 지하에서 선신을 뵐 면목조차 없게 됩니다. 신이 아무리 미련하다 해도 어찌 차마 이런 짓을 하겠습니까.

우러러 생각건대, 전하께서는 성대한 덕으로 세상을 포용하고 흡족한 교화로 만물을 낳고 길러 주시어 새와 짐승, 물고기 같은 동물들까지도 모두 각자 타고난 본성대로 살아갈 수 있게 하십니다. 그러니 신의 지극히 진실한 마음을 참으로 가

련히 여겨 주시리라 믿습니다. 부디 인자한 은혜를 드리워 속히 신에게 내리신 관직을 거두어 주시고, 이번 기회에 조정의 명부에서 신의 이름을 아예 삭제하여 다시는 천거되는 일이 없도록 하여 주십시오. 그리하시면 신은 삼가 전야에서 한가로이 지내며 성은에 흠뻑 젖어서 나무꾼, 목동들과 함께 날마다 박수 치고 노래 부르며 이 나라가 만세토록 태평하기를 송축할 것이며, 구천에 가서도 결초보은할 것입니다. 현명하신 성상께서 측은하게 살펴 주시면 더없이 다행이겠습니다.

1689년 기사환국으로 부친 김수항에게 사약을 내린 숙종은, 그로부터 5년 만인 1694년에 갑술환국을 단행하여 남인을 축출하고 다시 서인을 등용하였다. 이와 함께 김수항이 사면 복권되었고 김창협 집안에도 벼슬길이 열리게 되었다. 이 글은 이때 제수된 호조 참의의 사직을 청하며 올린 상소문이다. 이에 대해 숙종은 자신의 과오를 인정하는 비답을 내렸고, 이후에도 조정의 요직을 돌아가며 비워 두면서 김창협에게 줄기차게 벼슬을 내렸다. 그러나 김창협은 단 한 차례도 관직에 나가지 않았는데, 그때마다 올린 사직 상소문 49편이 전한다.

이 작품의 표면적 주제는 분명하다. 자신은 죄인이므로 출사할 수 없으니 사직을 허락해 달라는 것이다. 불효자로 낙인찍힐 수밖에 없는 자괴감과 선친에 대한 안타까움만을 절절하게 표현하였을 뿐 왕에 대한 원망의 말은 한마디도 직접 내뱉지 않았다. 오히려 서두와 결미 부분에서 왕의 덕을 칭송하였다. 그러나 이러한 칭송은 여전히 풀릴 수 없는 비탄을 전제로 한다는 점에서 역설적이다. 선친에게 흠이 없었음을 강조할수록, 모든 잘못이 자식인 자신에게 있다는 표면적 논지의 이면에 깔려 있는 왕에 대한 복잡한 심사가 드러난다.

김창협의 사직은 기사환국의 원인이 된 남인에 대한 처벌을 보다 더 분명하게 해 달라는 무언의 요구이기도 했다. 이 작품은 이러한 복잡한 정치적 배경 위에서 개인적 원망과 비판을 직접 드러내지 않고도 읽는 이로 하여금 그것을 매우 강하게 느끼게 한다. 엄정한 형식과 치밀한 논리를 갖추면서 '감정의 절절한 토로'와 '말하지 않음으로써 말하기'가 조화를 이룬 명편이다.

아버지 대신 지은 동생의 묘지명
六弟墓誌銘

내 동생 창립昌立 1666~1683은 본관이 안동으로, 돌아가신 아버지 영의정 휘 수항의 여섯째 아들이다. 창립은 16세에 관례를 행하여 노봉老峯 민정중閔鼎重 1628~1692 공께 '탁이卓而'라는 자字를 받았고, 17세에 서하西河 이민서李敏敍 1633~1688 공의 딸을 아내로 맞았다. 그리고는 18세에 죽었다.

창립이 죽은 지 7년 만에 기사년의 화가 있었다. 화를 당하던 날에 아버지께서 나를 돌아보며 말씀하셨다.

"네 아우의 묘지명을 내가 오래전부터 짓고 싶었으나 슬픔이 심하여 글을 지을 수가 없었다. 나는 이제 끝이니, 네가 꼭 묘지명을 짓도록 하여라."

나는 눈물을 흘리며 명을 받았지만 슬픔이 갈수록 더욱 심해져서 글을 지을 수가 없었다. 그렇게 다시 7년이 흐르고 난 이제야 비로소 창립의 행적을 서술하고 명銘을 짓는다.

창립은 잘 생기고 똑똑해서 어린아이일 때는 뛰어난 재기를 활발하게 드러냈다. 열 살 되던 때에 아버지를 따라 남쪽으로 가면서 나귀 한 마리를 타고 혼자 천 리를 달려갈 정도였다. 자라면서 자신을 낮출 줄 알고 여유로워지긴 했으나, 의기가 드높아서 세상을 바로잡고 속기俗氣를 뿌리 뽑고자 하는 원대한 뜻을 늘 품고 있었다.

어려서 형들을 따라 배우면서 이미 『시경』 풍아風雅의 원류와 고금 한시의 성률聲律에 수준 고하의 차이가 있음을 듣고는 무엇을 취하고 무엇을 버려야 할지를 알았으며, 그 명철한 식견으로 스스로 터득한 것이 많았다. 이에 평소에 취미로 좋아하던 잡다한 기예들을 모두 그만두고 오로지 문장을 익히는 데에만 힘을 쏟았다. 셋째 형인 자익 김창흡을 스승으로 모시고서는 같은 마을에서 뜻을 같이하는 벗들 5, 6인과 함께 밤낮으로 교유하며 서로 절차탁마하는 것을 일삼았다. 그리하여 『시경』, 『초사』, 『문선』과 고악부로부터 성당盛唐의 여러 시인에 이르기까지 모두 깊이 음미하고 즐기며, 이를 모범으로 시가를 지었다.

특히 『사기史記』를 좋아하여 형가荊軻와 고점리高漸離가 축筑을 두드리며 슬프게 노래하는 대목을 읽을 때마다 한숨을 쉬고 비분강개하여 눈물을 흘리면서 동학들을 돌아보며 "나는 그대들과 매일 술 마시고 시 읊으며 평생을 보내는 것으로 만족한다."라고 말하곤 했다. 세속의 부귀와 공명 따위는 아무것도 아니라고 여긴 것이다. 창립은 학교에서 보이는 시험에 간간이 참가하여 여러 차례 합격하기도 하였으나 그 역시 대수롭게 여기지 않았다.

창립은 인자하고 어질어서 사람을 두루 사랑하였고 집안에서는 효성스럽고 공손하였으며, 다른 이들과 교유하는 데에 있어서는 신의가 있었고 특히 벗들과의 관계가 돈독하였다. 그 때문에 창립을 따르고 사귄 사람들은 모두 진심으로 그를 사랑하여 창립이 죽었을 때에 마치 친형제를 잃은 것처럼 곡하였으며, 심상心喪의 표시로 겉옷에 삼베 조각을 붙이는 예를 행하는 사람도 있었다.

계해년1683 정월에 창립은 큰 글씨로 벽에다 "내 나이 열여덟이다."라고 썼다. 이는 스스로 심기일전하고자 한 말이었다. 그런데 결국 그해 12월 26일에 죽자, 사람들이 그 글을 참언讖言 예언이라고들 하였다.

창립이 병들었을 때에 곁에 있던 사람이 그가 잠꼬대하는 소리를 가만히 들어 보니 그 내용이 모두 글에 대한 일이었다고 한다. 간혹 갑자기 탄식하면서 "지극히 높은 뜻을……"이라고 하고는 그 말을 끝맺지 못하기도 했는데 그것이 자신을 한탄하는 말임을 알 수 있다. 또 부모가 노심초사하시는 것을 보면 늘 탄식하고 가슴 깊이 애통해하며 "내가 어찌 이런 근심을 끼쳐 드린단 말인가."라고 말하곤 하였다. 창립의 효심은 죽을 때까지 이와 같았던 것이다.

아아! 창립은 그와 같은 뜻과 재주를 지니고도 불행히 단명하여 성취한 것이 없으니, 이는 정말 영원토록 한스러운 일이다. 그러나 그의 독실한 효심을 생각해 보면, 일찍 죽어서 기사년의 화를 보지 못한 것이 도리어 다행스러운 일이라 해야 할 것인가? 슬프도다!

창립이 지은 시가는 맑으면서 호탕하고 격조가 높으면서도 정취가 풍부하다. 그가 죽은 뒤, 평소 뜻을 같이했던 이들이 그의 글 상자를 열어 수십 편의 시가를 찾아 내서는 자익에게 가지고 가서 산정刪定을 받아 일찍이 강습했던 서실의 이름을 따서 『택재고澤齋稿』라고 이름 붙였다. 그 유고를 본 여러 선배들은 모두 탄식하며 후세에 전할 만하다고 하였다.

창립의 묘는 양주 율북리에 있는데, 석실石室의 선영과 불과 몇 리 거리이다. 돌아가신 아버님의 묘소는 그 동쪽 수십 보 거리에 있다. 우리 김씨는 고려 태사 휘 선평宣平으로부터 시작되었다. 증조고 휘 상헌尙憲은 좌의정 문정공文正公 청음淸陰 선생이고, 조고 휘 광찬光燦은 동지중추부사를 지냈으며, 외조인 해주 목사 나성두 공의 집안은 안정安定의 명가이다. 창립은 딸만 하나 두었고 아들은 없다. 자익이 자기 아들 후겸厚謙을 후사로 삼아 주었는데, 지금 9살이다.

명銘은 다음과 같다.

죽은 때는 아버님 화 당하시기 전이고	其死也前先君之禍
묻힌 곳은 아버님의 유택과 가까우니	其藏也近先君之宅
아, 네가 일찍 죽은 것은	嗟爾之夭
슬퍼할 게 아니라 즐거운 일이로구나	可樂非戚
살아남은 못난 이내 몸은	是頑然者
살아 있음 자체가 독과도 같아	以生爲毒
그저 눈물로 너의 비명을 적시며	涕漬爾銘
애통한 심정을 이렇게 고할 뿐	唯哀是告

1695년45세 동생의 죽음을 두고 지은 묘지명이다. 그런데 동생이 18세에 요절한 일을 두고 슬픈 일이 아니라 즐거운 일이라고 했다. 오히려 살아남은 자신의 삶이 독과 같다고 하였다. 무슨 이유일까?
이 글의 주인공 김창립은 6형제 가운데 막내였는데 가장 먼저 세상을 떴다. 김수항이 18세의 어린 아들을 잃은 것은 1683년, 그의 나이 55세로 영의정으로서 국정을 주도하던 때였다. 요절한 아들을 묻은 김수항은 그 묘지명을 남에게 맡기지 않고 스스로 쓰려 했다. 그러나 슬픔에 빠져서 차마 글을 지을 수가 없었다. 그리고 1689년, 김수항은 유배지에서 사약을 받는다. 자신의 죽음을 앞두고 그는 7년째 쓰지 못한 막내아들의 묘지명을 둘째 아들인 김창협에게 부탁한다. 이 글은 이 유언과도 같은 아버지의 명을 받고 돌아가신 아버지 대신 쓴 글

이다.

그러나 김창협 역시 아버지 사후 다시 7년 동안 이 묘지명에 손을 대지 못한다. 그 사이에 아버지 김수항뿐 아니라 중부 김수홍, 스승 송시열의 죽음을 겪어야 했으며, 한 돌 된 둘째 아들을 잃는 슬픔까지 겪는다. 정쟁의 소용돌이가 지나고 다시 환국이 이루어져 아버지의 사면이 이루어지고 난 이듬해인 1695년, 김창협은 비로소 막내 동생의 묘지명을 짓는다.

동생의 요절은 너무나도 슬픈 일이다. 아버지에게는 물론이고 그를 아낀 형의 입장에서도 그러하다. 그러나 그 뒤에 닥친 슬픔들을 겪지 않아도 되었다는 점에서 그의 죽음은 차라리 즐거움이고, 그 슬픔을 정면으로 겪어 내야 하는 나의 삶이야말로 하루하루가 독과도 같은 고통이다. 슬픔에도 등급이 있을까? 그러나 어떤 슬픔은 더 큰 슬픔 앞에서 차라리 즐거움이 된다고 말하는 대목에서, 슬픔은 한없이 증폭된다. 절제된 표현과 간명한 구성이 돋보이는 작품이다.

절교를 선언하다
與崔右相

초여름에 대감의 옥체는 편안하신지 여쭙습니다. 저는 변고를 당하여 죽어 마땅한 몸으로 10년 동안 구차하게 살아오며 원통한 마음이 잠시도 그친 적이 없었습니다. 합하閣下 존귀한 분에 대한 경칭의 깊은 생각과 원대한 계획으로 나라를 안정시키는 일이 워낙 급하셔서 구천에 계신 제 선친의 깊은 원한과 필부로 살아가는 저의 지극한 통한은 돌아볼 겨를이 없으셨다 하더라도, 이번 일이 실로 합하의 건의에서 나온 이상 제 개인적인 의리로서는 우리의 오랜 우호 관계를 더 이상 온전히 이어갈 수 없습니다. 그러니 이제부터 합하와의 교유를 끊어야 하겠습니다. 남의 마음을 잘 헤아리시는 합하이신 만큼 깊이 나무라지는 않으시리라 생각합니다.

지난달에 합하께서 편지와 함께 친히 편찬하신 예서禮書를 보내 주시고는 외람되게도 정정訂正을 부탁해 주셨는데, 견문이 적은 주제에 감히 그 명을 받들 수 없으면서도 애장하여 완미해 보고 싶은 욕심에 덥석 받아 가지고 있었습니다. 하지만 이제는 오래 가지고 있을 수가 없어서 오 서방오진주 吳晉周

1680~1724 편에 삼가 돌려 드리니 잘 확인하시기 바랍니다.

생각해 보니 그 당시 제가 편지에서 대략 드린 말씀이 있습니다. 그때까지만 해도 저는 이 일을 건의한 분이 합하라는 말을 듣지 못했고, 그저 조정의 논의가 대체로 저들의 죄를 씻어 주어 당파의 대립을 조정하는 데 힘쓰고 있다고만 들었습니다. 그런데 합하께서 조참朝參 때에 아뢰신 말씀이 사방에 퍼져서, 마음속으로 의심이 없을 수 없었습니다. 그래서 명도明道 정호程顥 1032~1085 가 희녕熙寧·원풍元豐 연간에 왕안석王安石 1021~1086 의 신법에 동조했던 인물들도 함께 등용하자고 주장한 일에 대해 주 부자朱夫子 주희께서 정호의 경우는 워낙 크고 온화한 사람이어서 사람들을 감동시킬 수 있었기에 소인을 끊어 내지 않을 수 있었지만 보통 사람이 이렇게 한다면 임기응변의 술수에 지나지 않는다고 논하신 말씀을 인용하여 대략 제 뜻을 보인 것입니다. 이는 합하께서 정도를 어기면 화를 부른다는 교훈을 깊이 경계로 삼으셔서 명도의 사례를 대뜸 구실로 삼지 마시기를 바란 것입니다. 다만 분수를 넘어서지나 않을까 걱정되어 제 생각을 다 말씀드리지는 못했기에, 얼마나 잘 살펴 주실지는 자신하지 못했습니다. 그런데 이제 와서 생각해 보니 당시 합하께서는 의도를 가지고 질문하신 것이었는데 저는 그런 줄도 모르고 함부로 대답했으니 매우 어리석고 처신을 잘못한 것이라 하겠습니다.

그러나 저로서는 합하께서 묻지 말아야 할 것을 물으셨다는 점이 이상합니다. 이는 어떤 이의 부모를 죽인 자를 자신은 용서하고 또 총애하려 하면서, 죽은 자의 자식에게 "그렇게 해도 되겠느냐, 안 되겠느냐?"라고 묻는 것과 같습니다. 그 자식이 안 된다고 한다면 사람들의 공론에 동조하지 않은 것이 되고, 된다고 한다면 또 짐승만도 못한 게 될 것입니다. 두 가지 대답 중에 하나도 가당한 것이 없는데 물으신 것은 어째서입니까? 이런 질문으로 그 자식을 고의로 시험해 보려는 것이 아니겠습니까? 그렇다면 합하께서 저를 대하시는 태도는 너무도 진실하지 않은 것입니다. 저는 이에 대해 유감이 없을 수 없어 감히 다 말씀 드립니다. 합하께서 살펴 주시기 바랍니다. 이만 줄입니다.

1698년48세 김창협이 당시 우의정이었던 최석정崔錫鼎 1646~1715에게 보낸 편지이다. 김창협의 증조 김상헌과 최석정의 조부 최명길崔鳴吉 1586~1647은 병자호란 당시 각각 척화와 주화를 대표하는 인물이었으나 전후 수습 과정에서 고락을 함께하며 서로를 존중하고 국가 대사에 공조하였다. 1676년 최석정은 윤휴를 비난하고 김수항을 옹호하다가 삭출되는 등 서인으로서의 정치적 행보도 함께하였으며, 최석정의 아들 최창대崔昌大 1669~1720가 김창협에게 자문을 구하는 편지를 보내는 등 세교를 이어 가고 있었다. 최석정은 1694년 갑술환국 이후 김창협을 계속 천거하는 등 노소 당쟁의 격화를 막기 위해 노력하였다. 그러나 노론과의 보합을 추진했던 최석정 본인의 의지와 무관하게, 노론은 대명 의리를 내세우며 그의 조부 최명길을 강하게 비판했다. 여기에 최석정의 저서 『예기유편』이 주희의 견해와 다르다는 것까지 더해져 문제가 되기도 했다.

김창협의 이 짧은 편지는 공손하고 절제된 문장에 강한 유감을 담은 글이다. 김창협이 이 절교의 편지를 쓴 것은 기사환국 때 부친 김수항을 벌주도록 청했던 오시복吳始復 1637~?을 다시 등용하도록 건의한 이가 최석정이라는 사실을 알게 되었기 때문이다. 정치적 입장과 처신에는 다양한 시비의 논의가 있을 수 있다. 그러나 부친을 여읜 지 10년도 채 안 된 시기에 그 불구대천不俱戴天의 대상을 등용해도 될지에 대한 의견을 당사자에게 묻는 것이 부당하다는 김창협의 항변은 그것대로 절절한 진심을 담고 있다.

같은 상황에서 김창흡이 보낸 편지가 소론을 남인의 동조자로 몰아세우고 최명길까지 거론하며 극력 비난한 것과 비교하면 형제간의 기질 차이를 잘 볼 수 있다. 『숙종실록』에서는 "온화해서 핍박하지 않는 의리를 얻은 김창협보다는 못하지만, 김창흡의 편지 역시 명백하고 정직한 말로 골수를 깊이 찔러 소인의 마음을 깎아 내고 사람의 마음을 경계할 만하다."라며 통쾌해한 반면, 소론 측에서 집필한 『숙종실록보궐정오』에서는 최석정이 묻지 말아야 할 것을 물었다는 점은 인정하면서도 "김창협은 겸손한 말로 거절하였는데, 김창흡은 꾸짖어 욕하는 것이 거의 시정 아이들의 말투와 같았다."라고 비난하였다.

제5장

학문을 논하고 문학을 평하다

40대 후반은 김창협의 학문이 완숙해지는 시기이다. 독서와 토론을 놓지 않고 즐기는 가운데 김창협의 안목은 높아지고 분석은 더욱 예리해졌다. 지각知覺 논변으로 대표되는 심도 깊은 학문적 성취가 이 시기에 주로 이루어졌다. 성정性情과 천기天氣를 강조하며 전 시대의 문학을 심미적으로 분석하고 정교하게 비평했다.

하나뿐인 스승으로서 내 어이 자넬 잊겠는가

黃生柱河哀辭 幷序

황숙보 黃叔輔 황주하 黃柱河 1672~1696 군의 죽음에 내가 통상적인 기간을 넘겨 가며 곡하고 슬퍼하자, 나와 어울리며 뜻을 함께하는 선비들이 모두 와서 나를 위로하였고 나는 그때마다 눈물을 흘리며 그들에게 응대하였다. 숙보를 모르는 이들은 내가 지나치게 슬퍼하는 것 아닌지 의아해하기도 하였지만 나의 슬픔은 실로 지나친 것이 아니다.

나는 만년이 되어 도道를 탐구하면서 당대의 자질이 훌륭하고 뜻 있는 사람을 만나 함께 절차탁마하며 도리를 강론하고 해명함으로써 학문을 성취하고 싶었다. 그러나 두메산골에 들어와 지내느라 사람들과 만날 기회가 드문 탓에 숙보라는 이가 있음을 몰랐다. 계유년 1693 그의 부친에게 문상 갔을 때 처음으로 숙보를 보게 되었는데, 얼굴빛이 온화하고 몸가짐이 공손하며 시선이 아래로 향하고 말이 차분하였으며, 걸음걸이와 공손히 대답하는 모습이 모두 법도에 맞았다. 그래서 내가 본디 마음에 기억해 두고 있었는데, 그 뒤로 두세 번 만나면서 세속을 벗어난 높은 뜻을 지니고 매일 독서와 수신을 일과로 삼고 있음을 알게 되어 더욱 기뻐하였다. 그래서 나는 옛 사람들이 학문을 했던 순서와 사물의 이치를 궁구하는 데에 관한 설을 내가 아는 대로 다 말해 주었다. 나는 그때부터 숙보와 학문을 함께할 뜻을 지니게 되었는데, 숙보는 나를 만나기 전부터 이미 나에게 마음을 두고 있었다고 한다.

그러나 숙보는 당시에 양모養母의 상을 치르던 중이라 곧바로 나에게 오지 못했다. 그 이듬해에야 비로소 책 보따리를 싸서 미음渼陰으로 나를 찾아와 6, 7일을 머무르며 충분히 강학할 수 있었다. 그로 인해 나와 숙보는 서로에 대한 기대가 더욱 깊어졌다. 그해 겨울에 나는 뜻을 함께하는 사람 8, 9인과 함께 석실서원에서 글 모임을 가졌는데, 어느 날 갑자기 숙보가 옛 의관을 착용하고 예물과 문서를 갖추어 섬돌 아래에 서더니 제자의 예로 뵙겠다고 청하는 것이었다. 나는 놀라서 감당하지 못하고 세 번이나 사양했으나 결국 허락하였다. 숙보는 계속하여 4, 5일을 더 머물렀는데, 아침저녁으로 나를 볼 때에 더욱 경건하게 예를 갖추었다. 사람들이 애초에 숙보가 나를 추종하여 강학하는 모습을 보면서도 그가 이제껏 나를 스승의 예로 대한 적이 없었다는 사실은 알지 못했고, 이때에 와서 숙보가 스승의 예로 나를 대하는 것을 보면서도 또 그가 나에게 뜻을 둔 지가 실로 오래되었다는 사실은 알지 못했다.

숙보가 이런 말을 한 적이 있다.

"옛날에 스승을 섬기는 사람은 스승을 임금이나 아버지와 동등하게 보았으므로 누군가를 스승으로 모시는 일을 가볍게 하지 않았습니다. 그런데 오늘날에는 스승이라는 말을 어쩌면 그리도 쉽게 하는지요. 이리저리 나도는 평판만 듣고서 현명하다고 여기면 가서 따르고, 한 번 그 문하에 이르자마자 바로 스승이라고 부르곤 합니다. 그런데 정작 사제 간의 실상을 살펴보면 아무것도 없습니다. 옛날의 이른바 스승이라는 것이 어찌 본디 이러했겠습니까. 이래서야 '백성은 임금, 스승, 아버지 세 분으로 인해 살아가므로 이 세 분을 똑같이 섬긴다.'는 말과 '곁에서 봉양하고 죽도록 애써 섬긴다.'는 말이 무슨 의미가 있겠습니까."

나는 그가 뭔가 생각이 있어 이렇게 말했다는 것을 마음으로 읽었지만, 동의한다는 대답만 해 주었을 뿐 왜 그런 말을 하는지 캐묻지는 않았다. 그 뒤로 숙보가 늘 이 문제를 가지고 나에게 질문하기에 나는 결국 한자韓子 한유韓愈의 말을 가지고 이렇게 대답해 주었다.

"자네는 도를 전수하는 사람만을 스승이라고 말하고 있군. 한자는 무녀나 의원, 각종 기술자, 그리고 아이에게 글을 깨우쳐 주는 이들도 다 스승이라고 말하였네. 이렇게 보면 학술을 전하고 문장을 업으로 삼는 데 있어서도 모두 스승이 있는 것이네. 물론 도를 전수하는 스승에 비할 수는 없겠지만 그렇다고 이들을 두고 스승이 아니라고 할 수 있겠는가. 다만 스승이라고는 하지만 이들을 도를 전수하는 스승처럼 섬길 수야 없지 않겠는가. 오늘날의 이른바 스승이라는 것은 이 정도에 불과한 것이겠지."

그러자 숙보가 말했다.

"그 말씀은 옳습니다. 하지만 선비가 도를 위해서 스승을 구하는 것이 아니라면 무엇 때문에 굳이 스승을 구하겠습니까."

숙보는 지론이 이와 같았기 때문에 나를 대함에 있어서도 정중하여 소홀함이 없었다. 내가 재능도 학식도 보잘것없어 취할 만한 점이 없다는 것도 모르고 격에 맞지 않게 추중하고 있으니 그는 사람을 잘못 보았다고 하겠다. 그러나 사우師友를 중시하고 옛 예법을 좋아하여 세속에 물들지 않았다는 점에 있어서는 요즘 사람들이 어찌 그의 수준에 이를 수 있겠는가. 바로 이 점 때문에 나는 그가 이렇게 하는 것을 훌륭하다고 여기고 나 자신의 못남도 잊은 채 버젓이 스승으로 자처하였다. 이는 관중管仲이 길을 잃었을 때 늙은 말을 풀어 두고 그 뒤를 따라 길을 찾았던 것처럼 나같이 나이 든 사람도 쓸모가 있다고 여겨서이며, 예를 소중하게 생각하는 마음에 폐지된 예라도 그 자취만은 보존하고자 했던 공자의 뜻을 받든 것이다. 그렇지 않다면 숙보에게 부끄러운 점이 많은 나의 언행과 지조를 가지고 어찌 감히 그의 스승이 될 수 있었겠는가.

나는 숙보에게 말해 주지 않은 것이 없었다. 숙보가 처음에는 간혹 동의하지 않는 것이 있기도 했으나 물러가 생활하는 것을 보면 믿고 받아들여 실천하지 않은 적이 없었다. 정자가 말한 "자신을 믿지 않고 스승을 믿는다."는 자세를 숙보가 실로 지니고 있었던 것이다.

숙보의 뜻을 보면 그는 자신을 나에게 맡겨, 어떤 어려움이나 생명이 위태로운 상황이 오더라도 그 마음을 변치 않고자 하였고, 나도 내가 먼저 죽는 것 외에는 숙보에게 누를 끼치는 일이 없고자 하였다. 그런데 지금 숙보가 먼저 죽고 말았으니 내가 어떻게 슬프지 않을 수 있겠는가. 숙보처럼 훌륭한 사람은 이치상 아직 죽을 때가 아니거늘 지금 죽었으니 이는 나의 궁박한 운명이 그에게 누를 끼쳐서일 것이다. 나는 애초에 나의 죽음으로 숙보에게 누를 끼치고자 했는데 이제 도리어 나의 삶으로 인해 누를 끼쳐 그를 일찍 죽게 만들었으니 어찌 더욱 슬프지 않겠는가.

숙보의 이름은 주하柱河이고 창원昌原 사람이다. 훤칠하고 풍채가 좋아 여러 사람들 중에 특출한 것이 군계일학群鷄一鶴 같았다. 효성이 지극하여 온 힘을 다하여 부모를 섬겼고, 사람을 공손하고 신중하게 대하여 아무리 미천한 사람이라 해도 그에 맞는 예를 철저히 지켰으니, 그의 행동은 『소학小學』의 가르침에 들어맞지 않는 것이 거의 없었다. 이제 내가 그의 공부를 『대학大學』으로 진전시키려 하는 중이었는데 그 성취를 보지 못하게 되었다. 아, 그것이 더욱 애석할 뿐이다. 애사는 다음과 같다.

아름다운 선비여	有美一士兮
훤칠하고 깨끗하도다	頎而淸揚
온화하게 수양하기를	穆如自修兮
시와 예로 하였네	詩禮是將
중략	
아, 슬프도다	嗚呼哀哉兮
자네 어찌 나를 저버리는가	子豈我欺
자네를 못 본 지	自我不見兮
이제 얼마나 되었는가	于今幾時
갈대에 쓸쓸한 이슬방울이여	蒹葭露凄兮
가을 물은 아득하기만 하고	秋水渺瀰
마음에 그리는 이 사람이여	所謂伊人兮
내 눈은 여전히 자네를 본다네	吾尙見之
봉창 걷고 키 두드려 배를 띄워서	搴篷鼓枻兮

자네 가는 길 따라가려 했건만 逝將往從

어이하여 이리도 어긋나 버려 何斯違斯兮

그대 자취 어디서도 찾을 수 없는지 不得其蹤

저 배 어찌 그대 관을 싣고 가는가 舟何浮槥兮

바람 어찌 상여 깃발에 불어대는가 穾風何吹旌

땅속은 어찌 그리 깊고 깊은가 何黝深兮

봉분은 어찌 그리 높고 높은가 封何崝崢

무덤 가에 심는 나무 백양이라니 白楊何樹兮

장례 때 부르는 만가 해로가라니 薤露何曲

이게 정말 실제로 일어난 일인가 其然其疑兮

혹독한 이 원통함 어이해야 하는가 結愲冤酷

아, 이제 끝이로구나 嗚呼已矣兮

만고에 아무것도 볼 게 없어라 萬古茫茫

눈물로 지은 애사에 이 마음 남기노니 漬淚爲辭兮

잊지 않겠노라고, 영원히 잊지 않겠노라고 以存不忘

1696년46세 제자 황주하의 죽음을 기려 쓴 애사哀辭와 그 서문이다. 황주하가 김창협을 찾아 제자가 된 것은 1694년 겨울이었고 그가 죽은 때가 1696년 7월이었으니, 사제 관계로 지낸 기간은 2년도 채 안 된다. 오랜 기간 학문을 함께하며 수십 통의 편지를 주고받은 다른 제자들에 비하면 그리 각별한 관계라고 할 수 없다. 그럼에도 불구하고 김창협은 강원도 원주까지 문상을 다녀오며 오랫동안 깊이 슬퍼하였으며 이 애사 외에도 제문 및 여러 편의 시와 편지에서 그의 죽음으로 인한 참담한 심정을 토로하였다. 황주하에 대한 김창협의 애도는 계속 이어져서, 여러 해가 지난 뒤에도 황주하의 형제들을 만나는 것으로 그를 못 보는 그리움을 대신하곤 한다고 말할 정도였다.

황주하는 이조 판서를 지낸 황흠黃欽 1639~1730의 둘째 아들로 태어나 황쇠黃釗 1647~1712의 양자로 들어간 인물로, 25세에 요절하였다. 연륜이나 학문적 수준이 그리 높지 않았던 그에게 김창협의 애정이 이토록 각별했던 이유는 무엇일까. 세상의 흐름을 거슬러 진정한 학문을 하고자 마음먹었을 무렵, 어디에도 물들지 않고 우직하리만치 원칙에 충실하게 그 길을 가고자 하는 이를 만나 기쁨과 기대가 너무나 커서가 아니었을까. 이는 아무나 스승으로 모시려 하지 않았던 황주하가 오랜 숙고 끝에 평생의 스승으로 삼은 것이 자신이었는데 정작 자신이 그에게 준 것이라고는 기구한 운명뿐이라는 자책으로 이어진다.

황주하는 평소 광릉진 강가 색소헌이라는 서실에 거처하였다. 색소索笑는 서실 곁에 서 있는 매화나무가 겨울을 이기고 미소처럼 피워 내는 꽃을 찾고자 하는 마음을 담아서 붙인 이름이다. 그런데 이 매화나무가 어느 날 갑자기 말라 죽어 있었고, 그로부터 불과 몇 달 만에 황주하가 죽었다고 한다. 다음은 이듬해 봄 매화 필 무렵, 매화도 그를 찾는 제자의 미소도 사라져 버린 이곳을 찾은 김창협이 지은 시이다.

화분 속 시든 매화에 눈물이 멈추질 않아	淚濺盆中半落梅
옅은 구름 뿌연 달빛 아래 잠 못 들고 서성이네	澹雲微月起徘徊
서실 동편의 늙은 나무 그 넋이 먼저 끊겼으니	齋東老樹魂先斷
미소 찾아 돌아올 이 다신 없을 줄 알아서인가	應爲無人索笑來

성정과 천기로 지은 시

松潭集跋

『송담집 松潭集』 두 권은 시 4백 수십 수로 이루어져 있다. 우암 송 선생이 그 서문을 쓰면서 송담공 松潭公 송남수 宋枏壽 1537~1626 의 행적은 잘 갖추어 기술했으나 시에 대해서는 논하지 않았다. 아마도 시는 문집 속에 들어 있으니 독자 스스로 보면 될 것이라는 뜻에서 그리하신 것 같다. 또 그보다는 그 인물의 훌륭함을 논하는 편이 더 낫겠다고 여긴 것이기도 할 것이다.

그 시에 대해 한번 논해 보자면, 물 흐르듯 맑게 울리는 성운 聲韻 과 조화롭고 시원스러운 격조는 시 짓기를 업으로 삼아 거기에만 힘을 쏟는 사람이라 해도 이보다 크게 뛰어날 수 없을 정도이며, 시에 담긴 사유는 더욱 깨끗하고 광활하다. 공은 평소에 시인으로 알려지지도 않았는데 어떻게 시가 이와 같을 수 있는지 의아해할 이들도 있을 것이다. 그러나 내 생각에 시는 성정 性情 의 산물이니, 오직 천기 天機 를 깊이 체득한 사람만이 잘 지을 수 있다. 도량은 좁아터지고 식견도 어두우면서 그저 평측과 율격을 맞추는 데 급급하여 특이한 구절을 쥐어짜 꾸미고 다듬는 것으로 솜씨를 과시하면서 시인이라 자부하는 이들에게서 어찌 참다운 시가 나올 수 있겠는가.

우암 선생이 서문에서 "공은 젊어서부터 사방 각지로 벼슬살이 다녔는데, 매번 그곳의 아름다운 산수를 찾아다니길 좋아하였다. 중년에 벼슬에 지쳐 고향으로 돌아와서는 날마다 쌍청당雙淸堂을 깨끗이 청소하고 한적하게 정좌한 모습이 마치 신선 같았다. 8, 90세를 사는 동안 미간을 찌푸리는 일이 한 번도 없었다."라고 하였다. 이것이야말로 공이 참다운 시인임을 보여 주는 것이다. 그리고 또 "일과 사물을 접할 때마다 그 감회를 반드시 시로 표현하였고, 좋은 날 멋진 경치를 만나면 술자리를 마련하고 벗을 불러 이야기 나누며 즐거워한 일들이 모두 시가 되지 않은 것이 없었다."라고 하였다. 이것이야말로 공이 참다운 시를 지을 수 있었던 이유를 보여 주는 것이다.

이렇게 말한다면, 서문에서 한 마디도 시를 논한 것이 없지만 또한 한 마디도 시를 논하지 않은 것도 없는 셈이다. 그러니 독자 역시 시를 보지 않고서도 그 시가 틀림없이 아름다우리라는 것을 알 수 있다. 춘추시대 오吳나라의 계찰季札이 음악을 들으면 그 나라의 흥망을 알아보았듯이 시를 잘 보는 사람이 세상에 있다면, 그는 이 시집을 읽고 누구의 작품인지 묻지 않고서도 분명히 "이 시의 작가는 풍류 있고 호탕하며 화락한 사람이로구나."라고 할 것이다. 그렇다면 서문이 없어도 무방하지만, 서문을 가지고 정말 그런지 확인해 본다면 더욱 믿을 만하지 않겠는가.

공의 현손玄孫 하적夏績이 그의 집안 어르신인 참판공參判公 송규렴宋奎濂 1630~1709의 명으로 나를 찾아와서 서문 아래에 놓을 한마디 말을 지어 달라고 하기에, 그 서문에서 말하지 않고 남겨 둔 뜻을 이와 같이 한번 드러내 보았다. 참판공은 서문에서 관찰사라고 한 바로 그분이다.

송남수의 문집 『송담집』에 쓴 발문으로, 1696년46세 11월에 썼다. 『송담집』은 저자의 손자 송국사宋國士 1612~1690와 증손자 송규창宋奎昌 1630~1688, 송규렴 등이 편찬하고 송시열의 서문을 받아서 1686년에 목판으로 간행했다. 이후 여기에 저자의 잡록 『검신요결檢身要訣』1623년 작, 1687년 송시열 발문을 부록으로 더하고 김창협의 발문을 붙인 판본이 전한다.

시는 형식적 조탁이나 전문적 수련으로 잘 지을 수 있는 것이 아니고 작가의 성정을 얼마나 자연스럽게 드러내는가에 달려 있다는 것이 김창협 시론詩論의 핵심이다. 앞서 '좋은 문학이란 무엇인가'라는 제목으로 인용한 『잡지』 외편에서 보았던, 성정이 발현하고 천기가 작동하여 자연스럽게 이루어진 시의 실례를, 김창협은 송남수의 시에서 본 것이다. 송시열의 서문이 말하지 않으면서 말한 내용들을 차근차근 밝히는 방식을 취함으로써 더욱 맛깔스럽게 읽히는 글이다.

요절한 젊은이와 외로운 노인을 위하여

曺生命衡墓誌銘

하산夏山 창녕 조씨曺氏에 인재가 있었으니, 이름은 명형命衡 1675~1696이고 자는 치규稚圭이다. 그는 사람됨이 청명하고 단정하며 독실하게 행하고 힘써 배워 약관의 나이에 이미 원대한 기량을 갖추었는데, 불행히도 수명이 짧아 홀어머니를 남겨 두고 먼저 죽었다. 어머니 이 유인李孺人은 애통함이 심하여 더 이상 살지 않으려 했다. 그러다가 얼마 뒤 스스로 수천, 수만 자의 뇌사誄辭 조문弔文를 지어서 군이 평생 행했던 크고 작은 사적들을 거기에 모두 담았다.

이 유인이 사람을 통해 나에게 그 글을 바탕으로 묘지墓誌를 지어 달라고 청하기에 내가 받아 읽어 보았는데, 모자가 서로 사랑하고 효도하여 길러 주고 봉양하는 데에 있어 은혜와 효성이 깊고 독실하였다. 생사를 달리하여 한이 맺힌 대목에 이르러서는 눈물이 옷깃을 적셔서 차마 끝까지 읽을 수가 없었다. 이윽고 탄식하며 이렇게 말했다.

"조군은 참으로 어질고 유인의 궁박함은 너무나 슬프도다! 옛사람이 이르기를, '인의仁義가 천하에 행해지면 아비가 자식을 잃어 통곡하지 않고 늙은이가 어린이를 잃어 통곡하지 않게 할 수 있다.' 하였거늘, 지금 세상은 훌륭한 정치가 사라진 지 오래되어 요절한 젊은이와 외로운 노인이 천하에 넘쳐난다. 그러나 요절한 젊은이가 다 조생처럼 어진 것은 아니고 외로운 노인의 궁박함이 다 유인처럼 심한 것은 아니다. 이와 같은 상황에서 이들 산 자와 죽은 자를 위로할 글마저 끝내 없다면 선행을 하고도 복을 받지 못한 이들에게 무슨 희망이 있겠는가. 세상에 글 짓는 일을 자신의 임무로 삼는 현인 군자들이라면 차마 그렇게 되도록 내버려 두지 못할 것이다. 그런데 유인은 그 책무를 나에게 맡겼으니 이 또한 슬픈 일이다."

중략

조군은 말을 배움과 동시에 글을 읽을 줄 알아 스스로 일과를 정해 두고 이른 아침부터 늦은 밤까지 조금도 쉬지 않고 학문을 연마하였다. 병이라도 날까 걱정하여 유인이 주의를 주면 조군은 늘 서글픈 기색으로 말하기를, "우리 집이 만약 최씨崔氏, 서씨徐氏 두 이모의 집과 같다면 무엇 때문에 이다지도 고생스럽게 공부를 하겠습니까." 하였다. 그 두 집안이 모두 그때 한창 현달하였고 자손도 많았기 때문에 그렇게 말한 것인데, 유인은 그 뜻을 가엾게 여겨 차마 더 이상 말리지 못하였다. 이리하여 그 문장과 식견이 날로 샘물 솟듯 발전하던 차에 결국 이렇게 죽게 되어 완성을 보지 못했으니 애석하도다!

앞서 익찬공翊贊公 조헌주曺憲周 1645~1693 이 15세 때에 조군의 부친 통덕랑通德郎 하중夏重 1659~1677 을 낳았고 통덕랑이 또 17세 때에 조군을 낳았으니, 누대에 걸쳐 종가의 제사를 주관해 온 조씨 집안에서 2대에 걸쳐 잇따라 일찌감치 장자를 본 것이다. 익찬공이 나이 서른에 벌써 손자를 안게 되자 다들 복이 있다고들 하였는데, 모두 일찍 죽고 말았다. 통덕랑은 겨우 19세에 죽었고, 조군은 22세에 죽고 자식마저 없다. 일찍 난 것은 알차지 못하다는 것이 실로 사물의 이치인 것인가. 이 무슨 하늘의 장난이란 말인가.

아무리 그렇다 해도 유인이 홀로 이 가혹한 상황을 겪는 것은 너무나 심한 일이다. 나는 실로 어질고 글재주 있는 이들에게 부끄럽기는 하나, 하소연할 데 없는 유인의 궁박한 처지를 차마 그대로 둘 수가 없어서 이렇게 애써 묘지를 짓는다. 아! 이런 글로 유인의 마음을 조금이나마 위로할 수 있을까?

조군은 병자년1696 12월 임진일10일 에 죽었고, 묘는 여주驪州 오룡곡五龍谷 선영 내 모향某向의 언덕에 있다. 명銘은 다음과 같다.

장성한 뒤에도 모친을 연모하여　長而戀母
품 안을 벗어나지 않은 듯이 하였네　如未免懷

새벽부터 어두운 저녁이 올 때까지 我晨我昏
모친을 늘 감싸고 정성으로 섬겼지 宛宛依依
누가 말하였나, 자식의 효심이란 孰云孝心
처자식 생긴 뒤엔 전과 같지 않다고 妻子於衰
야박한 풍속이 온 세상에 만연해도 薄俗靡靡
조군만은 온전하게 옛 도를 지켰네 獨與古偕
아아! 조군은 비록 세상을 떠났지만 嗚呼此意
조군이 지닌 이 뜻만은 묻힐 수 없네 雖死不埋
내가 그 아름다운 일을 기록하여 我列其美
후세 위해 남기는 권면으로 삼노라 用勸後來
훌륭하신 모친께 감히 말씀드리니 敢告令母
부디 너무 오래 슬퍼하지는 마소서 其勿永哀

1696년 46세에 22세의 나이로 별세한 조명형을 위해 지은 묘지명이다. 조명형의 증조는 조한영曺漢英 1608~1670으로, 김창협의 증조 김상헌과 함께 심양에 구류되었던 인물인데, 이후 양가 사이에는 혼인 관계가 이어졌다. 조명형은 김창협이 관례에 빈賓으로 참여하여 축사를 해 준 인물이기도 하다.

모친이 직접 자식의 죽음에 조문을 짓는 일은 흔치 않다. 지극한 슬픔으로 죽을 것을 생각하다가, 자식의 행적을 남김없이 수습하는 일로 그 슬픔을 가까스로 추스르고 있는 것이다. 그런 모친의 심정을 잘 아는 김창협으로서는 그를 위한 묘지명을 지어 달라는 부탁을 차마 사양할 수 없었다. 세 살 때 부친을 여의고 모친의 슬퍼하는 모습을 보면서 일찍 철이 들었고, 결혼 후에도 모친을 끔찍이 모시며 그 곁을 떠나지 못하던 자식이다. 그런 자식을 잃은 슬픔 앞에서 김창협이 할 수 있는 일이란 고작 글을 지어 위로하는 것뿐이다. 그러나 다시 생각해 보면 갑작스럽게 소중한 것을 앗아가 버리고 마는 기구한 운명 앞에 내쳐져서 그 어디서도 보상받을 길이 없는 이에게는, 그 아픔을 영원히 기억해 주는 글이야말로 사람이 할 수 있는 가장 큰 위로가 아닐까.

지智와 지각知覺은 어떻게 다른가
答閔彦暉

지난해에 저를 찾아 주셔서 참 감사했습니다만, 바쁜 일들로 경황이 없어서 다정하게 말씀을 듣지 못한 점이 늘 한스러웠습니다. 병들고 게을러서 그저 날만 축내다가 몇 자 적어서 저의 생각을 전하지도 못한 채 그저 속으로 그리워만 할 뿐이었습니다. 그런데 뜻밖에도 제가 사적인 자리에서 강론한 견해를 전해 들으시고, 손수 편지를 써서 저의 부족한 부분에 가르침을 주셨습니다. 주도면밀하고 상세하며 본말을 남김없이 다루어 주셨으니, 궁벽하게 지내는 근년 들어서 누군가에게 이런 자상함을 받아 본 일이 거의 없습니다. 얼마나 기쁜지 이루 다 헤아릴 수가 없습니다. 그러나 제 소견으로 이해할 수 없는 점이 있어서 감히 침묵하지 못하고 다시 가르침을 구합니다. 부디 살펴 주시기 바랍니다.

운봉雲峯 호병문胡炳文 1250~1333이 '지智'를 풀이한 의도가 상세하게 설명하고자 한 데에 있었다는 것을 저도 모르지 않습니다. 다만 제가 감히 의심을 품는 것은 마음과 본성의 구분이 분명치 않다는 점입니다. 제가 알기로 본성은 마음이 갖추고 있는 이치이고 마음은 본성이 담겨 있는 그릇이라 하였습니다. 인의예지仁義禮智는 바로 본성을 말하는 것이니 그 본체는 지극히 정미하여 볼 수가 없고, '허령虛靈한 지각知覺'은 바로 마음을 말하는 것이니 그 작용은 지극히 신묘하여 측량할 수가 없습니다. 본성이 아니고서는 마음에 준칙이 있을 수 없고, 마음이 아니고서는 본성이 운용될 수 없으니, 이것이 마음과 본성의 차이입니다. 두 가지는 서로 떨어질 수도 없지만 섞일 수도 없습니다. 따라서 마음과 본성을 말하면서 마음에 나아가 본성을 가리키는 것은 옳지만 마음을 본성이라고 이해하는 것은 옳지 않습니다. 이는 유자가 공부를 할 때 무엇보다도 먼저 정밀하게 살피고 분명하게 분변해야 할 것입니다. 이 점에 있어서 조금이라도 어긋나면 불교의 견해로 떨어져 버릴 것입니다. 중략

제가 오래전부터 이런 의심을 품어 왔습니다만, 함부로 제 생각이 옳다고 확신할 수 없었습니다. 그러다가 주자朱子가 반병潘柄에게 답한 편지를 보게 되었는데, 거기에 "본성은 이치일 뿐이고, 정서는 흘러나와 운용되는 부분이다. 마음의 '지각'은 이 이치를 갖추고 이 정서를 실행하는 것이다. '지知'에 대해 말하자면 시비를 알게 되는 근거로서의 이치가 '지智'이니 이것이 본성이고, 시비를 알아서 시비를 판단하는 것이 정서이다. 이 이치를 갖추고 무엇이 시비인지를 깨닫는 것

이 마음이다."라고 하였습니다. 이 말은 마음과 본성의 구분에 대해 매우 정밀하게 언급한 것으로, 더 이상 쪼갤 수 없을 정도로 미세하게 낱낱이 분석하였으니, 아마도 만년晩年의 정론定論인 듯합니다. 여타의 다른 설들은 『주자어류朱子語類』의 기록은 물론이고 비록 당시 손수 쓰신 것이라 해도 이 말을 기준으로 절충하여 취사선택해야 할 것입니다. 운봉이 '지知'를 풀이한 것은 바로 이 편지에서 "마음의 지각은 무엇이 시비인지를 깨닫는 것이지, 시비를 알게 되는 근거로서의 이치가 아니다."라고 한 것에 해당합니다. 그러니 그가 마음이 곧 본성이라고 잘못 이해하고 있다는 사실이 분명해지지 않습니까. 저는 이 편지를 통해서 감히 제가 전에 품었던 의심이 근거 없는 것이 아님을 자신할 수 있겠습니다. 중략

그대의 견해가 저와 다른 점이 많다고 할 수는 없지만 끝까지 파고들어 말하자면 크게 다른 점이 이와 같습니다. 털끝만 한 차이가 천 리의 오류를 낳는 법입니다. 이는 배우는 사람이 분명히 변별해야 할 문제이니, 말씀해 주신 것처럼 서둘러 의견을 일치시켜야만 하겠습니다. 그래서 감히 들은 것을 빠짐없이 말씀드리며 의심스러운 점을 여쭙습니다. 부디 마음을 비워 이치를 살피되 선입견에 얽매이지 말고 반복하여 강론하고 비평함으로써 지당한 결론에 도달하도록 힘쓰기를 진심으로 소망합니다. 이외에 해 주실 말씀이 있으시면 제쳐 두

지 마시고 모두 편지로 일러 주시어 저에게 더욱 사랑을 베풀어 주시기 바랍니다.

1697년 47세 민이승閔以升 1649~1697에게 답한 편지이다. 민이승은 자는 언휘彥暉, 호는 성재誠齋, 본관은 여흥驪興으로, 윤증의 문인이다. 평생 벼슬에 나아가지 않고 조성기, 정제두鄭齊斗 1649~1736 등과 교유하며 학문에 전념하다가 이해 6월에 서연관으로 추대되고 7월 덕행으로 천거되어 낭관에 임명되었으나, 얼마 안 되어 죽었다. 민이승은 이 편지를 시작으로 김창협과 여섯 번의 왕복 편지를 통해 지각知覺의 문제를 집중적으로 토론하였다.

김창협은 『대학장구』 서문의 소주에 대해서 다음과 같이 논한 적이 있다. "운봉 호씨雲峯胡氏 호병문는 '지智란 마음의 신묘하고 밝음이니, 이를 통해서 모든 이치를 묘하게 다루고 만물을 주재한다.'라고 하였고 파양 심씨番陽沈氏 심귀보沈貴珤는 '지는 천리의 동정動靜이 작용하는 기틀을 함유하고, 인간사의 시비를 비추는 거울을 갖추고 있다.'라고 하였다. 이 두 설은 단지 마음의 지각만 말한 것으로 지와는 아무 상관이 없다. 지는 마음이 시비를 판단할 수 있는 이치로서 명확한 준칙을 가진 것이고, 지각은 이 마음의 허령함이 발휘된 것이며 신묘하여 측량할 수 없는 것이다. 지각을 단지 지의 작용이라고 하는 것도 옳지 않거늘 그것을 그대로 지라고 할 수 있겠는가."

이 편지는 이러한 견해에 대한 민이승의 반론에 대한 재반론에 해당한다. 김창협의 논점은 인의예지의 본성 가운데 하나로서의 '지'와 마음의 활동인 '지각'을 명확히 구분해야 한다는 것이다. 이 논쟁은 김창협이 자신과 함께 공부하는 형제 및 문도들의 편지를 동봉함으로써 점차 확대되어 갔고, 나중에는 권상하와 한원진韓元震 1682~1751 등의 호서 학자들이 김창협의 견해를 강하게 비판하고 나섬으로써 18세기 초반 호락 논쟁湖洛論爭의 중요한 주제가 되었다.

조선의 문장을 평하다
息菴集序

우리나라의 근세 문장가로 계곡谿谷 장유과 택당澤堂 이식을 최고의 작가로 추대한다. 내가 감히 두 분의 문장에 대해서 "계곡은 천부적으로 이루어진 경우에 가깝고 택당은 인공으로 깊은 경지에 이르렀으니, 옛 작가와 비교하자면 한유韓愈, 유종원柳宗元의 관계와 비슷하다."라고 논평한 적이 있다. 두 분 이후로 많은 작가가 나왔지만 전대 작가의 궤적에 뒤이어서 세상에 탁월하게 이름을 떨친 사람은 드물었다. 그러다가 최근에 비로소 식암息菴 김공金公 김석주金錫胄 1634~1684을 얻게 되었다. 공의 문장은 천부적인 면은 계곡보다 못하지만 인공적인 경지는 거의 택당에 비견될 만하니, 그 아름답고 독특하고 맑고 광활한 운치며, 언어를 단련하고 조탁하는 절묘한 솜씨는 타의 추종을 불허할 만큼 뛰어나다.

나는 우리나라의 문장이 세 가지 점에서 중국에 미치지 못한다고 생각해 왔다. 표피적이고 가벼워서 의미심장한 간절함이 부족하고, 거칠고 속되어서 고아한 아름다움이 부족하고, 번잡하고 늘어져서 간결하게 정제된 맛이 부족한 것이 그것이다. 그 때문에 말하고자 하는 정서와 논리가 분명하지 못하고 묘사하는 대상의 풍모와 정신이 제대로 드러나지 못하며, 작문의 법칙과 구성에 볼 만한 것이 없다. 이러한 것이 어찌 모두 문학적 재능이 부족한 탓이겠는가. 축적된 것이 얕고 계승된 지 얼마 안 되어서 문장에 대한 조예가 깊지 않아서 그런 것일 뿐이다.

공은 재주가 본디 뛰어나고 학문도 매우 넓은 데다 깊게 사고하고 예리하게 의론하기를 좋아하였다. 어려서부터 사부詞賦를 공부하여 근세의 진부하고 퇴폐한 인습을 싹 없애고 스스로 새로운 격조를 만들었다. 시험을 치를 적마다 시험관을 놀라게 하니 당대의 문필가들이 경쟁적으로 그를 모방하여 비슷해지고자 하였다.

고문古文을 짓는 데 있어서는 위로 진한秦漢 시대까지 거슬러 올라가고 아래로 당송唐宋 시대를 거쳐 명대明代의 대가大家들에 이르기까지 서로 견주어 비평하고 그 변화를 끝까지 연구함으로써 독자적인 견해를 완성하였다. 구상에 기초하고 구조를 수립하며, 제재를 연결하고 수식을 덧붙이며, 마지막으로 법칙과 규례에 엄격하게 맞추었다.

소장疏章과 차자箚子는 특히 논지가 정연하고 치밀하여, 사실을 진술하고 이해와 득실을 따질 때는 종종 사람들이 말하지 못하는 것을 곡진하게 묘사하여 정곡을 찌르는 데에 이르렀다. 그러나 그러면서도 옛사람의 격조를 잃지 않았다. 시詩 역시 침착하고 웅건하며 빼어나게 아름다웠는데, 가볍고 늘어지는 성조聲調는 결코 쓰지 않았다.

남긴 원고는 모두 25권이다. 그 일부를 구하여 읽어 보니, 표피적이고 가벼운 것과 거칠고 속된 것, 번잡하고 늘어진 것에 가까운 점이 전혀 없었다. 아! 공은 문장에 있어 인공으로 이른 경지가 지극하여 조물주의 솜씨를 빼앗았다고 해도 과언이 아니며, 계곡과 택당의 뒤를 이었다고 해도 손색이 없을 것이다.

그러나 공은 일찍 과거에 급제하여 군사와 국정의 중책을 총괄하느라, 문장 짓는 일에 들일 시간과 공력을 국정 기획과 군사 훈련에 대부분 빼앗기고 말았다. 더구나 중년의 나이로 공의 생이 끝나는 바람에 글을 짓는 일에 그다지 힘을 쏟지 못했다. 그런데도 공의 성취는 동시대를 뛰어넘어 후세에까지 빛나기에 충분하니 참으로 놀라운 일이다.

공이 돌아가신 뒤에 공의 맏아들 도사都事 도연道淵 1664~1689이 철활자로 공의 모든 원고를 몇 부 인쇄하여 세상에 이미 유행시킨 바 있다. 지금 영광 군수靈光郡守로 재직 중인 홍후洪侯 홍숙洪璛 1654~1714는 공에게 있어서 후한後漢 때 학자 양웅揚雄을 마지막까지 모신 후파侯芭처럼 가장 헌신적인 제자이다. 그는 공의 문장이 영원히 전해져야 하는데 문집을 목판으로 판각하지 않으면 멀리 전해지기 어렵다고 생각하여, 관직에 오르자마자 각수를 모아 판각을 시작하고 나에게 서문을 요청하였다.

내가 생각건대, 공이 별세한 뒤 얼마 지나지 않아 기사년1689의 화가 발생하여 도사군은 근심으로 세상을 떴고 부인은 섬으로 유배되었다. 이렇게 온 집안이 뿔뿔이 흩어지자 세상 사람들이 비통하게 여겼다. 이제 세도世道가 다시 새로워져 억울함이 모두 신원되었다고는 하나, 공의 집안에는 뒷일을 이어 맡을 자손이 하나도 없다. 오직 홍후가 옛 제자로서 공의 유고에 정성스럽게 힘을 쏟아서 영원히 전하고자 도모하고 있다. 그 의리가 참으로 사람을 감동시키기에 충분하니, 한 편의 글을 지어 그 일을 돕지 않을 수 없다.

나는 평소에 공의 문장을 흠모하였을 뿐 아니라 공에게 간단한 격려의 말씀을 들은 적도 있다. 하지만 문학에 관해 논하는 말씀을 들어 보지 못한 것이 평생의 한이다. 이제 책머리에 내 이름을 붙여서 내 마음을 표할 수 있게 되었으니 실로 다행스러운 일이다. 그래서 감히 사양하지 않고 이와 같이 서문을 쓰는 것이다. 공의 훌륭한 사업과 공적은 나라의 역사서에 기록되어 있으므로 여기서 상세하게 논하지 않는다.

1697년 간행된 식암 김석주의 문집에 부친 서문이다. 김석주는 본관이 청풍淸風으로, 김육金堉 1580~1658의 손자이며 김좌명金佐明 1616~1671의 아들이다. 29세에 관직에 진출, 현종과 숙종을 거치며 각 조 판서와 우의정 및 어영대장, 훈련대장 등을 역임하였다. 대동법, 호포법 등의 실무 개혁을 추진하고 군사력 강화에 힘쓰는 한편, 서인의 정치적 실세로서 남인과 대립하였다. 그 자신은 1684년 병사했지만 1689년 기사환국으로 남인이 집권하면서 관작이 추탈되었다. 이때 아들 김도연은 자결하였고 부인 황씨는 유배되었다.

이 서문은 김석주의 정치적 행적에 대해서는 전혀 언급하지 않고 오직 문장으로 그를 논평하였다. 문집의 서문에서 문체별로 구체적인 비평을 가했다는 점에 주목할 만하다. 특히 우리나라 문장의 수준을 중국과 비교하여 논한 대목은 이후에 많이 인용되며 성찰과 논의를 낳았다.

눈 오는 밤 산사에서의 약속
白雲寺贈義淸上人序

나는 중벌을 받아야 할 죄인이므로 세상과 발길을 끊고 산골에 엎드려 살다 죽는 것이 마땅하다. 그러나 백운산은 나의 오두막과 매우 가까워서 지팡이에 짚신 신고 느릿느릿 걸어가도 아침나절 내로 도착할 수 있다. 그래서 이따금 마음 내키는 대로 혼자 가서 홑이불을 덮고 연이틀 묵곤 하는데, 때로는 열흘이 되도록 돌아오기를 잊기도 한다. 그 때문에 산속의 중들과 노소를 막론하고 모두 격의 없는 사이가 되어서 그들과 아랫목과 방석을 두고 다투기도 하면서 신분이며 법도며 다 잊은 채 지낸다. 그들이 현명한지 어리석은지, 맑은지 탁한지도 전혀 따지지 않고 말이다.

그러는 중에 나는 예전에 이 산을 유람할 적에 만났던 노승 희공熙公을 떠올리게 되었다. 그는 당시에 이미 아흔 살이 넘었는데도 매일 불경佛經과 게송偈頌을 암송하였는데 수천 자를 단 한 자도 틀리지 않고 끝까지 외었다. 그가 터득한 도의 깊이는 알 수 없었지만, 아흔의 나이에 이르도록 나태하지 않고 뜻과 생각을 정밀하고 근면하게 유지한 점은 우리 유도儒道에 있어 95세의 나이에도 「억抑」시를 지어 자신을 경계한 춘추시대 위 무공衛武公에 가까울 정도이니, 그도 불가佛家 가운데 이인異人에 든다고 하겠다. 이제는 그를 더 이상 볼 수가 없게 되었고 그의 의발을 전수받은 사람을 찾고자 해도 그런 이가 없어서 나는 서글픈 생각에 늘 개탄하곤 했다.

근래에 의청義淸이라는 나이 많은 스님이 이곳에 있는데, 그는 서쪽 지방에서 새로 온 사람으로 차분한 용모에 시선을 내리깔고 말수가 적은 것을 보니 지조가 있는 사람 같았다. 게다가 이른 아침부터 밤까지 향을 사르며 부지런히 수도하기를 게을리하지 않았다. 나는 그가 남다르다고 생각하여 스승이 누구인지 물었더니 앞서 말한 희공이라고 했다.

내가 희공을 만날 적에 스님은 그 곁에서 바리때와 지팡이를 받들고 있었는데, 이제 등이 굽은 백발노인이 되어서 구면임을 알아차리지 못한 것이다. 순식간에 20여 년 세월이 흘러갔으니 이처럼 변한 모습이야 어찌 말할 것이 있겠는가. 나는 스님의 기품과 몸가짐에 희공의 유풍이 남아 있는 것이 기뻤다. 내가 그를 얻어서 동진東晉 때 은자 허순許詢이 지둔支遁 스님과 교유하고 도연명陶淵明이 혜원惠遠 스님과 교유한 것처럼 지내게 된다면 속세 밖에서 노니는 것이 그리 쓸쓸하지 않을 것이다. 나는 앞으로 산속의 후미진 곳에 들어가 무릎이나 겨우 들일 만한 작은 암자 하나를 짓고 밥만 축내는 무능한 중처럼 거기서 여생을 마치려는 생각도 있다. 스님이 이러한 인연을 도와 이루어 줄 수 있다면 그 대나무 의자와 부들 방석, 물병과 두건을 함께 쓰고 싶은데 어떻게 생각할지 모르겠다.

11월의 어느 밤, 스님의 방에 가서 묵었다. 눈 내리는 창가의 풍경 소리 들으며 등불 환하게 밝혀 놓고, 싸늘한 화로의 재를 뒤적이며 이 일을 함께 이야기하였다. 마침 스님이 종이와 붓을 꺼내 글을 청하기에 이렇게 써서 약속의 증표로 삼는다.

정확한 저작 연대가 밝혀져 있지는 않으나, 김창협이 백운산白雲山 기슭의 농암 여사農巖廬舍에 머물던 40대 후반에 쓴 것으로 보인다. 20대 후반의 젊은 날에 유람하던 산사에 이제는 그저 마실 다니듯 며칠씩 머물곤 한다. 그 사이 20년의 세월에 김창협에게는 많은 일들이 있었다. 20대에 이미 은거를 꿈꾸었던 김창협이지만, 부친의 죽음으로 평생 죄인의 심정으로 살게 된 이후로 은거는 표방이 아니라 생활이 되어 버렸다. 산사의 중들과 스스럼없이 지내며 아랫목을 두고 다투기도 한다. 패기 방장했던 시절에는 상상도 할 수 없을 일이다.
20년의 세월을 이어 준 것은 뜻밖에 만난 의청이라는 스님이다. 젊은 시절, 경이로운 눈으로 보았던 90대의 노승이 있었다. 의청은 그 곁에서 모시던 제자였지만 20년의 세월은 이제 몰라볼 만큼 늙은 모습으로 그를 바꾸어 놓았다. 말은 하지 않았지만 그 세월은 김창협 자신도 비켜가지 않았을 것이다. 자조와 희학이 담긴 글이지만 애잔한 추억과 소박한 바람이 배어 있어서 겨울밤처럼 아름답다.

맑은 밤 밝은 달의 즐거움을 누리려면
霽月堂記

낮과 밤이 맞물려 오고 감에 따라 해와 달이 교대로 빛을 발하고, 사계절이 돌아가며 운행함에 따라 바람과 구름이 변화하고 풀과 나무가 번성한다. 이러한 것들은 눈이 있는 사람이라면 누구나 볼 수 있는 것이다. 그런데도 세상의 고매한 현자와 초탈한 은자라야 이것을 독점하여 자신의 즐거움으로 삼을 수 있을 뿐, 보통 사람들은 이 즐거움에 함께하지 못하는 것은 어째서인가?

밖에서 권세가 유혹하면 의지가 분산되고 안에서 욕망이 들끓어 오르면 감각이 흐려진다. 이와 같은 사람은 어질어질하고 갈팡질팡하여 자신이 어디에 있는지도 모르는데 대상을 완미하여 그 즐거움을 누릴 겨를이 어디 있겠는가. 오직 몸은 영광과 치욕을 초월하고 마음은 의도적 행위의 바깥에서 노닐어, 사심 없이 밝고 차분하게 마음이 하나로 모여서 눈과 귀의 감각에 가려지는 일이 없어야만 대상에 대해서 그 깊은 맛을 볼 수 있고 나의 마음이 천기天機와 하나로 만나게 되는 것이다. 이러하니 그 즐거움이 어찌 보통 사람들이 함께할 수 있는 것이겠는가. 그러므로 「귀거래사歸去來辭」를 지은 도연명陶淵明 도잠陶潛 365~427 쯤 되어야 북창北窓의 바람을 시원하게 느낄 수 있고, 「격양가擊壤歌」를 읊조린 소강절邵康節 소옹邵雍 1011~1077 쯤 되어야 낙양洛陽의 꽃을 즐겁게 감상할 수 있는 것이다. 이것이 우리 후곡後谷 송 선생 송규렴宋奎濂이 제월당霽月堂을 둔 까닭이리라.

제월당은 충청도 회덕懷德에 있는데, 바로 선생이 거처하는 집이다. 선생의 말에 의하면, 처마가 조금 위로 들려 있고 동남쪽으로 트여 있는 덕분에 맑게 갠 저녁이면 달구경을 실컷 할 수 있어서 제월霽月 맑게 갠 날의 밝은 달이라고 이름 붙인 것이라 한다. 선생은 타고난 성격이 담박하여 조정에서 벼슬한 40여 년 동안 물러난 때는 많고 나아간 때는 드물었다. 늘그막에 변고를 치른 뒤로는 세상에 대한 생각이 더욱 없어져서, 벼슬하라는 명이 여러 차례 내려졌으나 자신의 마음이 가는 대로 평안히 거하여 나가지 않고 여유롭게 노닐며 한가로이 지냈다. 선생은 세상의 모든 이해 관계며 고락 따위가 거의 안중에 없기 때문에 맑게 갠 달을 특히 좋아하여 이 당에서 완상하며 즐길 수 있었던 것이다. 그렇지 않다면 서울의 으리으리하게 높은 집들 그 어딘들 달을 즐길 만하지 못하다고 선생만이 그 달을 독차지할 수 있겠는가.

송씨의 선조 중에 바람과 달을 가리켜 '쌍청雙淸'이라고 당의 이름을 지은 은자隱者 송유宋愉 1389~1446가 있었다고 한다. 선생은 이 둘 가운데 하나만 취하여 당의 이름으로 삼긴 했지만, 그 맑고 트인 속마음만은 시대를 초월하여 일치한다. 그렇다면 이 달은 송씨 집안에 대대로 전하는 물건이라 해도 과언이 아니겠다. 누가 감히 여기에 끼어들겠는가.

나는 병이 든 데다 거리도 먼 곳에 있어서 이 당에 아직 한 번도 올라 보지 못했지만, 선생이 누차 기문을 부탁하는 편지를 보내오고 나의 사양을 허락해 주지 않기에 우선 이런 내용을 적어서 보낸다. 훗날 양식을 싸고 망아지를 준비시켜 이 당에 가서 선생을 뵙게 되길 기대한다. 그때 맑은 밤 밝은 달 아래 옷깃을 여미고 꿋꿋이 마주 앉아서 주무숙周茂叔 주돈이周敦頤의 인품이 광풍제월光風霽月과 같다고 칭송한 황 태사黃太史 황정견黃庭堅의 말에 대해 충분히 논하여 그 '매인 바 없이 깨끗함'의 의미를 끝까지 탐구한 뒤에야 이 당의 이름에 담긴 깊은 뜻을 드러낼 수 있지 않을까 한다.

무인년1698 섣달 보름을 하루 앞둔 날, 안동 후인 김창협은 삼가 쓰다.

1698년48세 송규렴의 제월당에 써 준 기문이다. 청풍명월淸風明月에는 주인이 없다. 그럼에도 불구하고 아무나 그것을 즐길 수 있는 것은 아니다. 여기저기에 마음을 빼앗기고 사는 사람들은 바로 눈앞에 있는 것조차 진정으로 즐길 수 없다. 세상의 모든 영욕과 이해로부터 자유로워져서 자연을 자연 그대로 받아들일 수 있을 때 비로소 그 즐거움을 온전히 누릴 수 있다. 그럴 수만 있다면 주인 없는 달을 독차지할 수 있을 뿐 아니라 심지어 가보처럼 대대로 물려주기까지 할 수 있다는 것이다. 훗날 송규렴의 족질 송상진宋相鎭도 선조 송유의 쌍청당을 본받겠다는 뜻을 담아 읍청재挹淸齋를 지었다. 달과 바람이 정말 이 집안의 가보가 된 셈이다.

광풍제월은 본디 한 점 매인 데 없이 깨끗한 인격을 표현한 말이다. 진짜 기문은 제월당에 가서 만나본 뒤에야 쓸 수 있겠다는 말로 글을 맺으며 긴 여운을 열어 두었다.

제6장

시련 속에서 학문을 꽃피우다

50세 이후의 김창협은 자신도 병마와 싸우는 가운데 사랑하는 가족들의 죽음을 맞아야 했다. 아들과 딸들, 그리고 모친의 죽음 앞에서 김창협이 연약한 인간으로서의 감정을 절절하게 토로해 낸 글들은 시대를 뛰어넘어 공감을 자아낸다. 김창협은 슬픔과 질병 가운데서도 마지막까지 학문을 놓지 않으며 읽고 쓰는 삶을 이어갔다.

조선 시대 여성으로 산다는 것

亡女吳氏婦墓誌銘

수양首陽 해주 오진주吳晉周 명중明仲의 처 안동 김씨는 농암 거사의 딸이다. 숭정 기미년1679 12월 17일 자시子時 생인데, 돌아가신 아버님 의정공議政公 김수항이 유배 중이라 거사가 영평 백운산으로 물러나서 은구암을 짓고 살 때에 태어났다. 그래서 이름에 운雲 자를 넣고 여인의 덕을 담은 글자를 덧붙여 바라는 뜻을 담았다. 거사에게는 이미 딸 둘이 있었으나 이 딸의 용모가 매우 단정하고 명민함을 갖춘 것을 보고 이 딸을 더욱 사랑하였다.

그 이듬해에 거사는 의정공을 따라 서울로 돌아갔다가 9년 뒤에 기사년1689의 화를 만나 다시 영평의 산중으로 들어갔다. 당시에 딸의 나이가 열한 살이었는데 아우 숭겸崇謙과 함께 글 십여 장을 배우더니 바로 문리文理에 통하여 주자의 『통감강목通鑑綱目』을 스스로 막힘없이 읽어 내렸다. 날마다 두문불출 손에서 책을 놓지 않고 꼿꼿이 앉아 깊이 완미하느라 거의 먹고 자는 것마저 챙기지 않을 정도였다. 거사는 그런 딸의 모습이 어여쁘고 기특하여 여자라고 해서 금하지 않고

"이 딸아이는 성품이 차분하고 질박하니, 글을 알더라도 해로울 것 없겠다."라고 말하고는 『논어』와 『상서尙書』를 대략 가르쳐 주되 끝까지 다하지는 않았다. 그런데도 그 식견이 밝아서 경전을 두루 읽은 사람이라 해도 그보다 월등하지 못할 정도였다. 거사는 사람이 찾지 않는 후미진 곳에 은거하는 중이었고 숭겸은 아직 어렸다. 그래서 오직 이 딸과 아침저녁으로 집안에서 함께 지내며 고금의 치란과 성현의 언행을 논하는 것으로 낙을 삼았다.

그렇게 6년을 지내고 정국이 바뀌었을 때 마침 오씨가 구혼을 해 왔다. 거사는 딸을 그 아내로 삼아 주어 양주의 선영 아래에서 예를 갖추어 보내고는 삼주三洲의 한강 가에 머물러 살았다. 당시는 숭겸이 이미 장성하여 학문이 나날이 빠르게 진보하였고, 와서 배우기를 청하는 다른 학도들도 날로 많아져서 문답하고 강설하면서 즐거운 나날을 보냈다. 그러면서도 늘 집에 들어와서 딸이 곁에 없는 것을 볼 때마다 서글퍼져서 즐거움이 사라지곤 했다. 그 전에 딸이 곁에 있을 때는 기쁘지 않은 적이 없었기 때문이다.

경진년1700 7월 17일, 딸은 갑작스러운 젖병으로 거사보다 먼저 죽었다. 거사는 애통한 심정으로 곡하고 광주廣州 월곡리月谷里의 을좌乙坐 언덕에 장사 지냈다. 그때가 8월 18일이었다.

딸은 타고난 자질이 남달리 온화하고 공손하며 자애롭고 선량했다. 어릴 적 형제들과 놀 때에도 성난 얼굴을 보이거나 어긋난 말을 하는 일이 거의 없을 정도였으니 부모를 어떻게 대했을지는 말할 나위도 없다. 시집가서는 시어머니를 공손하게 섬기고 남편과 사이좋게 지내되 점잖음을 유지하여 함부로 대하는 법이 없었다. 그러나 세속의 부녀들처럼 말주변으로 치장하는 데에 능하지 못하여 사돈들이 그 현숙함을 몰라주기도 하였다. 큰할아버님인 곡운 선생 김수증 과 작은아버지인 삼연자三淵子 김창흡 가 늘 아껴서 불러다가 이야기를 나누고 여자 선비로 대우하였으니, 일가의 여인들 중에 이 아이만한 이가 없었다. 그러나 다른 사람들이 많이 모인 자리에서는 한결같이 아무것도 할 줄 모르는 사람처럼 겸손해하고 오직 여인으로서의 일만 부지런히 하였다. 오씨에게 시집간 뒤로 7년 동안 오씨 집안사람들은 물론 남편인 명중조차도 딸이 글을 읽는 모습을 한 번도 본 적이 없었으니, 이렇게나 차분하고 꼼꼼했던 것이다.

딸은 형제들에게 "제가 남자로 태어났다면 다른 소원은 없겠어요. 단지 깊은 산중에 집을 짓고 수백 수천 권의 책을 쌓아 두고는 그 속에서 쓸쓸히 늙어 갈 수 있다면 그것으로 충분하지요."라고 말한 적이 있다. 명중과 이야기할 때는 이러한 뜻을 미루어서 "만일 산중에 들어가서 산다면 저는 당신이 밭갈이하는 곳에 밥을 내가고 누에를 치며 당신의 의복과 음식을 대겠습니다."라고 말하곤 했다. 그리고 명중에게 때를 놓치지 말고 학문에 힘써서 학술과 문장으로 입신하도록 권면할 때면 늘 공자의 말을 인용하여 "생을 마치도록 이름이 나지 않는 것을 군자는 싫어한다지요?"라고 하였다. 딸이 평소에 하는 말은 대체로 이 정도에서 그칠 뿐이었다.

김씨는 고려 태사太師 선평宣平의 후예로, 좌의정 문정공 휘 상헌尙憲, 동지중추부사 휘 광찬光燦, 영의정 휘 수항壽恒이 거사의 바로 위 3대이다. 거사의 이름은 창협昌協이고, 부제학 단상端相의 딸인 연안 이씨延安李氏가 그의 배필이다. 명중의 아버님은 휘 두인斗寅으로 형조 판서 증 영의정 충정공忠貞公이고, 할아버님은 휘 숙翻으로 경상도 관찰사를 지낸 분이다. 젖먹이 아들의 이름은 응대應大로 지금 여섯 살이다.

거사는 딸이 죽었을 무렵 그 묘지에 명銘을 쓸 생각이었는데, 곧바로 숭겸이 죽고 또 얼마 뒤에 둘째 딸이 죽고 또 이어서 모친상을 당하는 바람에 비통한 마음이 너무 심하여 문장을 지을 수가 없었다. 거사가 예전에 일가의 요절한 여인을 위해 묘문墓文을 지은 적이 있는데, 딸이 당시에 그 글을 보고 "이분은 그래도 우리 아버지의 문장을 얻어 그 이름이 영원히 전해지게 되었으니, 그 죽음이 불행하지만은 않구나."라고 말했다. 또 간혹 명중에게 "저는 여자라서 공덕을 세워 세상에 드러날 길이 없으니 한스럽습니다. 차라리 일찍 죽어서 우리 아버지의 글 몇 줄을 얻어 묘소의 돌에 새겼으면 좋겠습니다." 라고 말했다. 지금 딸이 이미 죽었는데 내가 제때에 명銘을 짓지 않다가 어느 날 갑자기 죽고 만다면 아비와 자식이 모두 땅속에서 눈을 감지 못할 것이다. 이에 마침내 비통한 눈물을 참고 글을 써서 지석誌石에 새겨 묘소에 묻는다. 아! 그 말이 정말 참언讖言이었단 말인가? 이제 과연 그 소원을 이루었느냐?

명銘은 다음과 같다.

여자의 몸에	女子身
선비의 식견이라	儒士識
살아서도 덧없더니	生翳然
죽으니 더욱 애석하네	死更惜
명이란 하늘에 달린 것	命在天
인력으로 어이하랴	莫與力
내 손으로 명을 쓰노니	銘在我
이 돌은 부디 상하지 않기를	尙不泐

1705년55세에 지은 셋째 딸의 묘지명이다. 1700년 7월 딸의 죽

음 이후 이 묘지명을 쓰기까지의 5년은 김창협으로서는 사랑하는 이들의 죽음이 이어진 시기였다. 이 바로 석 달 뒤에 외아들 김숭겸이 죽었고, 이듬해 3월 정신적 지주였던 백부 김수증을 곡하였으며, 그 다음 해 2월에는 둘째 딸을 잃었고 6월에는 모친이 세상을 떠나서 3년상을 치렀다. 연이은 죽음의 시작이었던 셋째 딸의 묘지명을, 그 연이은 죽음을 다 겪고 난 끝에야 겨우 쓰게 된 것이다.

자식은 부모의 생애 일부에 각인을 찍듯이 어떤 시간의 기억들을 점유하곤 한다. 부친이 사사된 1689년 이후 가장 힘들었던 5~6년의 은거 기간 동안, 당시 10대 초반이었던 셋째 딸은 김창협의 마음에 즐거움을 준 거의 유일한 존재로 기억된다. 매우 영민했던 셋째 딸은 글을 배우자마자 마치 어린 시절 김창협이 그랬듯이 오로지 책에 빠져 지냈고, 이 암울한 기간 동안 김창협이 집안에서 함께 글을 읽고 나눌 수 있는 말벗의 역할을 톡톡히 했던 것으로 보인다. 여자에게 글을 가르치면 부녀로서의 도리를 벗어나 본인과 집안을 불행하게 만든다고 우려하던 시대였다. 김창협은 이를 개의치 않고 글을 가르쳤고, 셋째 딸은 이에 부응하여 집안에서 큰할아버지와 작은아버지의 사랑을 독차지할 만큼 풍부한 식견을 지니게 되었다.

그러나 그럼에도 불구하고 그녀가 겸손하게 부녀로서의 일에 전념했음을 김창협이 애써 강조한 데서 역설적으로 볼 수 있듯이, 조선 시대에 여성의 몸으로 선비의 식견을 지니고 살아간다는 것은 힘겹고 한편 덧없기까지 한 일이었다. 그 식견이 뛰어나면 뛰어날수록 그로 인한 안타까움과 애석함만 더할 뿐이다. 글 읽는 모습을 시댁 식구들에게 단 한 번도 보이지 않았다는 대목이 딸의 처신에 대한 더없는 칭찬이면서 동시에 눈에 가련하게 밟히는 딸의 처지에 대한 한탄으로 읽히기도 하는 것은 이 때문이다.

조선 시대 여성에게 주어진 모순적인 속박을 반성하거나 개혁하고자 하는 의식을 이 글에서 찾기는 어렵다. 그러나 아무리 글을 잘해도 자신의 능력으로 이름을 남길 수 있는 길은 철저히 차단되어 있으므로 차라리 아버지보다 먼저 죽어서 천하의 명문장가인 아버지의 묘지명이라도 받는 게 낫겠다고 하는, 딸의 이 당돌하고 기막힌 말을 그대로 묘지명 서문에 옮긴 것만으로도 이 글은 큰 울림을 만들어 낸다. 나마저 죽음에 이르기 전에 서둘러 딸의 묘지명을 짓노라고 말하며, 김창협은 여성으로 태어났다는 이유만으로 영영 이룰 수 없는 소원을 가지게 된 딸에게 마지막으로 허망하게 물음을 던진다. "이제 과연 그 소원을 이루었느냐?" 이 물음이 허망한 이유는 지금 이루어 주는 이 소원이 딸이 지녔던 진짜 소원과는 너무도 거리가 멂을, 김창협 스스로 잘 알았을 것이기 때문이다.

시 벗 아들을 잃다
亡兒初朞祭文

유세차維歲次 신사년1701 10월 갑인삭甲寅朔 20일 계유는 죽은 아들의 첫 기일이다. 국상國喪을 당해 빈전殯殿에 계신 상태라 은제殷祭 성대한 제사를 지내지 못하고 간소한 절차로 제사를 지내게 되었다. 늙은 아비가 질병을 무릅쓰고 제문을 지어 흠향하기를 권한다.

아! 네가 아비를 버리고 돌아오지 않은 지가, 내가 너를 잃고 홀로 살아온 지가, 어느덧 3백 5십 하고도 4일이나 되었다. 너는 어쩌면 이다지도 무심할 수 있단 말이냐? 나는 어쩌면 이다지도 무딜 수가 있단 말이냐?

내 나이 서른이 넘어서야 너를 얻게 되었는데, 너는 영리하고 조숙하여 대여섯 살 때부터 벌써 집밖에서 나를 따라다니며 도와주었다. 내가 화를 당해 벼슬길을 전폐한 뒤로 궁벽한 곳에 은거하는 십수 년 동안 오직 너와 서로 의지하여 목숨을 이어갔다.

출입하고 기거할 적에도 너뿐이었고, 몸이 아프거나 우환이 있을 때에도 너뿐이었고, 산에 오르고 물가에 임하여 낚시하고 오르내릴 때에도 너뿐이었고, 좋은 계절 한가한 날에 술을 마시며 시를 읊어 속마음을 풀어내고 한가로이 즐길 때에도 너뿐이었고, 텃밭 가꾸고 누대 짓고 못을 파며 꽃 심고 나무 키울 때도 너뿐이었고, 고금의 인물과 문장의 수준, 일의 시비 득실을 논평할 때도 역시 너뿐이었고, 빈객과 문생이 출입하고 왕래할 적에 응대할 때에도 역시 너뿐이었다.

너의 기풍과 격조, 담론과 식견 어느 것 하나 내 마음에 맞지 않는 게 드물었다. 서로 한 몸인 것처럼 이해되고 기쁜 마음으로 합치되어서 곤궁한 생활이 더 이상 슬프지 않고 으리으리한 부귀도 더 이상 부럽지 않았다. 부자간의 사랑이야 누구에겐들 없겠는가마는 부자가 함께 누리는 즐거움으로 말하면 너와 나 같은 경우가 또 어디에 있겠느냐? 그러나 너는 이를 유지하지 못하고 일거에 영영 떠나 버리고 나만 홀로 세상에 남게 되었으니, 나는 이제 기대고 살아갈 것이 아무것도 없구나. 아! 어쩌면 그리도 무심하단 말이냐?

처음 내가 너를 잃었을 때에는 황망하고 혼미하여 네가 정말로 죽고 나 홀로 남았다는 것을 알지 못했다. 장사를 치르고 돌아와 손님들이 흩어지고 문간이 텅 비어 집 안이 적막해진 뒤, 안에는 네 어미와 네 처와 네 누이밖에 없고 밖에는 두세 명의 문생만이 이따금 왕래하는 것을 보고서야 비로소 네가 더 이상 여기 없음을 깨달았다.

내가 집에 머물 때 곁에 함께 앉아 있을 자 누구이고, 내가 집을 나설 때 따라나설 자 누구이며, 내가 말하면 들어줄 자 누구이고, 내가 시를 지으면 화답할 자 누구이며, 내가 밖에서 돌아오면 말 머리에서 맞이할 자가 누구이겠느냐?

우두커니 혼자 왔다 갔다 하다가 멍하니 갈 곳 몰라 하는 내 모습이 마치 가지 없는 썩은 나무 같고 불기 없는 식은 재와 같다. 이런 삶에 무슨 즐거움이 있겠느냐? 그런데도 배고프면 밥을 찾고 추우면 옷을 찾고 병이 들면 약을 찾으면서 구질구질하게 한 해 동안이나 수명을 연장해 왔으니, 나의 무딤이 이다지도 심하단 말인가?

사람들은 나의 병이 오래도록 낫지 않는 것이 지나치게 슬퍼하느라 몸을 손상시켜서라고 생각하고는, 이제 그만 놓아버려 생각하지 말라고 권하곤 한다. 지나치게 슬퍼하는 일은 없어야 하겠지만 생각이야 어찌 안 할 수 있겠느냐?

책을 펼치면 생각나고, 술과 밥이 있으면 생각나고, 옛사람의 좋은 시문을 보면 생각나고, 의논할 만한 일이 생기면 생각나고, 집에 드나들다가 너와 비슷한 또래의 젊은이를 보면 생각나고, 산수를 만나면 생각나고, 화초가 피면 생각나고, 바람이 맑고 달이 밝으면 생각나고, 꾀꼬리 지저귀고 매미 맴맴대고 기러기 울고 학 우는 소리가 들리면 생각난다. 일에 감흥하고 경물에 촉발될 때, 어떤 경우인들 네 생각이 나지 않겠느냐?

생각이 나는데 보지 못하면 슬픔이 따르기 마련이다. 슬픔은 그래도 억제하여 너무 심한 지경에 이르지 않게 할 수가 있지만, 우연한 사물을 보고 생겨나 끝없이 맴도는 생각까지야 내가 어떻게 그만둘 수 있겠느냐? 그것은 아마도 마음이 담벼락처럼 꽉 막혀 있어야만 가능할 것이다. 내 아무리 무디다 하나 그럴 수야 있겠느냐? 결국 한 가닥 숨이 멈추지 않는 한 너를 생각하지 않는 날이 없을 것이니, 세상의 일상적인 사물과 다들 함께 즐기는 일들 어느 하나도 감상感傷을 일으키는 실마리가 되지 않는 것이 없다. 노쇠하고 병든 내가 어떻게 이것을 감당할 수 있겠느냐?

너의 효심으로 어찌 이런 슬픔을 부모에게 끼치려고 하였겠느냐마는, 너는 한번 가서 다시는 돌아오지 않고 나는 살아서 죽지 못한 채 오늘에 이르고 보니 1주기가 되었구나. 너의 여러 부형과 가까운 벗들이 너를 다시 만나기라도 하려는 듯이 모두 소상小祥에 달려왔지만 너의 모습만은 끝내 볼 수가 없구나.

나는 이제 상복을 벗어 보통 사람과 다름없게 되었다. 참으로 너는 어쩌면 이다지도 무심할 수 있단 말이냐? 나는 어쩌면 이다지도 무딜 수가 있단 말이냐? 천명과 인사는 본디 어쩔 수 없는 것이라 나와 네가 어찌해 볼 도리가 없어서 그런 것인가? 아! 원통하다. 아! 혹독하다.

내 말은 여기서 그치건만, 너는 듣느냐, 못 듣느냐? 너에게도 슬픔은 있느냐, 없느냐? 아! 애달프도다. 상향.

1700년50세 10월에 죽은 아들 김숭겸을 기리며 지은 제문이다. 당시로서는 늦은 나이인 32세에야 얻은 첫아들 김숭겸은 탁월한 시적 재능을 타고나서 주변을 놀라게 하고 아버지의 기쁨이 되었으나, 열아홉의 나이로 요절하고 말았다. 김창협은 죽은 지 열흘 만에 돌아온 아들의 생일에 첫 제문을 지었고, 발인을 앞두고도 한 편을 더 지었다. 이 작품은 1년이 되었을 때 지은 세 번째 제문이다.

김창협은 이로부터 5개월 뒤에 병든 몸을 이끌고 묘소를 찾으며 제문 한 편을 더 지었다. 3,250여 자에 달하는 분량에, 김숭겸과의 추억과 자신의 슬픔들을 매우 상세하게 기록하였다. 그 제문의 마지막에서 김창협은 이례적으로 길게 쓴 이유를 이렇게 밝혔다.

"지난날 셋째 딸이 죽었을 때 내가 제문을 지으려다가 마침 옆에 있던 너에게, '옛사람들의 제문은 대부분 다 간략하였고 길게 쓴 것이라고는 한문공韓文公 한유의 「제십이랑문祭十二郎文」 한 편뿐이구나. 그러니 간략한 쪽을 따르는 게 옳겠지?'라고 물었던 기억이 나는구나. 그때 너는 '그래도 이 경우에는 길게 쓰는 쪽을 따라야 하지 않을까요?' 라고 대답했다. 부모 자식 간에 생사가 갈라져 영결하는 마당에 심정을 자세히 토로하면 될 일이지 문자의 격식에 구애될 건 없지 않겠냐는 말이었지. 네 생각이 그러했는데 지금 너의 죽음에 내가 하고 싶은 말을 다 하지 못한다면 나도 후련하지 않을 뿐 아니라 지하의 너 역시 섭섭해할 것이 분명하니 내가 어찌 그럴 수 있겠느냐?"

그러나 이에 비해 이 세 번째 제문은 간명하다. 네 번째 제문보다 기록된 내용은 훨씬 적지만 전해지는 슬픔은 오히려 더 강렬하다. 홀연히 떠나버린 아들의 무심함과 남겨진 생을 살아가고 있는 자신의 무딤을 대조하면서 끊임없이 열거하는 구체적인 일상의 기억들 하나하나가 슬픔을 증폭시킨다. 엄청난 슬픔의 파도가 할퀴고 지나간 자리에 여전히 남아 있는 것은, 그와 함께한 기억들마다 묻어 있는 그의 흔적들이다. 덧붙일 말을 잃을 만큼 슬픈 글이다.

둘째 딸마저 연이어 잃다

祭亡女李氏婦文

유세차 계미년1703 3월 병오삭 7일 임자에, 죽은 딸의 관이 머물던 서울 집에서 발인하여 강을 건너 여주의 시댁으로 간다. 그 이틀 전, 늙은 아비가 눈물 흘리며 글을 지어 술을 뿌리고 길게 부르짖으며 너를 보낸다.

아! 너마저 죽었느냐? 너마저 죽었느냐? 네 여동생과 남동생이 연달아 부모를 버리고 죽은 지 얼마나 되었다고 너마저 죽는단 말이냐? 네가 병에 걸린 지 5년이 되었는데, 그동안 의원을 바꾼 것도 수십 차례이고 약도 온갖 것을 다 써 보았지만 끝내 조금도 효험이 없었다. 그래도 나는 네가 어쩌면 죽지 않을 수도 있다고 생각했는데, 이제 결국 죽고 말았구나.

너는 매우 아름다운 자질을 타고나서 정신이 맑고 환하여 안팎으로 흠이 없었으며 민첩하고 총명함이 남달리 뛰어났다. 효성과 우애에 있어서는 어려서부터 자라서까지 부모의 뜻을 거스르거나 동기간에 불화한 적이 털끝만큼도 없었고, 정직함과 통달함에 있어서는 세속의 부녀들이 대체로 지니기 마련인 이기적이고 잘난 척하는 태도가 전혀 없었으니, 이는 매우 찾기 어려운 경우다. 그러나 기氣가 맑은 사람은 대체로 오래 살지 못하고 재주가 빼어난 사람은 몸이 다소 부실하여, 인자한 마음과 착한 행실은 하늘의 도우심을 받지 못하곤 한다. 이는 내가 이미 네 여동생과 남동생의 경우에서 경험한 것이니, 어찌 너만 그러지 않으리라고 생각했겠느냐? 그런데도 너는 어쩌면 죽지 않을 수도 있다고 생각한 것은 왜이겠느냐.

네 병이 한창 심해졌을 무렵, 네 여동생은 아이를 낳은 지 7일 만에 갑자기 죽었고 네 남동생이 또 느닷없이 병들더니 5일 만에 갑자기 죽고 말았다. 근심이 한창 너에게 쏠리고 있을 때에 도리어 걱정하지 않던 두 아이가 갑자기 죽었으니, 삶과 죽음이란 이처럼 알 수 없는 것이다. 그러니 네 병이 심하기는 하지만 어찌 끝까지 낫지 않으리라고 확언할 수야 있었겠느냐. 이것이 내가 너는 어쩌면 죽지 않을 수도 있다고 생각한 까닭이다.

그리고 재앙이 닥치는 데에도 그 끝이 있기 마련이다. 내 비록 쌓인 죄악이 많기는 하지만 하늘이 불과 몇 달 사이에 두 아이를 빼앗아 가서 후사마저 끊기고 말았으니, 이만하면 천벌이 이미 혹독하고 나의 죄악을 징계하기에도 충분한 셈이다. 그러니 어찌 네 수명마저 짧게 끊어 버릴 리가 있었겠느냐. 이것이 내가 너는 어쩌면 죽지 않을 수도 있다고 생각한 까닭이다.

내가 그 와중에 혼자 생각해 본 것이 이와 같았고, 너도 여러 차례 위험한 고비를 넘기며 면면히 목숨을 이어온 지 여러 해가 되었다. 그래서 나는 더욱 네가 끝내 죽지 않으리라고 생각한 것이다. 어찌 네가 마침내 나를 저버리고 죽을 줄 알았겠느냐.

너는 나에게 이렇게 말한 적이 있지.

"제 병이 치료하기 어렵다는 것을 모르지는 않습니다. 그런데도 제가 기어코 견뎌 내고 죽지 않으려는 것은, 우리 부모님이 지금 혹독한 일을 당하셨으니 저라도 다시 건강하게 일어나 부모의 슬하에서 즐겁게 모심으로써 조금이나마 그 마음을 풀어 드리기 위해서일 뿐입니다."

애처로운 이 말에 하늘도 불쌍히 여기지 않을까 생각했는데, 어찌 네가 끝내 나를 두고 죽을 줄 알았겠느냐. 아! 참혹하다. 아! 비통하다.

애초에 네가 병든 몸을 이끌고 온 것은 이곳이 의약을 구하기 가깝기 때문만이 아니다. 친정 부모에게 의지하여 조리를 편하게 하려는 것이었다. 그런데 나는 성격이 꼼꼼하지 못한 데다 의술에 어두워 간호와 치료를 제대로 못한 점이 많았다. 게다가 네 동생들이 연달아 목전에서 죽는 바람에 나는 차마 더 이상 너의 병간호를 감당할 수가 없었다. 마침 여주에서 서울로 올라와 있던 네 시댁 식구들에게 너를 맡기고 나는 교외로 나가 있느라 더 이상 너를 돌보지 못했다. 지난달 이후로 네 병세가 점차 심해지고 있다는 소식을 연달아 들었지만 그때는 내가 병으로 고생하던 중이었다. 16일 저녁에야 겨우 와서 보니, 너는 위급한 증상들이 겹겹이 나타나서 이미 손 쓸 수 없게 되었다. 그저 먹먹하여 아무 말도 하지 못한 채 앉아서 보고만 있다가 결국 이 지경에 이르고 말았구나. 부모를 찾아온 뜻을 저버리고 말았으니 나는 영원히 아비라는 이름 앞에 부끄러울 것이다. 무슨 말을 할 수 있겠느냐. 무슨 말을 할 수 있겠느냐.

지난 기묘년1699 봄에 네가 삼주 우리 집에서 여주 시댁으로 돌아갈 적에 나는 네 어미와 동생들과 함께 강기슭에서 너를 전송하며 순풍에 돛을 달고 아득히 떠나가는 모습을 보았다. 슬픈 마음에 자리를 뜰 생각도 못 하고 한참을 바라보다가 돛대 모습이 보이지 않을 때가 되어서야 돌아섰지. 그때는 살아서 하는 이별에 불과한데도 그랬거늘, 지금 네가 가면 어찌 다시 돌아올 날이 있겠느냐. 그러니 내 마음이 어떻겠느냐. 지금은 내가 병세가 여전하여 너의 관을 지키며 따라갈 수 없지만 장사 지낼 때에는 무덤에 가 볼 것이다. 너는 부디 내 술 한 잔을 흠향하고서 편안하게 길을 나서야지, 혹시라도 미련을 두어 머뭇머뭇 나아가지 못해서는 안 된다. 아! 슬프다. 상향.

1703년53세 3월 5일, 둘째 딸의 발인을 앞두고 지은 제문이다. 김창협의 둘째 딸은 이태진李台鎭에게 시집갔는데 오랜 지병으로 고생한 것으로 보인다. 1700년 김시좌金時佐 1664~1727 에게 보낸 편지에서도 이미 둘째 딸의 병이 매우 위급하여 오래가지 못할 형편이라고 한 것을 보면 둘째 딸은 적어도 3년 이상 목숨이 경각에 달린 채 연명해 온 상황이었다.

앞길이 창창한 딸과 아들의 갑작스러운 죽음을 연이어 목도해야 했던 1700년부터의 가혹한 3년은, 김창협 자신 역시 각혈이 그치지 않아 병석을 전전하던 시기이기도 했다. 이 지독하게 슬프고 아픈 심신의 김창협에게 있어서, 이미 그 전부터 병세가 위급했던 둘째 딸에 대한 걱정은 떼어 내려 해도 한 시도 떼어 낼 수 없는 또 하나의 고질병이었다. 병세로 봐서는 이미 가망이 없음에도 불구하고 김창협은 이 아이만은 죽지 않을 수도 있다고 계속해서 되뇐다. 그러나 나름대로의 합리적인 이유들을 애써 대면 댈수록 허망한 슬픔의 그림자가 어른거릴 뿐이다. 몇 년 전 시댁으로 가는 길을 전송하던 때의 슬픔과는 비교할 수 없는 슬픔 앞에서, 미련 때문에 떠나지 못하지나 않을까 걱정하는 대상은 죽은 딸이 아니라 남겨진 자신의 마음이다.

퇴계와 율곡을 넘어서 사단과 칠정을 논하다
四端七情說

[1]

사단四端은 '이理'를 위주로 말한 것인데 '기氣'가 그 속에 들어 있고, 칠정七情은 '기'를 위주로 말한 것인데 '이'가 그 속에 들어 있다. 사단의 '기'가 곧 칠정의 '기'이고 칠정의 '이'가 곧 사단의 '이'이지, 사단의 이기理氣와 칠정의 이기가 따로 있는 것이 아니다. 다만 개념을 부여할 때 각기 주로 삼은 뜻이 있는 것일 뿐이다. 『주자어류』에서 "사단은 '이'가 발한 것이고 칠정은 '기'가 발한 것이다."라고 한 것도 이런 뜻에서 한 말이다. 퇴계退溪 이황李滉 1501~1570의 설도 이와 비슷하지만 추론과 분석이 너무 지나쳐서 결국 사단과 칠정을 별개의 경로로 나눠 버리는 잘못에 이르고 말았다.

[2]

주 부자朱夫子 주희는 성性과 정情의 체體와 용用을 논하면서 반드시 사덕四德과 사단을 가지고 말했지만, 그렇다고 칠정을 사덕에 각각 분속시킨 적은 없다. 이는 어쩌다 보니 언급하지 못한 것이 아니라 분속시키기 어렵다는 것을 알았기 때문에 그런 것이다. 율곡栗谷 이이가 처음으로 칠정을 사덕에 분속시키는 설을 냈는데, 칠정 가운데 사덕에 분속시킬 수 있는 것들만을 가지고 말하는 것은 무방하지만 모든 칠정을 하나하나 사덕에 분속시키고야 말려고 한다면 통하지 않는 부분이 있게 된다. 예컨대 기쁨을 인仁에 소속시키고 두려움을 예禮에 소속시켜서 애써 설명한다면 통할 수 있을 것 같지만, 억지로 안배한 면이 있어서 자연스럽고 적확한 보편적 이론이라고 할 수는 없다.

"칠정을 사덕에 분속시킬 수 없다니, 그렇다면 사람 마음에 성에서 나오지 않는 정도 있다는 말인가?"라고 의문을 던질 사람도 있을 것이다. 그렇지 않다. 성에서 나오지 않은 정이 어떻게 있을 수 있겠는가. 다만 사단의 경우처럼 칠정을 주관하는 성이 각각 있어서 하나하나 분속시킬 수 있는 것은 아니라는 말이다. 가령 기쁨을 가지고 말해 보자면, 부모를 보고 기뻐하는 정은 인에서 나온 것이고, 사악한 역도를 처벌하고 기뻐하는 정은 의義에서 나온 것이며, 제사 지내는 일 익히기를 기뻐하는 정은 예에서 나온 것이고, 사물의 시비를 분별하는 데에서 기쁨을 느끼는 정은 지智에서 나온 것이다. 욕망欲을 가지고 말해 보자면, 부모에게 효도하고 싶어 하는 정은 인에서 나온 것이고, 사악한 역도를 제거해 버리고 싶어 하는 정은 의에서 나온 것이며, 옛 예법을 준행하고 싶어 하는 정은 예에서 나온 것이고, 시비를 가리고 싶어 하는 정은 지에서 나온 것이다. 근심憂, 두려움懼, 즐거움樂의 정도 모두 이와 마찬가지다. 이들을 어찌 각각 하나의 성에만 소속시킬 수 있겠는가. 성은 날줄經이고 정은 씨줄緯로서, 날줄과 씨줄이 종횡으로 뒤섞여 번갈아 가며 체와 용이 되는 것이다. 이렇게 보아야만 막힘없이 통하고 두루 완전해질 것이다.

[3]

"사단은 선으로만 이루어져 있고 칠정은 선과 악을 겸하였으며, 사단은 '이'만을 말한 것이고 칠정은 '기'까지 겸하여 말한 것이다."라는 율곡의 설이 명백하지 않은 것은 아니지만, 나의 생각은 조금 다르다. 쟁점이 되는 부분은 다만 '기'까지 겸하여 말한 것이다."라는 구절 하나에 있다. 칠정이 '이'와 '기'를 겸하는 것은 사실이다. 다만 칠정은 '기'를 위주로 하는 것이어서, 칠정 가운데 선한 것은 '기'가 '이'를 따른 경우이고 선하지 않은 것은 '기'가 '이'를 따르지 않은 경우이다. 칠정이 선과 악을 겸한다는 말은 이런 뜻이므로 애당초 "칠정은 '기'를 위주로 한다."라는 말과 모순되지 않는다. 퇴계는 바로 이 점을 알았던 것이지만 이 부분이 지극히 정미하여 말하기 어려웠던 까닭에, 분석하다 보니 두 가지 경로로 나누게 된 것이다. 칠정은 "'기'가 발하고 '이'가 그 위에 타는 것 氣發理乘" 이며 사단은 "'이'가 발하고 '기'가 그것을 따르는 것 理發氣隨" 이라는 퇴계의 말은 언어 표현이 잘못되어 올바른 식견에 누를 끼치게 된 경우라 하지 않을 수 없다. 그러나 그의 상세하고 치밀한 사고는 후세 사람이 반드시 살펴보아야 한다.

[4]

율곡의 「인심도심설 人心道心說」에 "선은 맑은 기가 발한 것이고 악은 탁한 기가 발한 것이다."라고 하였다. 전에 조성경 趙成卿 조성기 趙聖期이 이 말을 의심하는 것을 보았지만 그때는 얼핏 들어서 이해하지 못했고 다시 깊이 논해 보지도 못했다. 뒤에 와서 생각해 보니 율곡의 설은 섬세하게 따져 드는 면이 부족한 것이 사실이다. 맑은 기에서 발한 정이 선하지 않은 경우가 없음은 분명하지만, 그렇다고 해서 선한 정이 모두 맑은 기에서만 발하는 것이라고 할 수는 없다. 반면에 악한 정이 탁한 기에서 발한 것임은 분명하지만, 그렇다고 해서 탁한 기에서 발한 정이 모두 악하다고는 할 수 없다. 중략 사람 마음이 동할 때에 '이'가 '기'를 타고 거기에 실려서 발현되는 것은 사실이지만, '기' 역시 '이'의 명령을 듣는다. 그런데 만약 정이 선하거나 악하게 되는 원인을 오로지 기의 맑음과 탁함으로만 돌린다면 '이'가 실재하고 성이 선하다는 사실을 알 길이 없게 되지 않을까 우려된다.

[5]

'기'가 지극히 맑은 사람은 악한 정이 발현되는 경우가 전혀 없으니, 여기에서 성에는 본디 악함이 없고 악은 다만 '기'가 그렇게 만드는 것임을 알 수 있다. 반면에 '기'가 지극히 탁한 사람에게서도 간혹 선한 정이 발현되는 경우가 있으니, 여기에서 선은 성에 뿌리를 둔 것이어서 '기'가 끝내 가릴 수 없는 것임을 알 수 있다.

[6]

사단은 '이'를 위주로 말한 것이다. 그러므로 측은지심이라고 말하는 순간 곧 그것이 인에서 나온 것임을 알 수 있고, 수오지심이라고 말하는 순간 곧 그것이 의에서 나온 것임을 알 수 있다. 사양지심, 시비지심도 모두 그러하다. '이'는 모두 선하고 그 체와 용이 또 각기 일정하게 정해져 있어서 서로 뒤섞일 수 없기 때문에 그 발현된 단서를 보면 그것이 어디에서 나온 것인지 알 수 있다.

칠정의 경우는 '기'를 위주로 말한 것이다. 그러므로 '사랑함'이라고만 말해서는 그것이 인에서 나온 단서라고 단정할 수 없고, '미워함'이라고만 말해서는 그것이 의에서 나온 단서라고 단정할 수 없다.【사랑함과 미워함이 인과 의에 속하는 것은 사실이지만, 가령 재화와 여색을 사랑한다든가 바르고 정직한 이를 미워하는 것을 두고 인과 의에서 나온 단서라고 할 수는 없다.】 다른 정도 모두 그러하다. '기'의 기틀이 발동할 때 혹 '이'를 따르기도 하고 혹 '이'를 따르지 않기도 하므로 칠정이 모두 선하다고 믿을 수 없는 것이다. 이상이 나의 첫 번째 주장이다.

또 '기쁨'이라고만 말해서는 그것의 근원이 어떤 '이'인지 알 수 없고, '즐거움'이라고만 말해서는 그것의 근원이 어떤 '이'인지 알 수 없다.【앞서 말했듯이 부모를 보고 기뻐하는 것은 인에서 나온 것이고, 사악한 역도를 처벌하고 기뻐하는 것은 의에서 나온 것이다.】 두려움과 욕망도 그러하다. '이'와 '기'는 날줄과 씨줄이 종횡으로 뒤섞여 번갈아 가며 체와 용이 되는 것이므로, 어디에서 오는지를 단정할 수 없다. 이상이 나의 두 번째 주장이다.

그렇다면 칠정에 나아가서 사단을 찾는 것은 끝내 불가능한 것인가? 어찌 불가능하겠는가. 칠정에는 본디 '이'가 없지 않으니 발현된 것을 가지고 그것이 어디에서 발현된 것인지를 살펴보면 사단을 찾을 수 있다. 앞서 내가 말한 것은 그저 '사랑', '기쁨' 등의 명목 자체만 보아서는 선악을 단정할 수 없고 그것이 어디에서 오는지를 단정할 수도 없다는 뜻이다. 단정할 수 없는 이유는 다른 데 있지 않다. 칠정이란 '기'를 위주로 말하는 것이기 때문이다.

1701년51세에 완성한 글로서, 조선 성리학의 핵심 주제 가운데 하나인 '사단칠정四端七情'에 대한 견해를 조목별로 서술한 잡록이다. 총 21개의 조목 가운데 여섯 조목을 뽑았다. 이 글은 김창협 사후 1709년에 간행된 문집에는 실리지 못한 채 집안에 전해지다가 1753년 김원행金元行 1702~1772이 작성한 「연보」에 일부가 발췌되어 실렸고, 1854년 『속집』을 간행할 때 비로소 전문이 실리게 되었다. 문집 편찬을 주도한 제자 어유봉의 전언에 따르면 원래 「잡지」의 일부로 편정하여 문집에 싣고자 하였으나 김창협의 동생인 김창즙金昌緝 1662~1713이 논쟁을 일으킬 수 있으므로 후일을 기다리자고 하여 제외시켰다고 한다. 이이와 견해가 다르다는 이유로 권상하가 문집 수록을 강하게 반대하였다는 오희상吳熙常 1763~1833의 기록은 그 우려가 무엇을 의미하는지 알려준다.

김창협은 서인 노론계를 대표하는 학자였으나, 사단칠정에 대해서 이이의 견해를 그대로 따르지 않고 자신의 학설을 수립하여 내놓았다. 그것이 조심스럽지만 확신에 차 있는 것은, 오랜 연구와 자득을 통해 이른 결론이었기 때문이다. 김창협이 이 글을 완성하여 어유봉에게 보여주고 의견을 물은 것은 1701년이었으나, 이황과 이이의 사단칠정 학설을 절충하여 새로운 견해를 수립하고자 하는 그의 연구는 적어도 30대 중반부터 지속되었다. 어유봉에게 준 것 역시 오랜 시간 수정에 수정을 거듭한 원고였다.

이황은 일반적인 칠정은 "'기'가 발하고 '이'가 그 위에 타는 것氣發理

乘"인 반면 사단은 "'이'가 발하고 '기'가 그것을 따르는 것 理發氣隨"이라고 하여 이른바 이기호발설 理氣互發說을 주장하였다. 그러나 이이의 주장은 모든 정은 '기'가 발하고 '이'가 타는 것이지 '이'가 발할 수는 없다는 것이다. 전자가 '기'와는 구별되는 '이'의 자발성을 강조한 것이라면 후자는 '기'와 별개로 존재하는 '이'는 있을 수 없음을 밝힌 것이다.

김창협은 이이의 주장대로 사단을 포함한 모든 정은 '기'의 발동에 '이'가 타는 한 가지 경로로 발현될 뿐이므로, 이황이 사단과 칠정이 각기 다른 경로를 지닌 것처럼 설명한 것은 잘못되었다고 하였다. 그러나 이황이 왜 무리한 표현을 써 가면서까지 '이'의 자발성을 강조하려 했는지 그 본의에 주목해야 한다고 보았다. 이이의 주장이 논리상으로는 명쾌하지만, 칠정을 인의예지에 단순하게 분속시키고 선악의 근거를 기의 청탁에서만 찾는 것으로는 부족하다고 생각했다. 실제 현실에서 '이'와 '기'는 씨줄과 날줄로 복잡하게 얽히며 발현되는 것이므로 선과 악의 판단 역시 상황에 따라 다양하게 나타날 수밖에 없다는 것이 김창협의 생각이었다.

김창협이 이 점을 강조하는 이유는 선과 악이 단지 기의 청과 탁에서 나오는 것이라면 '이'의 존재 가치가 약화될 수 있다는 우려 때문이었다. 결국 가장 중요한 문제는 삶에서 선을 행하느냐 악을 행하느냐에 있는데, 이를 잘 판단해서 바르게 행하기 위해서는 '기'가 작동할 때마다 거기에 해당하는 도덕적 명령으로서의 '이'가 무엇인지를 성찰하고 판단하여 따르려는 의지가 필요하다. 미리 결정된 선과 악이 단선적으로 드러나는 것이 아니라 매 순간 '기'가 어떻게 작동하느냐에 따라 선을 행할 수도 악을 행할 수도 있는 것이 불안한 인간이란 존재이기 때문에, 성선性善의 원초적 근거인 '이'의 역할이 더욱 중요한 것이다. 선과 악의 결정이 결국은 '기'의 작용에 달려 있다고 본 점에서 이이의 학설을 계승했지만, 명령하고 주재하는 '이'의 실체에 주목한 이황의 학설을 받아들여 이기 논변을 새로운 국면으로 끌어올렸다는 점에서, 김창협의 '사단칠정' 논의는 적지 않은 의미를 지닌다. 이는 율곡-우암학파의 변화를 요구하는 것이었다. 이후 권상하를 비롯한 호서 학자들과 김창협 및 그 문도들 사이에 벌어진 "아직 발현하지 않은 마음은 과연 선할까?", "인간의 성과 동물의 성은 같을까, 다를까?" 등의 논쟁도 결국 그 연장선에 놓인다.

청의 지배와 중화 문명
贈黃敬之赴燕序

천지간에 양기陽氣가 완전히 소멸되는 이치는 없습니다. 따라서 순전히 음陰인 달이라 해도 실은 양기가 없던 적이 없습니다. 이러한 뜻은 이천伊川 정 부자程夫子 정이程頤가 상세히 논하였습니다.

이적夷狄이 중국을 다스리는 것은 음기가 극도로 성한 것입니다. 그러나 호족胡族이 지배한 원元나라 때에도 북방에서 허형許衡 1209~1281이 나와서 처음으로 성리性理의 학설을 가지고 그 임금을 깨우치고 선비들을 이끌었습니다. 그리고 남방의 선비 중에 오징吳澄 1249~1333, 황택黃澤 1260~1346, 조복趙復 1215?~1306 등은 비록 출처가 같지 않긴 하지만 각자 학문으로 세상에 이름을 떨쳤으니, 이것이 실로 송宋나라의 유풍임에는 재론의 여지가 없습니다. 그 후에도 산림에 은거하여 도를 강론하고 글을 씀으로써 정자와 주자의 학문을 이은 사람이 많았습니다. 김인산金仁山 김이상金履祥 1232~1303, 허백운許白雲 허겸許謙 1270~1337이 그중에 특출한 이들입니다. 천지가 닫히고 막힌 지 80년이 흐른 뒤에도 우리 도의 한 가닥 명맥이 면면히 이어져 끊어지지 않았으니, 어찌 이른바 "양기가 완전히 소멸되는 이치는 없다."라는 것이 아니겠으며, 하늘이 장차 밝은 운을 크게 열려고 앞서서 인물을 낸 것이 아니겠습니까.

지금 또 천하가 이적의 풍속을 따른 지가 오래지만 우리나라만은 구석진 변방에서 옛 의관과 예악을 그대로 유지하며 엄연히 작은 중화中華로 자처하고 있습니다. 그러나 요, 순과 삼왕三王 우禹·탕湯·문왕文王이 다스렸고 공자, 맹자, 정자, 주자가 가르쳤던 중국의 땅과 백성을 모두 짐승의 젖을 먹고 누린내를 풍기는 집단으로 여기고 더 이상 문헌을 찾아볼 수 없는 곳으로 여기는 것은 지나친 일입니다. 드넓은 중국 천하에 어찌 앞서 말한 김인산, 허백운처럼 우리 도를 자임하는 뛰어난 인물이 없겠습니까.

그런데 우리나라 사신이 매년 연경燕京에 다녀오는데도 그런 사람이 있다는 말을 전혀 들어 보지 못한 것은 어째서일까요? 혹시 그런 사람들이 대부분 남방에 있는 까닭에 멀어서 소식을 듣지 못하는 것일까요? 아니면 오늘날 천하가 원나라 때만도 못해서 그런 것일까요?

연경에서 들어온 문장이며 역사에 관한 서적들은 저도 많이 보았습니다. 그중에는 근대의 인물이 지은 서序, 인引, 제題, 평評 등의 글이 상당수 있는데, 그 지식이 정밀하고 논리가 정확하며 문사의 운치가 깊고 넓어서 우리나라의 학식 풍부한 노학자라도 미칠 수 없는 수준에 이른 경우가 종종 있었습니다. 이들은 과거 시험을 준비하는 서생에 불과한데도 이와 같으니, 산림에서 도를 강학하는 선비는 어떠하겠습니까.

애석하게도 저는 그들의 이름을 들어본 적도, 글을 읽어 본 적도 없습니다. 공께서 이번에 가시는 길에 저를 위해 널리 찾아봐 주시기 바랍니다. 다행히 얻는 것이 있으면 그래도 중원의 문헌이 남아 있음을 볼 수 있을 것이니, 양기가 회복되는 조짐을 여기에서 징험해 보는 것도 불가능하지만은 않을 것입니다.

1705년55세 연경에 사신 가는 호조 참판 황흠黃欽 1639~1730을 전송하며 써 준 글이다. 황흠의 본관은 창원昌原이며 황신구黃藎耈의 아들이다. 1680년 문과 급제 이후 숙종부터 영조까지 50여 년 동안 관직에 있었다. 김창협이 금강산에 여행 갔을 때 현지에서 도움을 주었던 인물이기도 하다. 이때 황흠은 사은사 겸 동지부사로서 연경에 갔다가 이듬해 봄에 돌아왔다.

청나라와의 화친을 끝까지 거부한 척화斥和의 상징이었던 청음 김상헌 이래, 대명 의리對明義理는 김창협 집안의 정체성과도 같은 것이었다. 김수항이 청나라에 복수하여 치욕을 씻고자 하는 북벌을 주장한 송시열과 정치적 행보를 같이한 것 역시 이러한 맥락을 이은 것이었다. 대명 의리는 임진왜란 때 도움을 준 명나라에 대한 의리를 저버릴 수 없다는 뜻을 담고 있지만, 그 근저에는 한족漢族과 이적夷狄을 철저히 구분하는 중화사상中華思想이 깔려 있다. 이 중화사상을 받아들여서 우리는 이적이 아니고 '작은 중화'라고 자부한 것은 고려 시대부터 비롯된 오래된 의식이었다. 오늘의 민족과 국가 개념으로는 이해하기 힘든 일이다. 그러나 중화를 요순으로부터 공자, 주자로 이어지는 하나의 문화로 여기며 동경하고 재현하고자 했던 조선의 지식인들로서는, 그 중화의 국가적 실체인 명나라가 이적에 의해 멸망한 상황을 현실로 받아들이기 어려웠다. 그로부터 두 세대 이상이 지난 시점까지도 여전히 양이 완전히 사라지는 동지冬至야말로 양이 다시 시작하는 시점이라는 저 『주역周易』의 사유체계에 의지하여 밤이 지나면 낮이 오듯이 조만간 청이 멸망하고 다시 중화의 나라가 열릴 것이라고 기대하고 있었다. 그리고 그 밤의 시대에 중화의 명맥을 이어가는 문화 주체로서 조선을 인식하는 것은 오늘 우리의 민족의식과는 성격이 상당히 다른 것이었다.

김창협 세대의 이러한 중화 관념은 두어 세대 뒤의 홍대용洪大容 1731~1783, 박지원朴趾源 1737~1805에 이르러 적지 않은 변화를 겪는다. 200년 가까이 멸망하지 않고 오히려 강성하게 발전하는 청나라를 보며, 그들에게서 선진 문명을 배워야 한다는 '북학北學'을 주장하기에 이른 것이다. 그런데 이들이 가문과 사승의 여러 측면에서 김창협과 연결된다는 점에 주목할 필요가 있다. 김창협의 계보를 이은 김원행金元行이 홍대용의 스승이었고, 박지원의 장인이자 스승인 이보천李輔天 1714~1777 은 김창협과 어유봉의 학문을 이은 인물이다. 북벌의 중심이 북학의 주역으로 이어지는 역설을 낳은 것이다.

그런데 이 모순을 이해할 수 있게 해 주는 것이 바로 이 글에서 보이는 김창협의 의식이다. 뿌리 깊은 중화사상을 여실히 보여주는 글이지만, 그래도 중국이라는 지역과 그곳에 사는 사람들에게 이어지고 있을 학술 문화에 대한 강한 기대를 읽을 수 있기 때문이다. 물론 후대 북학파와는 달리 김창협의 기준은 주자학의 범주를 벗어나지 않는 것이었고, 여전히 천하의 중심이 중국이라는 의식에 갇혀 있었다. 그러나 청나라가 이적의 나라라고 해서 그 학술 문화마저 무시하고 아예 보지 않으려는 편협하고 경직된 시각을 넘어서서, 오히려 우수한 것이라면 적극적으로 찾아서 받아들여야 한다는 개방적이고 유연한 의식을 보여 주었다. 많은 차이에도 불구하고 김창협과 북학파 사이의 내적인 공유 지점을 찾게 만드는 이유이다.

슬픔의 금강산

送李瑋游楓嶽序

나는 이십 대에 금강산을 유람하여 산의 안팎을 죽 둘러본 일이 있다. 당시에 그 고즈넉하고 빼어난 곳들을 조금도 빠뜨리지 않고 구석구석 다 오르내리고 드나들고자 했다. 그러나 비로봉, 망고대, 구룡연은 모두 부모님의 경계 때문에 위험을 무릅쓰고 가 볼 수 없었고, 그 밖에도 끝까지 가 보지 못한 곳이 많았다. 그로부터 15년 뒤 함경도 병마평사에 부임하러 북쪽 변방에 갈 적에 또 금강산을 거쳐 갔다. 그러나 다니기 좋은 길로 올라가 구경하고 이틀 만에 떠나느라 마음껏 찾아다닐 겨를이 더욱 없었다. 결국 나는 금강산을 두 번 유람했지만 모두 미련이 남게 되었다. 그 때문에 늘 금강산이 마음속에 어른대며 사라지지 않아 가을바람이 일 때면 동쪽으로 말 머리를 돌리고 싶을 때가 한두 번이 아니었다. 늙고 병든 지금도 이 마음은 시들지 않았다.

오늘은 병이 더욱 심해져 이부자리에 가만히 누워 있었는데, 이백온李伯溫 군이 찾아와 금강산 유람을 떠난다고 말하였다. 그 말에 나도 모르게 이전의 마음이 다시 불쑥 솟아올

랐지만 힘이 따라 주지 않았다. 그러나 늙고 병드는 것은 정상적인 이치이니 탄식할 것 있겠는가. 다만 죽은 아이가 살아 있을 적에 산수 유람을 매우 좋아하였고 금강산에도 한 번 들어가 본 적이 있었으니 그 아이의 남은 미련이 나보다 심하리란 생각을 혼자 해 본다. 더구나 평소의 벗들 중에 가장 마음이 잘 맞았던 이가 백온이어서, 후한 때의 은사 금경禽慶과 상장尙長이 오악五嶽을 두루 유람한 것처럼 그와 함께 유람하기로 기약하였음에 있어서랴. 만약 지금 여기 있다면 분명히 복건幅巾에 나귀 타고 나서서 백온 혼자 가도록 두지 않았을 것이다. 아, 죽은 이가 다시 살아나기란 늙고 병든 이가 힘을 내는 것보다 훨씬 어려운 일이니, 어찌 슬프지 않겠는가!

백온이 나에게 하는 말이, 며칠 전 꿈에 우리 아이를 만났는데 그 아이가 자신의 유람에 따라나서고자 하기에 손을 잡고 매우 다정하게 이야기 나누었다고 한다. 실로 서로 감응하는 것이 있어서일까, 아니면 생각을 하다 보니 그런 것일까? 저승과 이승이며 꿈속의 이치며 나는 정말 알 수 없지만, 슬픔만은 매우 깊었다. 이를 글로 써서 전별한다.

1705년55세 금강산으로 떠나는 제자 이위李瑋 1676~?를 전송하는 글이다. 못다 한 금강산 유람에 대한 미련으로 시작해서 이위의 절친한 벗이자 자신의 아들인 김숭겸에 대한 그리움으로, 다시 김숭겸을 만났다는 이위의 꿈 이야기로 자연스럽게 이어진다. 금강산 이야기에 눈길을 주며 읽어 내리다가 어느새 작가의 깊은 슬픔에 함께 빠져들게 하는 작품이다.

김숭겸은 십 대부터 당세에 이름을 떨친 뛰어난 시인으로, 함께 산수를 유람하고 시를 주고받을 때면 김창협의 벗이 되기도 했다. 1696년 설악산을 유람할 적에 김창협은 김숭겸, 이위와 동행하면서 멋진 경물을 만날 때마다 시를 주고받곤 했다. 그런데 그로부터 4년 뒤 김숭겸은 열아홉의 나이로 세상을 뜨고 말았다. 그 뒤로 다시 5년, 아들을 가슴에 묻은 채 살아가던 김창협에게 금강산 유람 길에 나선 이위가 찾아온 것이다.

김창협은 이보다 앞서 아들이 죽은 이듬해에 이위에게 김숭겸의 행장을 써 달라고 부탁하며 보낸 편지에서 이렇게 말한 적이 있다. "방 안 깊숙이 드러누워 손님도 만나지 않고 아침부터 저녁까지 오로지 그 아이 생각 말고는 아무것도 할 수 없다네. '다시 만날 날은 이제 없겠지만 잠시라도 잊을 때가 있을까.'라는 옛사람 김종직金宗直 1431~1492의 말이 정말 바로 내 마음이라네. 어쩌다 한번 문밖에 나가 한창 무르익은 봄날 경물을 보고는 더욱 상심이 몰려와서 차마 눈을 들고 볼 수가 없었네. 이런 식이라면 앞으로 백 년을 더 산들 무슨 즐거움이 있겠는가."

평생 동안 크고 작은 감흥이 일 때마다 시를 짓곤 하던 김창협은, 김숭겸이 죽은 날 이후로 단 한 편의 시도 짓지 않았다.

조선의 학자를 평하다
雜識 內篇 2

[1]

정자와 주자 이후로 유가와 불가의 분별을 말한 것으로 명나라 때 학자 정암整菴 나흠순羅欽順 1465~1547의 『곤지기困知記』만큼 완비된 것은 없다. 불가의 본말 가운데 우리 도道와 다른 점을 깊이 연구한 부분은 상세하고 확실하며 정밀하고 적절하며, 대체로 선인들이 말하지 않은 바가 많은 듯하다. 당시의 양명陽明 왕수인王守仁 1472~1528과 감천甘泉 담약수湛若水 1466~1560처럼 겉은 유자이면서 속은 불자인 사람들이 다 그 실상을 숨길 수 없었으니, 정암이 일생 동안 유학에 공을 세운 것이 바로 여기에 있다는 점은 부인할 수 없다.

그의 다른 논설이 주자와 같지 않은 내용이 많다는 점 때문에 이런 사실조차 아울러 폐기하고자 하는 것도 이미 옳지 않은데, 기고봉奇高峯 기대승奇大升 1527~1572이 그를 가리켜 도리어 선학禪學이라 하여 배척한 것은 더욱 타당하지 않다. 나는 정암을 논하는 자가 이기理氣와 인심人心, 도심道心에 관한 설이 주자와 다르다는 점을 비판하는 것은 옳지만, 그를 선학이라고 지목하는 것은 매우 도리에 맞지 않는다고 생각한다.

일전에 이자삼李子三 이여과 이 점을 논한 적이 있는데, 자삼이 "고봉의 학식은 후인이 미칠 바가 아니니 이 점에 대해 어찌 식견이 없었겠습니까?"라고 하기에 나도 깊이 논하지 않고 말았다. 그러나 강론에서는 이러한 태도를 가장 금기시하는 법이다. 허심탄회하게 이치를 보지 않고서 다만 선유先儒의 설로써 남을 압도하여 입을 열지 못하게 한다면 강학은 해서 무엇하겠는가? 택당澤堂 이식李植. 이여의 조부의 문장에서도 정암을 선학이라 했는데 이는 아마도 고봉의 논의를 그대로 이어받은 것일 뿐일 테고, 자삼이 이렇게 말한 것도 그 때문일 것이다. 그러나 율곡의 학식이 어찌 고봉보다 높지 않겠는가마는 정암을 선학이라고 지목한 말이 한마디도 없으니 고봉의 논의가 또 어찌 단정적인 결론이 될 수 있겠는가?

[2]

학자로서 이름을 훔치고 세상을 속인다고 지적한 남명南冥 조식曺植 1501~1572의 편지에 대한 퇴계의 답장은, 해명이 곡진하고 취지가 매우 절실하다. 자신의 단점을 지적한 상대와 전혀 다투려는 기운이 없으니, 참으로 온후하면서도 분명하게 변론했다고 할 수 있다. 함양함이 깊고 이치에 밝은 사람이 아니면 어찌 이런 경지에 이를 수 있겠는가. 학자들이 혹 어쩔 수 없이 남과 논쟁하게 된다면, 반드시 이것을 모범으로 삼아야 한다.

[3]

퇴계가 학문을 논한 글은 우리나라에 없었던 것일 뿐만 아니라, 중국에서도 흔히 볼 수 있는 것이 아니다. 예컨대, 진서산眞西山 진덕수眞德秀 1178~1235은 주자 이후의 대학자로서 저술이 적지 않았는데도 학문을 논한 글은 그리 많지 않다. 간혹 한두 편이 있지만, 퇴계의 글처럼 정밀하고 적절하고 상세하고 정성스럽지는 않다. 그러니 다른 사람들의 경우는 알 만하다. 명나라 유자로는 오직 설경헌薛敬軒 설선薛瑄 1389~1464만이 학문하는 방법이 가장 바르고 실천이 독실하다. 그의 『독서록讀書錄』 또한 매우 구체적이고 사리에 맞는 것이 체득하여 깨달은 공부가 있다. 그러나 사도斯道 유가의 도를 주장하고 드러내어 밝히는 데 있어서 퇴계처럼 힘을 지니지는 못했다. 이로써 퇴계가 한 일이 얼마나 어려운 것인지를 알 수 있다.

[4]

정암靜菴 조광조과 율곡은 타고난 자질이 모두 고명高明하다.

그러나 정암은 단순하고 신중하며 온화하고 엄격하였으며, 율곡은 맑고 시원스러우며 얽매인 데가 없었다. 또한 정암은 순수하고 흠결 없는 금옥과 같았고 율곡은 비 갠 뒤 맑은 달과 바람 같았다. 두 분이 조정에서 행하신 일을 보면, 정암은 깨끗하고 한결같아서 정신이 사람들을 감동시킬 만했고, 율곡은 공정하고 성실하고 평탄해서 그 마음 씀씀이가 사람들이 진심으로 따르게 할 만했다. 그러나 율곡이 더 큰 재능을 타고났다.

[5]

도학을 창도하고 기준을 세운 조 문정공趙文正公 조광조, 깊이 침잠하여 밝혀 내고 풀이한 이 문순공李文純公 이황, 발휘하여 운용한 이 문성공李文成公 이이 은 우리 조선에서 최고의 학자들이다.

「잡지」 내편에서 우리나라 학자들을 논평한 몇 조목을 발췌하였다. 1706~1707년56~57세 사이에 쓴 것으로 만년의 김창협이 이전 시대의 학술사를 어떻게 보았는지 알 수 있는 자료다.

김창협은 철저하게 주자학에 입각한 학문의 관점을 강조하였으나, 그렇다고 그의 학문 태도가 교조적이거나 권위적인 것은 아니었다. 오히려 선배 학자들이라 해도 장점과 단점을 나누어서 평가하고 비판할 수 있어야 학문적 토론이 가능하다고 보았다. 가문이나 학맥에서 완전히 자유로울 수는 없겠지만 적어도 김창협의 기준이 거기에 국한되지는 않았음을 여러 학자들에 대한 평가를 통해 확인할 수 있다. 세간의 평이나 저술의 명성보다는 얼마나 치밀하게 파고들어 엄밀한 학술적 근거를 확보하였는지, 읽고 듣는 것을 넘어서서 과연 자신의 견해로 체득하는 데 이르렀는지, 그리고 진정성 있게 남과 토론하고 자신을 성찰하였는지를 보고자 했다.

화창한 봄날 병상의 와유

與李子東

제주도에 다녀오셨는데 떠나실 때나 돌아오셨을 때나 모두 문안하지 못했습니다. “이는 그저 게을러서일 뿐이니 핑계 댈 말이 없다.”라는 파옹坡翁 소식의 말에 가깝습니다. 그렇지만 지금은 게으름 때문만이 아니라 병 때문이기도 한데, 자동子東 이해조李海朝 1660~1711 은 이런 저의 사정을 아는지요? 그 옛날 종각宗慤 ?~465 이 소년 시절에 자신의 포부를 밝히면서 “거센 바람을 타고 만 리 물결을 가르고 싶다.”라고 했다지요? 옛사람에게는 그저 마음에 지닌 소원에 그쳤을 뿐이었는데 자동은 실제로 그런 일을 해 내었으니, 참으로 장한 일입니다.

저는 요즘 병세가 더 위독해져서 한 달 동안을 꼬박 자리에 누워 지내느라 정말이지 곧 죽을 것만 같았습니다. 그런데 어쩌다가 자동의 기행시문집을 받아서 읽다 보니 저도 모르게 자리를 털고 일어날 것만 같더군요. 매숙枚叔 매승枚乘 ?~B.C.140 이 병상에 누워 있던 초나라 태자를 위해 파도의 장관을 실감 나게 말해 주어 병석에서 떨쳐 일어나게 했다는 「칠발七發」의 이야기가 빈말이 아니었습니다. 읽자마자 책 끝에 몇 마디 감상을 적고 싶었지만 병 때문에 붓 잡기가 두려워 아직 하지 못했습니다. 한탄스럽고 한탄스럽습니다.

화창한 봄날을 맞아 지내기는 괜찮은지요? 할 말은 많고 많지만 혼미한 정신으로 겨우 써 내려가느라 일일이 다 적지 못합니다.

1707년 57세에 명암鳴巖 이해조에게 보낸 편지이다. 이해조는 이희조의 사촌 동생이며, 이정귀의 증손으로서 시문에 천부적으로 뛰어난 인물이었다. 이해조는 그 전해인 1706년 9월에 과거 시험을 감독하는 어사 임무를 띠고 제주도에 다녀왔는데, 그 여행의 기록을 김창협에게 보내와서 발문을 부탁한 것으로 보인다. 현전 문집에 그 당시 지은 시가 40제 가까이 실려 있다. 훗날 김창흡은 이해조의 『명암집』 서문에서, 그 가운데 하나인 「한라산에 오르다登漢拏山」를 대표작으로 꼽으며 극찬했다.

평생 산수 유람을 멈추지 않았던 김창협이었지만, 50세 이후로는 병으로 누워 지내는 날이 점차 더 많아졌다. 그러면 그럴수록 유람에 대한 욕구가 더 커지던 차에 마침 오랜 벗이 제주도에 다녀와서 보내온 여행 기록은, 병석에 누운 채로도 가 보지 못한 곳의 풍경이 눈앞에 펼쳐지는 경험인 와유臥遊를 즐기기에 충분할 만큼 실감나는 묘사로 가득했다. 기분대로라면 그 옛날 초나라 태자가 그랬던 것처럼 병석을 툴툴 털고 일어나 이 화창한 봄날에 당장이라도 길을 떠날 수 있을 것 같았으나, 그 생생한 글을 읽은 소감을 쓰는 일조차 여의치 않을 정도로 김창협의 건강은 쇠약해져 갔다.

병든 몸에 쌓이는 글 빚

答金顯甫

해가 바뀌니 그리움도 배로 늘어납니다. 형의 둘째 아들이 찾아왔는데 얼굴 생김새며 몸가짐이 아버지를 쏙 빼닮았더군요. 게다가 소매에서 꺼내 주는 형의 편지를 받고 보니 그 내용이 하도 진실하고 상세해서 한 탁자에 마주 앉아 직접 말씀 나누는 것보다 못할 게 없었습니다. 이 얼마나 다행스러운 일인지요? 그 덕분에 형이 봄날에 별고 없이 잘 지내며, 전부터 앓아온 아이들의 천연두도 모두 위기를 넘겨 진정되었다는 소식을 알게 되었습니다. 작년 이후로 극성해진 천연두는 열에 일고여덟이 사망하여 전국 각지의 인가에서 곡성이 터져 나올 정도로 이례적인 재앙인데, 형은 정말이지 크게 복 받은 분이라 하겠습니다.

전답을 팔아 과거 시험 경비를 마련하느라 힘들긴 하겠지만 저의 입장에서는 오히려 부러워할 수조차 없는 일입니다. 제 늙은 아내의 병은 벌써 한 해를 넘겼는데 침술과 약을 여러 가지로 써 보아도 아무런 효험이 없으니, 정해진 분수를 어찌할 수 없는 것인가 싶습니다. 저도 작년 섣달부터 감기가 여러 차례 든 데다 화기火氣가 올라와서 증상이 매우 심각합니다. 베개에 엎드린 채 70여 일을 지냈으나 아직도 일어날 기미가 없고 기력이 소진되어 더 이상 남아 있는 힘이 없습니다. 날마다 손으로 팔뚝을 쥐어 보면 번번이 1, 2푼씩은 줄어들고, 거울을 들고 제 모습을 비추어 보면 거의 제가 저를 몰라볼 정도입니다. 형의 아들은 이번에 처음으로 제 얼굴을 보았는데 분명히 크게 놀라서 갔을 것입니다. 부끄럽고 부끄럽습니다.

부탁한 헌軒의 기문을 어찌 잠시라도 잊은 적이 있었겠습니까마는, 병의 증세가 이러한데 어찌하겠습니까. 실로 착수하기가 어렵습니다. 그런데 형은 이러한 사정을 헤아리지 않고 매번 유감의 뜻을 보이니 정말 민망스럽습니다. 근래 밀린 글빚이 산처럼 쌓여 있는데, 그중에는 사안이 더욱 시급하고 중대한데 부탁받은 지 십 년이 넘은 것도 있습니다. 그러니 형의 부탁은 그래도 조금 덜 긴박한 편입니다.

본래는 병든 몸이 조금 건강해지고 나서 붓 가는 대로 써 내려가 차례차례 다 해내려고 했습니다. 그러나 병은 낫지 않는데 부탁하러 오는 사람들은 더 많아지니, 비유하자면 가난한 백성이 세금 낼 돈이 없어 해마다 빚이 쌓이다 보니 결국 갚을 길이 더욱 막막해진 것과 같습니다. 설령 다행히 병이 낫는다 하더라도 여기에 하나하나 부응하려다 보면 먹물 속에 빠져 죽는 것을 면치 못할 지경입니다. 이는 정말 작은 일이 아니어서, 병중에도 이런 생각이 들면 병이 또 하나 더해지는 것 같습니다. 부디 불쌍히 여겨 너무 독촉하지 말아 주셨으면 하는데, 어떠한지요?

말해 준 사정은 잘 알겠습니다. 이전부터 만났을 때나 편지로나 한두 번 말한 것이 아닌데 그 이름마저 잘못 기억하고 있으니, 제 정신이 이렇게나 혼미해져 버렸습니다. 이런 상태로 형이 말하고 싶어 하는 것들을 글로 섬세하게 적어 드러낼 수 있을는지요? 난망할 뿐입니다.

보내 준 두 수의 절구絶句에 화답할 수는 없지만 마음에 위안이 됩니다. 앞으로도 편지 보낼 때마다 시를 적어 보내 주면 좋겠습니다. 다만 화답이 없다고 탓하지는 말아 주셨으면 하는데, 어떠한지요?

자식을 먼저 보내고서 절필하겠다는 원칙을 철저히 고수하는 것을 두고 성현이 말한 시중時中의 도에 어긋난다고 한 형의 말씀은 참으로 지당합니다. 그러나 저의 뜻은 시를 짓지 않음으로써 일을 줄이려는 것이었지 슬퍼하고 애도하는 사적인 정 때문에만 그러는 것은 아닙니다. 노자老子가 "도를 추구하면 날로 일이 줄어든다." 하였는데, 늙어서야 이 말의 참맛을 깨닫게 되었습니다. 형은 또 어떻게 생각할지 모르겠습니다.

정신이 흐릿하고 손이 떨려 실로 단 몇 줄의 글도 쓸 수가 없는데, 형의 정중한 뜻에 감동하여 등잔 심지를 돋우고 베개에 의지하여 제힘으로 이렇게 써 보았습니다. 무슨 말을 썼는지도 잘 모르겠으니 글씨가 엉망인 것은 말할 것도 없습니다. 그저 형이 너그러이 살펴봐 주기를 바랄 뿐입니다.

1708년 58세에 김극광金克光 1653~1724에게 보낸 편지이다. 김극광의 호는 원관遠觀, 자는 현보顯甫, 본관은 광산光山이며 김여석金汝錫의 아들이다. 그는 전라도 장성長城에 살았는데 20대에 임영을 따라 서울에 왔다가 백운산에서 김창협을 만나 교유를 맺은 이래 김창협 형제와 수십 년간 왕래하였다. 김극광은 지방 출신으로서의 불리함을 딛고 학문과 문장에 힘을 쏟아서 서울 문사들의 인정을 받기에 이르렀지만 여러 차례 과거 시험에서 고배를 마시고 말았다.

김창협은 그가 전답을 팔아 가며 과거 시험 경비를 마련하는 일이 정말 힘들겠다고 인정하면서도, 하나뿐인 아들을 잃고 부부가 동시에 병마에 시달리고 있던 자신으로서는 오히려 그런 상황마저 부럽다고 하였다. 1~2푼은 약 0.5cm 안팎의 길이다. 얼마 안 되는 길이지만 팔뚝을 쥘 때마다 이만큼씩 굵기가 줄어듦을 느낀다면 그 심리적 크기는 결코 작지 않을 것이다. 얼굴은 날로 볼품없어져서 내가 나를 알아보기 어려울 정도라고 하였다. 그런 상황에서 능력 없는 가난뱅이에게 빚 독촉만 쌓여 가듯이 약속하고 써 주지 못한 글들은 늘어만 간다.

이러다간 먹물에 빠져 죽고 말겠다는 말은 독촉을 좀 살살 해 달라는 우스개로 읽을 수 있겠지만, 스스로 뚜렷하게 감지하는 신체의 변화 앞에서 그와는 아랑곳없이 쌓여만 가는 글 빚에 힘겨워하던 김창협에게 애석하게도 남은 시간은 많지 않았다. 김창협은 이해 4월 11일에 세상을 떠났다.

제7장

학문과 문장으로 일가를 이루다

김창협의 학문 자세와 깊이는 당색을 초월하여 높이 인정받았으며, 어느 한쪽에 치우치지 않는 공정한 식견을 지녔다는 평을 받았다. 뿐만 아니라 김창협은 성리학의 전통 내에서 최고의 학자가 문장에서도 탁월한 성취를 이룰 수 있다는 가능성을 보여 준 인물이다.

졸기

肅宗實錄 1708年 4月 11日

지돈녕부사 김창협이 졸하였다. 김창협의 자字는 중화仲和로, 영의정 김수항의 둘째 아들이다. 천성이 온화하고 깨끗하여 세속의 더러운 기운이 한 점도 없고 문장은 전범에 맞고 맛이 깊어서 육일거사六一居士 구양수의 정수를 깊이 얻었다. 우리 조선조에 들어서 작가라고 할 만한 이는 한두 분에 불과했는데, 김창협은 그들과 대등한 자리에 설 만하다. 시詩도 한漢·위魏의 고시를 넘나들고 소릉少陵 두보杜甫 712~770으로 보완하였다. 고상하고 예스러우며 우아하고 굳세어서, 격이 낮은 표현은 일삼지 않았다.

이윽고 문학은 우리 선비가 끝까지 할 일이 못 된다고 여겨 마침내 육경六經에만 전념하고 정주학程朱學에 이르러서는 깊이 침잠하고 널리 추론하느라 먹고 자는 것도 잊어버릴 정도였다. 견해가 정확하고 공부가 독실하여, 자구에 얽매인 요즘 선비와는 매우 달랐다. 주자서朱子書에 공력이 더욱 깊어서, 송시열이 『주자대전차의』를 저술할 때에 그의 말을 많이 인용하였다.

만년에 의리가 차단되고 사문斯文이 갈라지는 때를 당하자, 명분과 의리를 표방하여 바로잡고 사악한 무리들을 물리치는 것으로써 자기의 임무로 삼았다. 세상의 도가 그에 힘입어 유지되어 우뚝하게 유림의 으뜸이 되었다. 그를 따라서 배우는 이들이 매우 많았는데 가르치기를 조금도 게을리하지 않았으며, 후생 가운데 문장을 배우려는 이가 있을 때마다 이끌어서 학문으로 나아가게 하였다.

젊어서 과거에 장원급제하여 명망이 한 시대에 높았다. 그가 경연에 나아가 임금께 강설하자, 마치 범조우范祖禹 1041~1098가 경연에서 철종에게 간언한 것을 두고 소동파가 삼매三昧를 얻었다고 극찬한 것과 같은 칭송이 있었다. 특히 임금의 덕에 부족한 점이 있을까 염려하여 일이 있을 때마다 임금의 뜻을 거스르는 것도 꺼리지 않고 간언하여 바로잡았다.

기사년1689의 화를 당하자 다시는 세상에 뜻을 두지 않았다. 정국이 바뀐 뒤로 여러 차례 부름을 받았으나 조정에 나오지 않고 궁벽한 산속에서 굶주림을 참아 가며 절개를 굳게 지켜 여생을 마쳤다. 그와 당색이 다른 사람들조차도 우러러보며 미치기 어렵다고 여겼다. 순수한 자질과 뛰어난 문장, 깊은 학문이 모두 남보다 월등하였으니, 참으로 세상에 드문 큰 선비라 하겠다.

이때에 이르러 죽으니 향년 58세였다. 태학생들이 학업을 중단하고 제사를 지냈다. 배우는 이들이 그를 농암 선생이라고 일컬었다. 문집 34권이 세상에 전하며, 뒤에 문간文簡이라는 시호를 받았다.

학문

학문의 요점은 책을 정밀하게 읽는 데 있다. 만약 깊이 탐구하지 않고 대충 읽고 넘어간다면 천 번을 읽는다 한들 무슨 도움이 되겠는가. 『주자어류』에서 책 읽는 법을 매우 자세히 논하였으니 살펴볼 만하다. 젊었을 때 보니, 농암은 책을 읽을 때 목소리를 길게 늘여 여운을 남기면서 반복하여 읊조렸다. 이 때문에 한 번 읽는 데 시간이 한참 걸렸으니, 정밀하게 책을 읽었다는 사실을 알 수 있다. 이렇게 한 뒤라야 힘을 얻기를 바랄 수 있을 것이다.

– 이의현 李宜顯, 1669~1745, 『도곡집 陶谷集』 「도협총설 陶峽叢說」

송공 요좌宋公堯佐 1678~1723의 「유사遺事」에 이런 대목이 있다. "공이 젊어서 농암 선생을 찾아가 뵈었는데, 농암은 그때 이미 병이 깊었는데도 하루 종일 단정히 앉아 계셨다. 편하게 있으면서 병든 몸을 조리하지 않고 굳이 단정히 앉는 이유를 물으니 '내가 학문을 하여 터득한 것은 단지 단정히 앉는 것 한 가지뿐이다. 이제 이것까지 버린다면 무엇을 믿고 죽을 수 있겠는가.' 하셨다."

나는 요즘 병이 심해져 모든 것을 전폐하였는데, 이것을 읽고 놀랍고 부끄러웠다.

– 민우수 閔遇洙, 1694~1756, 『정암집 貞菴集』「답김자정 答金子靜」

성명 性命과 이기 理氣에 대한 논설은 우리나라의 선비들 가운데 율곡과 농암이 가장 훌륭하니, 모두 도의 묘리를 드러내어 경전의 이해에 도움을 주었다. 그러나 율곡의 논설은 깊은 조예와 독창적인 이해가 영롱하고 분명하지만, 타고난 자질이 매우 뛰어나 어렵지 않게 터득하고 쉽게 드러내었기 때문에 강론하는 사이에 남의 말에 대해 다 드러내 밝히지 못한 부분이 있었다. 농암은 타고난 자질이 율곡만 못하나, 깊이 생각하였으므로 남들의 생각을 잘 이해하였다. 그리하여 빠짐없이 논변하여 전체를 다 아울러 가르쳐 주어 사람들이 싫증나지 않도록 하였다. 율곡의 말씀은 명쾌하고, 농암의 말씀은 조리가 있다. 농암 선생은 도의 근원을 정확히 보아 그 경지로 깊이 들어가고 혼자서 깨달았으니, 율곡 이후의 유일한 사람이다. 삼연이 '주자의 충신'이라고 한 것도 지나친 말이 아니다. 우리나라의 유현들은 누구나 사승 관계에 걸려 있다. 따라서 그들을 평가하는 것은 참으로 감히 할 수 없는 일이다. 그렇지만 회옹 晦翁 주희도 송나라의 유현들에 대한 논의를 구차하게 피하지 않았으니, 존경하고 두려워하는 의리와 그 행적을 공정하게 논하는 문제는 서로 혼동해서는 안 된다. 그러므로 매우 참람하고 망녕된 일인 줄 잘 알지만, 나의 좁은 소견으로 내 멋대로 헤아려 본 적이 있다.

내 생각에 우리나라 400년 동안 유현들이 매우 많이 배출되었으니, 송나라 이후로 없던 일이다. 그렇지만 우리 유가의 도를 앞장서서 밝히고 학문이 순수하고 덕을 갖추었으며 성현의 깊고 은미한 뜻을 드러내어 후세를 열어 준 공으로 말하자면 정암, 퇴계, 율곡, 농암보다 나은 사람이 없다. 그러나 정암, 퇴계, 율곡에 대해서는 이미 옛 선비들 사이에 정해진 평가가 있지만, 농암은 지금의 시대와 그다지 멀지 않아 그의 덕을 알아주는 사람이 드물다. 아, 공론은 시간이 지날수록 더욱 드러나게 될 것이니, 백세 뒤에 진정한 선비가 나온다면 나의 말에서 취할 점이 있을 것이다.

– 오희상 吳熙常, 1763~1833 , 『노주집 老洲集 』「잡지 雜識 」

농암은 논변할 때에 다투려는 마음이나 이기려는 기세 없이 공정하게 듣고 두루 살펴본 다음 상대방의 말을 곡진하게 비판하였으므로, 상대방에게 답변의 기회를 주어도 감히 한마디도 하지 못하고 단지 듣는 대로 고개를 끄덕일 뿐이었다.

– 홍직필 洪直弼, 1776~1852 , 『매산집 梅山集 』「잡록 雜錄 」

문장

선생의 문장에는 남달리 뛰어난 점이 세 가지 있다. 천하의 지극한 이치를 말하려면 길이만 길어지고 이치는 드러내지 못하기 쉬운데, 선생은 간결한 표현으로 이치를 다 드러냈다. 중구난방으로 제기되는 논의들을 꺾으려다 보면 기세가 격해지고 논리가 꼬이기 마련인데, 선생은 부드러운 기세로 막힘없는 논리를 폈다. 긴 문장을 끝맺는 대목에 이르면 글의 흐름이 조급해지곤 하는데, 선생은 차분하고 여유롭게 마무리를 지었다. 숨어 있던 이치가 얼음 호리병에 비친 가을 달처럼 환히 빛나고, 치고받던 논의가 봄바람에 떠가는 상서로운 구름처럼 온화해지며, 촉박하던 어세가 절도 있고 조화로운 음악처럼 낭랑하게 울리는 것을 선생의 글에서 볼 수 있다.

– 김창흡 金昌翕, 1653~1722, 『농암집』 「농암집 서문」

농암 형은 문장을 너무 쉽게 지어서는 안 된다고 하며, 나에게도 문장을 지을 때 반드시 요간料簡해야 한다고 권하였다. 요간은 다듬는다는 뜻으로 구양수도 이렇게 하였다고 한다. 농암 형을 보건대, 만년에 접어들어 병중에 문장을 지을 때조차 반드시 마음과 힘을 남김없이 쏟았다. 이 때문에 지은 글이 매우 드물었고 글 짓는 일을 매우 어렵게 여겼던 것이다. 글을 지은 뒤에 종종 병세가 악화된 적이 있었는데, 이 또한 요간이 지나쳐서 그렇게 된 듯하다.

– 이희조 李喜朝, 1655~1724, 『지촌집 芝村集』「잡기 雜記」

농암의 문장은 정제된 금, 아름다운 옥처럼 온유하고 전아하며 명철하고 치밀하면서도 감성이 풍부하고 오열하는 슬픔이 있어 읽는 이의 마음을 뒤흔든다. 다만 가녀린 표현과 자잘한 주제가 많아서 옛사람에는 미치지 못한다.

– 안석경 安錫儆, 1718~1774,
『삽교예학록 霅橋藝學錄』「아동삼가문초비평 我東三家文抄批評」

여기 내가 뽑아 놓은 농암 선생의 오언율시를 읽는 사람은 방과 자리를 깨끗하게 하고 향을 사른 후에 읽어 보아야 그 정취를 알 수 있다. 또는 늙은 소나무, 흐르는 시냇가에서 소리 높여 읊으면 솔바람 소리, 물소리와 화음을 이루어 그 맑고 깨끗한 운치에 나도 모르게 일어나 춤을 추게 되고 말 것이다. 혹 춤을 추다가 신선이 되어 날아가 버리지나 않을까 두려울 정도다. 또한 한번 읽어 내리고 한번 눈을 감으면 마음속이 영롱하고 투명해져서 양생養生할 만할 뿐 아니라 무병장수하기에도 충분하다. 속세의 때가 낀 오장육부를 깨끗이 씻어내어 세속의 명리名利를 제거해 줌은 말할 나위도 없다.

– 이덕무 李德懋, 1741~1793, 『청장관전서 靑莊館全書』 「제농암선생오율초후 題農巖先生五律抄後」

농암의 문장은 마치 복건과 도복 차림으로 산림과 경전 사이를 한가로이 노니는 것 같아서, 온화하고 공손한 가운데 하는 말마다 이치에 맞으니 참으로 유자의 기상이다. 크고 작음, 정밀함과 거침 등의 사이에 논의의 여지가 있기는 하며, 법도니 기상이니 정취니 하는 것들을 중국의 문헌과 바로 비교할 수는 없다. 그러나 결점과 장점이 서로 덮을 만하니 명가라고 하기에 충분하다. 위아래로 삼백 년 동안 비견할 만한 이가 없으니 이 얼마나 위대한가!

– 남공철 南公轍, 1760~1840, 『금릉집 金陵集』 「사군자문초서 四君子文鈔序」

우리나라에 선비는 많지만 구양자구양수의 문장과 주문공주희의 의리를 합하여 일가를 이룬 것은 오직 농암 선생만이 그에 가깝다.

– 김매순 金邁淳, 1776~1840, 『대산집 臺山集』 「가사 家史」

농암 김 선생의 학문은 육경과 성리학에서 나왔다. 그 문장을 읽어 보니 기운이 성대하여 날카로운 칼날을 드러낸 것이 없고 표현이 치밀하여 더하거나 뺄 곳이 전혀 없다. 전아하고 장중하며 온화하고 단아하여 바른 군자의 모습에 가깝다고 한 옛사람의 말 그대로다. 편지글의 주도면밀함은 고정考亭 주희을 그대로 따랐고, 제문의 살을 에는 슬픔은 창려昌黎 한유와 은근히 합치된다. 수백 년 이래 뛰어난 문장이다.

– 송백옥 宋伯玉, 1837~1887,

『동문집성 東文集成』「농암김선생문초인 農巖金先生文鈔引」

1651년 효종 2, 1세

- 1월 2일 과천果川 명월리明月里 외갓집에서 태어났다.
- 부친 김수항金壽恒, 모친 안정 나씨安定羅氏.

1653년 효종 4, 3세

- 어려서부터 남을 배려할 줄 알았으며, 옳고 그름을 논하는 말이 공정하였다.

1659년 효종 10, 9세

- 해주海州 목사로 부임하는 외조부 나성두羅星斗를 따라가서 배웠다. 「어린 날의 추억, 해주詠懷故跡 贈別同甫之任海州」

1665년 현종 6, 15세

- 12월에 이단상李端相의 딸과 혼인하였다. 양주楊州 영지동靈芝洞에서 강학하고 있던 이단상의 문하에서 성리서性理書를 배우며 학문의 길을 정하였다.

1669년 현종 10, 19세

- 5월에 식년式年 진사시進士試에 합격하였다.
- 9월에 이단상을 곡하였다. 「나의 스승 정관재靜觀齋言行述」

1670년 현종 11, 20세

- 순자荀子의 성악설에 관한 논변을 지었다.「성악설 비판性惡論辨」

1671년 현종 12, 21세

- 8월에 금강산을 유람하였다.「금강산 유람기東遊記」

1674년 현종 15, 24세

- 6월에 송시열宋時烈을 모시고 며칠 밤을 강설하였다. 송시열이 김창협의 견해를 많이 인정하고 극찬하였다.「도봉서원에서 우암의 시에 차운하다敬次尤齋宋先生題道峯韻」
- 「책선해 주는 벗이 있어答李同甫」,「시험에 떨어진 동생에게贈季達序」

1675년 숙종 1, 25세

- 7월 김수항이 영암으로 유배 갈 때에 동행하였다. 8월에 월출산을 유람하고, 10월에 서울로 돌아왔다. 이후 3년 동안 영암과 서울을 왕래하였다.「월출산 구정봉에 오르다登月出山九井峯記」,「애틋한 마음 나눌 형제들이 있어將赴京夜與子益大有呼韻同賦」
- 「얼음 뜨는 노래鑿氷行」,「환경을 탓할 것인가 환경을 바꿀 것인가贈玄生若昊序」

1678년 숙종 4, 28세

- 김창흡金昌翕, 김창집金昌集과 함께 삼각산에서 독서하였다.「자신의 깨달음이 없으면雜識 內篇 1」
- 가을에 철원으로 이배되는 김수항을 수행하였다.
- 「험한 산골에 사는 이유山民」,「고을살이는 거문고 연주와 같으니送最良兄宰歙谷序」

1679년 숙종 5, 29세

- 8월에 영평 응암에 터를 잡고 집을 지어 11월에 가족을 데리고 들어갔다. 「고관 자제의 곤궁한 은거 洞陰對」, 「나귀 빌려주어 고맙네 仲尼曰吾猶及史之闕文也……」, 「은거의 자세 隱求庵記」

1680년 숙종 6, 30세

- 3월에 김수항이 영의정에 특별 제수되어 함께 서울로 돌아왔다.
- 가을에 별시 초시에 응시하여 대책對策에서 1등을 차지하였다.
- 12월에 누이동생 이씨李氏 부인을 곡하였다. 「나의 수명 덜어서라도 꽃다운 너의 생을 이어 줄 수 있다면 祭亡妹文」

1681년 숙종 7, 31세

- 성균관 장의掌議로서 오현五賢을 문묘에 종사하자는 의론을 주도하여 세 번 상소한 끝에 관철시켰다.
- 송시열에게 문목問目을 올렸다. 조정을 떠나는 송시열에게 출처의 의리를 논하는 글을 올렸다.

1682년 숙종 8, 32세

- 10월에 아들 숭겸崇謙이 태어났다.
- 11월에 증광별시 문과 회시에 급제하고 전시에 장원으로 뽑혀 성균관 전적典籍에 제수되었다.
- 「솜씨 좋은 대장장이의 자식이 가죽옷도 잘 만든다 送洪施叔宰洪川序」

1683년 숙종 9, 33세

- 2월에 병조 좌랑, 4월에 사헌부 지평에 제수되었으나 영의정인 부

친을 피혐해야 한다는 이유로 사직하였다. 6월에 홍문관 부수찬, 수찬, 사헌부 지평에 제수되었고, 이후 홍문관 부교리, 한학교수, 사간원 헌납 등을 지냈다.

- 경연에서 『심경心經』을 진강하였다. 「의문 없이는 학문도 없음을 왕에게 가르치다經筵講義」

1684년 숙종 10, 34세

- 5월에 왕명으로 회덕懷德의 송시열에게 가서 『심경석의心經釋疑』 간행을 논의하였다.
- 8월에 암행어사로 영남을 순찰하였다. 「역졸 아이 녀석의 풍류郵卒採野菊揷頭」
- 「어른이 된다는 것贈李樂甫序」

1685년 숙종 11, 35세

- 지제교, 부교리, 헌납을 지내다가 3월에 함경북도 병마평사에 제수되었다. 부임하는 길에 금강산을 유람하고 6월에 경성에 도착하였다. 「변방에서鍾城客館」
- 10월에 조정으로 돌아와 이조 좌랑에 제수되었다.
- 「시다운 시란 무엇인가與趙成卿」

1686년 숙종 12, 36세

- 교서관 교리, 이조 정랑, 승정원 우부승지, 성균관 대사성, 예조 참의 등을 지냈다. 「약소국의 살 길贈南左相赴燕序」
- 왕명으로 『주자대전차의朱子大全箚疑』를 교정하였다.
- 경연에 입시했다가 피를 토하는 증세로 인해 사직소를 올려 체직

되었다.

- 이징명李徵明 문제를 거론하고 궁중의 일을 논하는 상소문을 올려 왕의 노여움을 샀다. 「왕의 잘못을 지적하다應旨疏」

1687년 숙종 13, 37세

- 성균관 대사성으로서 유생들과 교유하였다.
- 11월에 청풍 부사로 나갔다. 이때 김수항이 영의정 자리에서 물러났는데, 김창협의 응지 상소가 빌미가 된 것이라는 말이 나오자 스스로 외직을 구한 것이다.

1688년 숙종 14, 38세

- 김창흡과 함께 월악산과 단양 등을 유람하였다. 「한가위 달빛 아래 작은 배에 누워서 八月十五 挐舟溯江……」, 「어느 달 밝은 밤 홍에 겨워서 月夜 女兒輩登寒碧樓……」
- 권상하權尙夏와 함께 화양동에 가서 송시열을 만나 『주자대전차의』를 강론하였다.
- 「스승을 위하는 마음과 공정한 판단答李同甫」, 「어리석은 뒷집 부인의 충고送宋道實宰金化序」

1689년 숙종 15, 39세

- 김수항이 진도에 유배되었다가 4월 9일 사약을 받았다. 응암에 들어가 오두막에 거처하며 아침저녁 곡을 하고 학문에 전념했다. 「아버지의 묘표를 스승에게 부탁하다上尤齋先生書」
- 둘째 아들 청상淸祥이 두 살로 요절했다. 학문으로 깊이 교유하던 조성기가 별세했다.

1690년 숙종 16, 40세

- 중부 김수홍金壽興이 유배지에서 별세했다.

1691년 숙종 17, 41세

- 어렸을 때의 선생이었던 조봉원趙逢源의 상에 3개월 동안 상복을 입었다.
- 「마음을 잠재우다不知菴記」, 「폭포를 찾아서凜巖尋瀑記」, 「풍경이 되어 버린 사람, 사람으로 완성되는 풍경谷雲九曲圖跋」, 「꼼꼼한 『논어』 읽기論語說」

1692년 숙종 18, 42세

- 2월에 농암서실農巖書室이 완성되었다.
- 「좋은 문학이란 무엇인가雜識 外篇」

1693년 숙종 19, 43세

- 백운산에서 독서하였다. 순경荀卿, 동중서董仲舒, 양웅揚雄, 왕통王通, 한유韓愈의 글을 모아 『오자수언五子粹言』을 엮었다.

1694년 숙종 20, 44세

- 4월에 호조 참의에 제수되었으나 상소하여 사정을 아뢰고 사직하였다. 이후 승문원 부제조, 홍문관 부제학 등을 시작으로 14년 동안 대사간에서 지돈녕부사, 대제학, 예조 판서 등에 연이어 제수되었으나 모두 사직하였다. 「벼슬할 수 없는 이유辭戶曹參議疏」

1695년 숙종 21, 45세

- 농암과 여주를 오가며 생활하였고 매년 봄가을로 자제 문생들과 함께 산행을 하였다.

- 양주 석실서원石室書院에 머무르며 강학하자 원근의 선비들이 매우 많이 모였다.
- 「아버지 대신 지은 동생의 묘지명六弟墓誌銘」

1696년 숙종 22, 46세

- 2월에 벗 창계滄溪 임영林泳, 7월에 제자 황주하黃柱河의 상에 곡하였다. 「하나뿐인 스승으로서 내 어이 자넬 잊겠는가黃生柱河哀辭」
- 「성정과 천기로 지은 시松潭集跋」, 「요절한 젊은이와 외로운 노인을 위하여曺生命衡墓誌銘幷序」

1697년 숙종 23, 47세

- 석실서원 옆에 삼산각三山閣을 짓고 거처하면서 그곳을 삼주三洲라 명명하다.
- 민언휘閔彦暉와 왕복 서신으로 지智와 지각知覺의 문제를 논하다. 「지智와 지각知覺은 어떻게 다른가答閔彦暉」, 「조선의 문장을 평하다息菴集序」, 「눈 오는 밤 산사에서의 약속白雲寺贈義淸上人序」

1698년 숙종 24, 48세

- 「절교를 선언하다與崔右相」, 「맑은 밤 밝은 달의 즐거움을 누리려면霽月堂記」

1699년 숙종 25, 49세

- 모친이 계신 강화와 삼주, 농암을 오가며 송도 천마산과 보문암 등을 유람하였다.

1700년 숙종 26, 50세

- 7월에 셋째 딸을 곡하였다. 「조선 시대 여성으로 산다는 것亡女吳

氏婦墓誌銘」

- 10월에 아들 숭겸을 곡하였다.「시 벗 아들을 잃다亡兒初朞祭文」

1701년 숙종 27, 51세

- 3월에 백부 김수증을 곡하였다.
- 「퇴계와 율곡을 넘어서 사단과 칠정을 논하다四端七情說」

1703년 숙종 29, 53세

- 2월에 둘째 딸을 곡하였다.「둘째 딸마저 연이어 잃다祭亡女李氏婦文」
- 6월에 모친 나 부인羅夫人의 상을 당하여 백씨伯氏의 집에서 여막살이를 하였다.

1705년 숙종 31, 55세

- 8월에 상복을 벗고 삼주로 돌아왔다.
- 「청의 지배와 중화 문명贈黃敬之赴燕序」

1706년 숙종 32, 56세

- 대제학, 형조 판서에 제수되고도 나가지 않자 왕이 특별 유시를 내리고 당시 우의정이었던 김창집을 면대하여 출사를 권면하도록 하였으나 끝까지 사직하였다.
- 「슬픔의 금강산送李瑋游楓嶽序」,「조선의 학자를 평하다雜識 內篇 2」

1707년 숙종 33, 57세

- 「화창한 봄날 병상의 와유與李子東」

1708년 숙종 34, 58세

- 4월 11일에 삼주 집의 침상에서 별세하였다.「병든 몸에 쌓이는 글빚答金顯甫」

- 6월 9일에 석실石室의 선영에 장사 지냈다.

1710년 숙종 36

- 가을에 문집이 완성되었다.

1713년 숙종 39

- 가을에 석실서원에 배향되었다.

| 참고 문헌 |

김창협, 『농암집 農巖集』, 한국문집총간161~162, 민족문화추진회, 1996.

김창협 지음, 송기채·강민정 옮김, 『국역 농암집』1~6, 한국고전번역원, 2002~2008.

김창협 지음, 심영환 정서, 장유승·배미정 역주, 『김창협의 농암진적 農巖眞蹟』, 한국학중앙연구원 장서각, 2012.

문석윤, 『호락논쟁 : 형성과 전개』, 동과서, 2006.

송혁기, 『조선후기 한문산문의 이론과 비평』, 월인, 2006.

오용원, 『김창협의 사상과 문학 연구』, 신성, 2004.

이경구, 『조선후기 안동 김문安東金門 연구』, 일지사, 2007.

이천승, 『농암 김창협의 철학사상 연구』, 한국학술정보, 2006.

조성산, 『조선후기 낙론계 학풍의 형성과 전개』, 지식산업사, 2007.

차용주, 『농암 김창협 연구』, 경인문화사, 2007.

지은이 _ 김창협 金昌協, 1651~1708

조선 후기의 학자이자 문장가이다. 자는 중화仲和, 호는 농암農巖·삼주三洲이며, 본관은 안동安東이다. 정치적, 학문적으로 당대의 주류에 속하는 서울 명문가 자제였던 김창협은 20대에 이미 문장과 학문으로 이름을 얻었고 32세에 문과 전시殿試에 장원급제하였다. 그러나 1689년 아버지 김수항과 스승 송시열의 죽음을 맞으면서 현실 정치로부터 등을 돌리고 처사處士의 삶을 살았다.
김창협은 퇴계 이황과 율곡 이이의 학설을 절충한 자신의 독자적인 학설을 수립하여 조선 성리학을 심화·발전시킨 당대 최고의 성리학자이다. 아울러 문학 창작과 비평 면에서도 탁월한 성취를 보인 문장가로 평가받고 있다.

옮긴이 _ 송혁기 宋赫基

고려대학교 한문학과를 졸업하고 동 대학원에서 문학 석사와 박사 학위를 받은 후, 현재 고려대학교 한문학과 교수로 재직 중이다. 한문산문의 아름다움과 동아시아 고전의 가치를 연구하고 이 시대의 언어로 공유하는 일을 하고 있다. 저서로 『조선후기 한문산문의 이론과 비평』, 혜환 이용휴의 산문을 번역하고 평설한 『나를 찾아가는 길』(박동욱 공저)이 있다. 그 외에 40여 편의 논문과 20여 권의 공저, 공역서가 있다.

감수 _ 최채기 崔彩基

서울대학교 교육학과를 졸업하고 성균관대학교 대학원에서 퇴계 이황의 문헌 편찬을 연구하여 박사 학위를 받았다. 한국고전번역원 부설 고전번역교육원에서 한문교육과정을 마치고 현재 한국고전번역원 수석연구위원으로 재직하고 있다. 한국문집총간의 기획과 편찬, 『승정원일기』, 『홍재전서』, 『기언』, 『졸고천백』, 『명재유고』, 『성호전집』 번역에 참여하였다. 저서로는 『고전적정리입문』, 『생각, 세 번』, 『서울2천년사』 등이 있다.

농암집

김창협 지음 | 송혁기 옮김 | 최채기 감수

2016년 8월 31일 초판 1쇄 발행

발행 한국고전번역원 | 등록 2008. 3. 12. 제300-2008-22호
주소 03000 서울특별시 종로구 비봉길 1
전화 02-6263-0460 | 팩스 02-394-8803 | 홈페이지 www.itkc.or.kr

발행인 이명학
기획·편집 한국고전번역원 콘텐츠기획실
책임편집 하승현 | 편집 박지은 배민정 변구일 최두헌 최유진
디자인 씨오디 | 인쇄 (주)케이에스 센세이션

값 12,000원
ISBN 978-89-284-0410-0 04080

* 이 책은 2013년도 한국고전번역원의 우리고전 원고공모 당선작품입니다.
교육부로부터 인문학 진흥을 위한 저서출판지원을 받아 출간하였습니다.